LA TÊTE ET LE CŒUR

ÉTUDE

PHYSIOLOGIQUE, PSYCHOLOGIQUE & MORALE

PAR

P. VALLET

PRÊTRE DE SAINT-SULPICE

PROFESSEUR DE PHILOSOPHIE AU SÉMINAIRE D'ISSY

> « Lucerna corporis tui est oculus tuus. » (MATTH. VI, 22.)
> « Omni custodiâ serva cor tuum, quia ex ipso vita procedit. » (PROV. IV, 23.)

PARIS

A. ROGER ET F. CHERNOVIZ, ÉDITEURS

7, RUE DES GRANDS-AUGUSTINS

1885

LA TÊTE ET LE CŒUR

DU MÊME AUTEUR:

**DU BEAU DANS LA PHILOSOPHIE DE S. THO-
MAS**, 1 vol. in-12, papier glacé, 2 fr. 50.

PRÆLECTIONES PHILOSOPHICÆ, ad mentem
sancti, in Sancti-Sulpitii seminario habitœ. 2 vol. in-12,
beau papier, 4⁰ édition, 7 fr. — *Ouvrage spécialement
recommandé par Sa Sainteté Léon XIII.*

HISTOIRE DE LA PHILOSOPHIE, 1 vol. in-12,
2⁰ édition, 4 fr.

LA TÊTE ET LE CŒUR

ÉTUDE

PHYSIOLOGIQUE, PSYCHOLOGIQUE & MORALE

PAR

P. VALLET

PRÊTRE DE SAINT-SULPICE

PROFESSEUR DE PHILOSOPHIE AU SÉMINAIRE D'ISSY

> « Lucerna corporis tui est oculus tuus. » (MATTH. VI, 22.)
> « Omni custodiâ serva cor tuum, quia ex ipso vita procedit. » (PROV. IV, 23.)

PARIS

A. ROGER ET F. CHERNOVIZ, ÉDITEURS

7, RUE DES GRANDS-AUGUSTINS

—

1885

PRÉFACE

Il peut y avoir, il y a en effet des études plus élevées que celles qui s'attachent à la considération de l'homme, il n'y en a pas qui aient pour nous plus d'intérêt et de charme. Mais, dans l'homme, deux parties jouissent entre toutes d'un prestige éternel : on a nommé la tête et le cœur. Aux yeux du sens commun les différents individus de l'espèce humaine méritent d'être considérés et aimés dans la mesure où abondent chez eux ces deux fécondes sources de la vie. Dire de quelqu'un : *homme de tête, homme de cœur, forte tête, noble cœur,* c'est épuiser l'éloge qu'on peut faire de lui.

L'art et la poésie ont pris parti pour la croyance commune et se sont unis pour représenter et chanter ces deux nobles organes, faisant de l'un le tabernacle de l'intelligence et

de la pensée, de l'autre le symbole de la volonté
et du sentiment.

Était-ce une illusion du peuple, une fiction
des poètes et des artistes, ou plutôt la science et
la philosophie ne s'accorderaient-elles pas sur
ce point avec la poésie et le sens commun ?

Le sens commun, en général, ne se trompe
pas. Il a l'intuition des vérités les plus hautes ;
mais sa vue n'est ni assez nette ni assez distincte ;
il devine où se trouve la vérité, il ne découvre
pas les raisons dernières.

Poursuivre cette recherche délicate, atteindre,
s'il se peut, et dévoiler ce fond mystérieux des
choses, c'est la tâche, à la fois honorable et difficile, échue en partage aux philosophes.

Au reste, il est manifeste que la philosophie
est pleinement dans son domaine, lorsqu'elle entreprend de résoudre le problème qui nous occupe ; car il a des attaches étroites avec la psychologie. Mais quand il s'agit de l'homme, être
essentiellement mixte et complexe, à la fois
corps et esprit, et même corps avant d'être esprit, il faut demander à la physiologie ses lumières, interroger cette science qui étudie l'organisme dans ce qu'il a de plus noble, c'est-à-dire
dans la partie qui, touchant de plus près à l'âme,
lui fait aussi plus vivement sentir son influence.
Si en effet l'âme humaine, en tant que spirituelle,

possède une nature indépendante du corps, elle lui a néanmoins été associée de la façon la plus intime, et celui-ci, selon l'heureuse expression pe saint Thomas, « est le sujet, le *substratum* de celle-là. » (1)

La sagesse divine ne s'est point bornée à marier, dans l'homme, l'esprit avec la matière ; elle a conçu et exécuté un dessein plus général, et en même temps si bien disposé le monde intelligible au-dessus du monde sensible, qu'entre l'un et l'autre les analogies sont admirables, et que le second nous présente, pour ainsi dire, l'ébauche du premier. Nous trouverons dans notre sujet une éclatante démonstration de cette magnifique harmonie, et le rôle psychologique et moral de la tête et du cœur nous apparaîtra comme le prolongement, le couronnement de leur rôle physiologique.

D'un autre côté, la physiologie, grâce aux patientes investigations de la science moderne, a fait des découvertes du plus haut intérêt pour la psychologie elle-même, et d'ailleurs en parfait accord avec la véritable nature du composé humain. Nous lui demanderons ses enseignements,

---

(1) « Esse quidem animæ humanæ, dum est corpori unita, etsi sit absolutum, a corpore non dependens, tamen *stramentum* quoddam ipsius et subjectum ipsum recipiens est corpus. » (*Cont. Gent.*, l. II, c. 8.)

et, dans le désir de bâtir sur le solide, nous la mettrons à la base de notre étude.

Néanmoins ce sera là notre point de départ; seulement, il faudra ensuite nous élever plus haut; ce n'est pas par le côté matériel de leurs fonctions, que la tête et le cœur ont tant de prix à nos yeux, c'est surtout par les faits de l'âme auxquels les rattache un lien si étroit et qu'ils sont chargés de nous représenter. D'ailleurs, si nous parvenons à bien expliquer la tête et le cœur, nous aurons à peu près expliqué tout l'homme; car la nature, avide d'unité, plus encore que de variété, l'a pour ainsi dire ramassé entièrement dans ces deux maîtresses parties. Sans doute, l'âme est dans tout le corps et préside à chacune des fonctions de la machine vivante; toutefois elle trouve dans ces deux organes des instruments admirablement disposés pour l'exercice de son activité, en même temps qu'ils sont plus nobles et d'un pouvoir infiniment plus étendu. C'est donc là qu'elle a fixé sa résidence principale, le centre de ses opérations; c'est de là qu'elle rayonne dans tout le corps, de là que part la lumière qui éclaire, la force qui imprime le mouvement. En réalité, les hommes se dirigent par la tête, ou par le cœur, ou par les deux ensemble; toute notre vie dépend de là, harmonieuse ou désordonnée, féconde ou stérile,

heureuse ou malheureuse, selon que l'un et
l'autre agissent de concert et chacun à sa
place, ou qu'ils s'isolent, et empiètent l'un sur
l'autre.

Il est désirable d'accorder ces deux puissances également nécessaires, mais l'entreprise
est difficile et rappelle les efforts tentés pour
unir ensemble l'autorité et la liberté. Sur cet
écueil ont échoué bien des faiseurs de systèmes.
Les uns ont rabaissé l'intelligence au profit du
sentiment, les autres le sentiment au profit de
l'intelligence. La science et la philosophie moderne penchent vers ce dernier parti et font au
cœur une part singulièrement restreinte. Il en
est qui n'ont vu dans la tête et le cœur que des
organes matériels, dont ils ont fait absolument
dépendre et la pensée et le sentiment. Par un
excès contraire, certains philosophes n'ont pas
remarqué la grande influence de ces deux organes sur la partie intellectuelle et morale de
l'âme.

Nous ne serons ni sentimentaliste, ni rationaliste, ni sensualiste, ni idéaliste ; notre ambition serait d'unir ensemble la science et la philosophie, la pensée et le sentiment, la poésie et
le sens commum.

Pour une tâche aussi ardue, saint Thomas
d'Aquin aujourd'hui mieux connu et mieux

goûté, nous sera d'un continuel et puissant secours.

Ne sait-on pas qu'une des plus belles qualités de cet admirable génie est précisément la mesure, l'équilibre, l'art de se tenir à égale distance des contraires, ou plutôt de les contraindre à vivre ensemble et dans un parfait accord ?

Plusieurs seront peut-être agréablement surpris d'apprendre que le Docteur du XIII° siècle a eu des intuitions si profondes sur la tête et le cœur, et que, tout en maintenant bien haut la raison, il a donné au sentiment un rôle si important et si honorable.

Du reste, les enseignements de saint Thomas ne viendront pas seuls à notre aide. A plus d'une reprise, l'occasion s'offrira à nous de confirmer ses théories, qui nous sont chères, en rapportant la doctrine d'autres penseurs dont le témoignage, pour être plus récent, n'en a pas moins une valeur incontestable. Savants, philosophes, poëtes, parleront tour à tour en faveur de notre thèse et y mettront un peu plus de variété; car, en un sujet si élevé et si humain, nous estimons qu'il est utile et consolant d'écouter l'harmonieux concert de toutes ces voix du génie qui se répondent à travers les âges et chantent le même hymne à l'honneur de la même vérité.

Cette étude a pour principal objet la théore

de l'homme, et de là vient son caractère avant tout spéculatif. Mais doit-on soutenir que nous sommes créés pour la seule et stérile contemplation de nous mêmes ? S'il faut nous connaître à fond, n'est-ce pas plutôt pour apprendre à mieux diriger notre vie, en donnant aux facultés de notre âme la part légitime qui revient à chacune d'elles, dans une œuvre tout ensemble si sérieuse et si pleine de difficultés ? Aussi, comme une bonne psychologie est le point de départ d'une morale utile et féconde, ces vues pratiques découleront sans peine de notre sujet. En conséquence, nous essayerons de découvrir où se trouve pour l'homme la véritable source de sa grandeur ; nous montrerons comment il s'élève ou s'abaisse, suivant qu'il laisse ou qu'il refuse aux puissances supérieures la souveraine direction de tout son être.

Il y aura trois parties dans ce travail : la première comprendra la physiologie de la tête et du cœur ; la seconde en fera connaître la psychologie, et la troisième, surtout morale, sera consacrée à chercher leur place respective, pour les unir dans une heureuse harmonie.

Notre dessein, nous l'avons déjà donné à entendre, est de considérer la partie physiologique de notre sujetpointmcoeu nmd'appui seulement, et d'accorder de plus grands dévelop-

pements à la partie psychologique et morale. A
un tel point de vue, ce plan nous semble à la
fois plus nouveau et plus intéressant.

Un appendice sur la connaissance et l'amour
dans l'Homme-Dieu termine l'ouvrage. Il en
sera le couronnement, et la doctrine déjà exposée
devra trouver là sa plus belle application. D'ailleurs, si l'homme a besoin de s'élever, s'il doit
chercher un idéal, où pourrait-il en trouver un
plus parfait que dans l'esprit et le Cœur de Jésus?

PREMIÈRE PARTIE

PHYSIOLOGIE DE LA TÊTE ET DU CŒUR

La physiologie proprement dite n'étend guère son domaine au delà de la partie organique et matérielle des nombreux phénomènes qui ont pour théâtre la tête et le cœur. Ces phénomènes s'accomplissent tous dans le composé humain, et s'ils manifestent la vie, nul doute que l'âme seule en soit réellement le principe ; à ce titre ils relèvent du psychologue et non pas du physiologiste. En conséquence, nous ne comprendrons dans la physiologie de la tête et du cœur que ce qui regarde la constitution, le jeu, le rôle matériel de ces deux organes, réservant à la psychologie le soin d'étudier leur influence diverse sur la triple vie végétative, sensitive et intellectuelle ou morale.

Au reste, comme les faits de l'ordre physiologique se mêlent d'ordinaire à ceux de l'ordre psychologique, nous aurons plus d'une fois l'occasion de revenir, dans la seconde partie, sur ces premières notions, pour les élargir ou les compléter.

1

CHAPITRE PREMIER

Physiologie de la Tête

Plus un organe est élevé en perfection, plus il doit influer sur l'ensemble de la machine vivante, plus aussi il demande une structure délicate et compliquée. A ce prix, et à ce prix seulement, il peut suffire à sa tâche et remplir tout son office. Ainsi envisagée, la tête a tous les droits à la première place. Trois parties principales en composent la savante économie : le cerveau, le cervelet et la moelle allongée. Le cerveau forme la partie supérieure, s'étendant depuis le front jusqu'à l'occiput. Il se divise en deux hémisphères d'égale grandeur, que sépare une scissure profonde. Le cervelet, binaire aussi, se trouve rejeté en arrière et logé sous la partie postérieure du cerveau. Quant à la moelle allongée, elle a pour objet de relier le cerveau et le cervelet à la moelle épinière. Un certain nombre de fibres venues des hémisphères du cerveau se croisent dans la moelle allongée et mettent en communication chaque hémisphère avec la partie opposée du corps. Le cerveau et le cervelet sont composés de deux substances nerveuses, la substance *grise* et la substance *blanche*, la première formée de cellules actives, la seconde de fibres conductrices, celle-là disposée à l'extérieur, celle-ci à l'intérieur.

Toutefois, il se trouve dans la substance blanche de la masse du cerveau plusieurs amas de substance grise, dont les principaux sont : 1º les corps striés ; 2º les couches optiques ; 3º les tubercules quadrijumeaux. On pense que ces amas sont reliés entre eux et avec les cellules de la surface du cerveau.

Plusieurs physiologistes estiment que les nerfs sensitifs aboutissent aux couches optiques, celles-ci étant reliées soit avec les cellules de la surface du cerveau, soit avec les corps striés, qui seraient, d'après eux, le point de départ des nerfs moteurs. Dans ce système, s'il est exact, on pourrait être amené à considérer les couches optiques comme l'organe du sens commun, tandis que les cellules extérieures seraient l'organe des autres facultés de la connaissance sensible, et les corps striés le principe d'où partirait le mouvement.

Les fibres du cerveau et du cervelet (substance blanche) se groupent en faisceaux qui constituent la moelle allongée. Là on remarque encore quelques amas de substance grise, parmi lesquels se distingue le *nœud vital*, à peu près à l'ori-

gine du nerf pneumo-gastrique. Vient-il à être
lésé, la respiration s'arrête aussitôt.

Le P. Gratry attribue au nœud vital des propriétés admirables et voit en lui un des centres
les plus importants de tout l'organisme. « Il est
dans notre corps un nerf singulier, qui, selon
quelques-uns, forme un troisième système à part
(distinct du grand sympathique, système de la
vie personnelle, nutrition, reproduction, et du cé-
rébro-spinal, système des nerfs sensitifs et moteurs, vie personnelle), qui est parfois nommé le
lien et qu'on appelle aussi le petit sympathique.
Ce nerf tient à la fois des deux systèmes, celui
de la vie personnelle et celui de la vie imper-
sonnelle. Il tient du premier, car il a son origine
dans le crâne, en ce point qui a été nommé le
nœuf vital, et il constitue la dixième paire des
nerfs crâniens. Mais il tient du second en ce que,
dans ses terminaisons, il affecte la forme gan-
glionnaire et semble devenir comme une partie
du grand sympathique.... D'un côté, à son origine, il est nerf de perception claire et de mouvement volontaire ; de l'autre, il a la forme
des nerfs à perception sourde et à mouvement instinctif. Voilà donc, en ce nerf, les
trois fonctions réunies.... De plus, il est évidemment le lien de ce que Bordeu a appelé le *trépied
vital* (le cerveau, le cœur et l'estomac)... conduc-
teur instantané, il sent et meut ; c'est par lui que
circulent, à l'intérieur, dans tout l'ensemble,

comme le demande Bordeu, le sentiment et le mouvement. Ce nerf est donc vraiment, par sa fonction, le nerf de l'unité vitale, le nerf de la pénétration mutuelle des trois fonctions. Mais, en même temps, quel est son propre lieu? Son lieu, c'est la poitrine; sans doute, il part du crâne, sans doute, il s'étend jusqu'à l'estomac et au foie; mais c'est à la poitrine qu'il s'établit, c'est là qu'il règne, qu'il développe ses plexus les plus abondants.

« Il se forme au larynx, et c'est lui qui donne à la voix le sentiment et le mouvement. C'est lui qui parle, qui chante; qui, touchant à la fois le cœur, le cerveau, les entrailles, transmet, dans la parole et dans le chant, la lumière de l'idée et la chaleur du sentiment. » (1)

Faisons quelques remarques sur la constitution et les variations du cerveau. En même temps que son volume augmente, avec la perfection des fonctions auxquelles il doit présider, sa texture augmente en délicatesse et devient plus complexe. A la vérité, chez tous les animaux, les éléments se ressemblent par leurs propriétés physiologiques et leurs caractères histologiques, mais ils diffèrent par le nombre, les réseaux, les connexions, l'arrangement, en un mot, qui présente une disposition particulière dans le cerveau de chaque espèce. Dans l'homme, et

_____

(1) *Connaissance de l'âme,* t. I, ch. III, § 4.

dans l'homme seul, il atteint, à tous égards, son maximum de perfection.

Une propriété d'un autre ordre, mais d'une haute importance, se remarque à la surface du cerveau humain : nous voulons parler de ces éminences nombreuses, appelées circonvolutions, qui affectent la forme d'ondulations et lui ajoutent une si grande beauté. Que d'autres merveilles l'artiste n'aurait-il point à relever ! « Ce qui trace une ligne infranchissable entre la figure humaine et celle des animaux, c'est justement que l'animal, n'ayant pas d'autres besoins à satisfaire que des besoins physiques, n'a d'autre beauté que la convenance, tandis que, dans l'être humain, il y a une beauté correspondante à cette haute faculté que lui seul possède, à cette destination souveraine : la pensée. Comparons la tête de l'homme avec celle des animaux : suivant les observations de l'illustre physiologiste Camper, la principale différence est celle du profil.

« Si l'on tire une ligne horizontale de la racine du nez à la base du crâne, cette ligne, chez l'homme, forme avec la ligne du front un angle droit ou presque droit ; chez les animaux, les mêmes lignes forment une angle aigu. Le mufle qui doit saisir et broyer les aliments, est, dans leur physionomie, la partie saillante et dominante ; le nez qui s'avance pour flairer la proie, l'œil qui l'épie, restent subordonnés à la mâchoire et n'en sont que les auxiliaires... La tête humaine, au contraire, présente une conformation dans laquelle les appétits purement matériels se montrent subordonnés à leur tour aux organes révélateurs de la pensée, qui sont le front et les yeux. » (1)

Si, maintenant, de la structure du cerveau on passe à l'étude de ses fonctions, il se montre soumis, comme tous les autres organes, aux lois physiques et chimiques qui régissent la matière, telles que la chaleur et l'humidité. Comme eux, le sang doit l'animer et l'échauffer, l'élever à une température convenable, le placer dans des conditions favorables à la nutrition et aux divers offices qui lui sont confiés. Le liquide sanguin cesse-t-il d'arriver jusqu'à lui, ses propriétés nerveuses sont atteintes aussitôt, ainsi que les fonctions cérébrales ; et ces dernières, en cas d'anémie complète, finissent par disparaître entièrement.

De même que les autres organes, le cerveau éprouve un état de fonction et un état de repos, dans lesquels les phénomènes circulatoires accusent de notables différences. Le sommeil est l'heure de son repos. L'ancienne opinion attribuait le sommeil à une sorte de congestion produite dans le cerveau par le sang lorsque sa circulation se ralentit ; mais les expé-

(1) Ch. Blanc, *Grammaire des arts du dessin*, p. 374.

riences modernes ont conduit à des conclusions toutes contraires. Pendant le sommeil, le cerveau devient pâle et exsangue, tandis que durant la veille la circulation générale plus active provoque une affluence de sang en raison de l'intensité des opérations dont il est alors le théâtre. A ce mouvement plus rapide du sang correspond une plus grande quantité de chaleur, destinée à stimuler l'énergie vitale et à faciliter les phénomènes physiologiques.

Au reste, bien que la nature ait départi la chaleur à tous les organes dans une mesure convenable, elle s'est plu à la prodiguer au cerveau; la multiplicité et l'importance des fonctions qui incombent à l'organe cérébral lui faisaient une nécessité de posséder la température la plus élevée (1).

(1) Cf. Cl. Bernard, *la Science expérim., Fonctions du cerveau.*

CHAPITRE II

Physiologie du Cœur

Notre dessein nous oblige à réduire la physiologie du cœur aux considérations les plus essentielles.

Au point de vue physiologique, le cœur pourrait être défini l'*organe central de la circulation du sang*. Claude Bernard propose de le considérer comme une machine motrice vivante ou comme une sorte de pompe foulante, destinée à distribuer le fluide nourricier dans toutes les parties du corps, et par là même à provoquer et à soutenir l'activité des organes. Sa forme est celle d'un conoïde renversé et aplati ; son volume chez l'homme à l'état sain, est à peu près égal à celui du poing. Muscle creux, à fibres striées, il est pénétré de filets nerveux moteurs se rattachant au nerf pneumo-gastrique, et contient même des ganglions nerveux qui lui sont propres et servent à son mouvement.

Il compte, chez l'homme, quatre compartiments ou cavités : deux de ces cavités forment sa partie

1.

supérieure ou sa base, les deux autres sa partie
inférieure. Les deux premières, appelées *oreillettes*, reçoivent, au moyen des veines, le sang
de toutes les parties du corps ; les deux autres,
nommées *ventricules*, ont pour mission de
chasser le sang par l'entremise des artères.

Chaque oreillette communique avec le ventricule placé au-dessous d'elle, du même côté ; mais
une cloison longitudinale sépare latéralement les
oreillettes et les ventricules, et partage ainsi le
cœur de l'homme en deux cœurs *simples,* formés
chacun d'une oreillette et d'un ventricule, et si-
tués l'un à droite, l'autre à gauche de la cloison
médiane. Chaque ventricule a dû recevoir deux
soupapes, qui portent le nom de *valvules.*

Au cœur gauche, surnommé cœur à sang *rouge,*
il appartient de recevoir dans son oreillette, par
les veines pulmonaires, le sang pur venant des
poumons, pour l'introduire ensuite dans son ventricule, qui le lance dans toutes les parties du
corps, où il ne tarde pas à devenir noir et impur.

Le cœur droit (ou cœur à sang *noir*) remplit
le rôle contraire. Il reçoit dans son oreillette,
par les veines caves, le sang impur qui revient
de toutes les parties du corps, et il le fait ensuite
passer dans son ventricule, qui, à son tour, le
lance dans les poumons. Là, se dépouillant de son
acide carbonique, il emprunte à l'air de l'oxygène
et devient pur et vermeil. En somme, le cœur
gauche distribue le sang dans tous les organes

et tous les tissus, tandis que le cœur droit l'envoie au poumon, d'où, régénéré, il revient au cœur gauche. Tel est le *circulus vital*.

Certains animaux trouvent la vie dans l'eau; mais le liquide aqueux ne tarderait pas à s'altérer et à perdre ses éléments nutritifs, s'il n'était pourvu à son renouvellement en temps opportun. De même, les organes élémentaires et les tissus vivants se nourrissent de sang; mais il faut pourvoir aussi, par une circulation continue, au renouvellement du liquide sanguin. Le cœur est précisément chargé de cet important ministère.

La nature même de ses fonctions réclamait pour lui une position centrale, qui lui permît de ne trouver de résistance spéciale d'aucun côté aussi est-il placé au milieu de la poitrine, entre les deux poumons, la pointe libre inclinée en bas et à gauche. Il repose même à l'endroit le mieux protégé, entre le sternum et la colonne vertébrale. En avant, les côtes l'entourent comme d'un bouclier, et les vertèbres, en arrière, lui font un rempart de leur colonne. La nature lui a donné encore dans le péricarde une enveloppe immédiate éminemment protectrice.

Autant le cerveau, dans l'exercice de son activité, semble se conformer aux lois générales qui régissent la matière organique, autant le cœur se fait remarquer par la singularité de sa force et de ses mouvements : ce qui lui a valu, auprès de certains physiologistes, le surnom d'*organe para-*

doxal. Et d'abord, on ne trouvera aucun organe qui puisse lui être comparé pour la puissance musculaire. Le seul effort nécessaire pour vaincre les résistances que le sang rencontre dans les vaisseaux, exige en vingt-quatre heures une dépense d'énergie équivalente à plus de 40,000 kilogrammètres, c'est-à-dire au travail qui consisterait à élever 1,000 kilogr. à 40 mètres de hauteur (1). Le P. Gratry n'a donc rien exagéré en disant qu'on voit ici le mouvement porté à sa plus haute puissance, et que la force du cœur seul dépasse peut-être la force de tous les membres du corps réunis.

Une seconde propriété établit entre l'activité de l'organe cardiaque et celle des autres organes une différence qui mérite d'être signalée. Ceux-ci n'entrent généralement en fonction qu'après avoir acquis leur texture définitive et parcouru le cycle entier de leur évolution. Mais celui-là révèle son activité dès l'apparition de la vie embryonnaire, longtemps avant de posséder sa forme achevée et sa structure caractéristique. D'abord simple vésicule obscurément contractile, il s'allonge bientôt, bat avec rapidité, se dessine de plus en plus et traverse plusieurs phases diverses, qui lui apportent de profondes modifications. Grâce à cette activité précoce, il voit naître tous les organes et préside au développement de chacun.

(1) Cf. Huxley, *Leçons de physiologie*, 1869, p. 324; Gréhant, *Physique médicale*, p. 168.

Pareillement il survit à tout l'organisme, il reste le dernier. « Dans cette extinction de la vie, observe sagement Claude Bernard, le cœur agit encore quand déjà les autres organes font silence autour de lui. Il veille le dernier, comme s'il attendait la fin de la lutte entre la vie et la mort, car tant qu'il se meut, la vie peut se rétablir ; lorsque le cœur a cessé de battre, elle est irrévocablement perdue, et, de même que son premier mouvement a été le signe certain de la vie, son dernier battement est le signe certain de la mort. » (1) Avant Claude Bernard, avant le grand Haller lui-même, Aristote avait déjà dit: *Primum vivens et ultimum moriens.* (2)

Ce n'est pas seulement la précocité et la survivance de l'activité du cœur qui méritent notre attention, c'est, plus encore, sa continuité. Les autres organes connaissent des alternatives d'activité et de repos ; pour lui, tout repos lui est interdit, il faut qu'il travaille sans relâche la nuit aussi bien que le jour, il faut qu'il entretienne la pérennité de la vie (3).

Remarquons aussi ce qu'il y a de spontané, de rythmé dans le mouvement de l'organe cardiaque. Pour bien remplir ses délicates fonctions, deux propriétés lui étaient également nécessai-

(1) *La Science expérim., Physiologie du cœur.*
(2) *De Generatione animal.* II, 6.
(3) « Est motus ille (cordis) *continuus,* durante vitâ animalis. » (S. Th. opusc. *De Motu cordis.*)

res : l'élasticité et la contractilité ; il les possède
à un degré supérieur. Généralement le muscle
de nature celluleuse est mou, presque sans résistance. Dans le cœur, au contraire, il est dense,
serré et d'une extrême ténacité ; ses fibres striées
(nouvelle particularité, les muscles de la vie
organique étant d'ordinaire formés de fibres
lisses) sont entrelacées, enchevêtrées de façon
à former des anastomoses très nombreuses et
très compliquées.

Enfin Claude Bernard n'a pas manqué de signaler comme un phénomène étrange la manière dont
s'opère la réaction des mouvements du cœur. En
règle générale, dit-il, tant que le nerf n'est point
excité, le muscle reste à l'état de relâchement ou
de repos, et dès qu'il est excité, naturellement ou
artificiellement, le muscle entre en activité et
se contracte. Pour le cœur, il faut renverser les
termes : tant que ses nerfs ne sont pas excités, il
bat et reste à l'état de fonction ; viennent-ils à
être excités, naturellement ou artificiellement, il
entre en relâchement et à l'état de repos. L'excitation, par un courant, des fibres du nerf pneumo-
gastrique aboutissant au plexus cardiaque, arrête
les battements du cœur, instantanément, si
l'animal est sensible, et s'il l'est moins, un peu
plus tard.

DEUXIÈME PARTIE

PSYCHOLOGIE DE LA TÊTE ET DU CŒUR

Si vous la réduisez à sa dernière puissance, l'âme ne se révèle plus à l'observateur que par la vie végétative. Végéter est la plus infime des manifestations de la vie ; manifestation si obscure, comparée à la vie des sens et surtout à celle de la raison, que certains philosophes, d'accord avec plusieurs savants, l'ont abaissée au niveau des forces physico-chimiques. C'est déroger grandement à la dignité de la vie ; car, si la plante se voit, par sa nature, reléguée au dernier rang des vivants, elle n'en possède pas moins des attributs insignes qui la distinguent essentiellement du minéral et la séparent de celui-ci par une infranchissable barrière. Elle se

nourrit, elle se développe, elle engendre ; elle
est mue par une force interne qui dirige tous ses
mouvements selon un plan déterminé dont elle
ne dévie jamais. Or, une telle direction n'impli-
que-t-elle pas déjà quelque spontanéité, au moins
imparfaite, et la spontanéité n'est-elle pas en
contradiction avec toutes les propriétés de la
matière brute et physique?

Toutefois, nous en convenons sans peine, la
vie des sens a des marques plus certaines, des
prérogatives plus nobles, et la plante s'efface
devant l'animal, comme l'atome grossier devant
la plante. Dans la plante, la vie de relation est
à peine ébauchée, sa vertu se concentre au
dedans d'elle-même, trop faible pour se répandre
au dehors. L'animal exerce une activité plus
féconde et plus étendue : il sent, il désire, il se
meut ; les choses extérieures se présentent à lui
et il en prend connaissance ; à son tour il se porte
vers elles, s'approche d'elles par l'appétit et
le mouvement.

L'homme jouit de tous ces attributs divers,
puisqu'il vit de la vie végétative et sensitive.
Mais dans une région plus élevée, complètement
séparée de la matière, resplendit la vie de l'esprit,
par l'intelligence et la volonté, vie de l'ange pareillement accordée à l'homme, quoique avec plus
de parcimonie que la vie animale et végétative.

La psychologie de la tête et du cœur devra
donc embrasser toutes les facultés que nous

venons de décrire, et montrer la part de l'un et
de l'autre dans la triple vie de l'organisme, de
l'animal et de l'esprit. Un vaste champ s'étend
sous nos yeux, une riche matière s'offre à nos
spéculations.

CHAPITRE PREMIER

Psychologie de la Tête

Le rapide regard que nous venons de jeter sur le domaine de la psychologie et les grandes provinces de l'âme, nous indique le problème à résoudre et ses différentes parties. Il consistera dans l'étude de la tête par rapport à la triple vie végétative, sensitive et intellectuelle.

ARTICLE PREMIER

LA TÊTE ET LA VIE VÉGÉTATIVE

Quelle influence exerce la tête sur les fonctions de la vie? L'expérience de tous les jours le dit clairement, et la raison n'en est point difficile à trouver. Dans l'animal tout se tient, tout dépend de tout : la vie, la sensation, les appétits, le mouvement ; tous ces ordres de phénomènes sont reliés entre eux, les modifications de chacun ont leur retentissement sur celles de tous les autres.

D'un autre côté, la tête, par l'encéphale, préside aux fonctions du système nerveux tout entier. De ce dernier dépendent non moins étroitement, comme on le sait, toutes les opérations, même celles de la vie purement végétative. Il s'étend à toutes les parties du corps, soutenant et fortifiant tous les organes dans les fonctions propres à chacun d'entre eux. Vient-il à s'affaiblir ou reçoit-il quelque surexcitation un peu forte, la digestion et l'assimilation se font mal, les phénomènes circulatoires sont plus ou moins désordonnés, une sorte d'anémie ou d'agitation fiévreuse gagne l'organisme, la vie semble atteinte jusque dans sa source.

Cependant aucun fait ne prouve que le cerveau ait une action directe sur la vie de l'animal; certains faits semblent même établir, au moins pour quelques animaux, que la vie n'est point liée au cerveau d'une façon essentielle. Nous citons, d'après Claude Bernard, la curieuse expérience de Dalton : « Les lobes cérébraux ayant été enlevés chez un pigeon, l'animal perd immédiatement l'usage de ses sens et la faculté de chercher sa nourriture. Toutefois, si l'on ingurgite la nourriture à l'animal, il peut survivre, parce que les fonctions nutritives sont restées intactes tant que leurs centres nerveux spéciaux ont été respectés. Peu à peu le cerveau se régénère avec ses éléments anatomiques spéciaux, et, à mesure que cette régénération s'opère, on voit les usages des sens, l'instinct et l'intelligence de l'animal revenir. » (1)

Sans doute l'expérience de Dalton ne réussirait pas généralement chez les animaux supérieurs, où l'unité est plus grande, où la vie végétative se trouve placée dans une dépendance plus absolue de la vie sensitive ; mais elle suffit, croyons-nous, à établir que le cerveau n'a pas sur les fonctions végétatives une influence de causalité directe.

ARTICLE II

LA TÊTE ET LA VIE SENSITIVE

La vie sensitive, disions-nous plus haut, se manifeste sous trois principales formes : la sensation, la passion et le mouvement local. Examinons successivement quelle part revient à la tête dans ces trois importantes fonctions.

§ 1. — *Rôle de la tête dans la sensation.*

Les philosophes anciens faisaient la sensation plus noble que les philosophes modernes, attachés à l'école de Descartes. Ils se la représentaient non pas comme une simple émotion agréable ou désagréable, comme une impression

(1) Cl. Bernard, op. cit., *Les Fonctions du cerveau.*

purement interne, subjective et privée de toute
force représentative, mais comme un acte du
sujet sentant, comme une perception ou connaissance proprement dite, nous mettant en relation
directe avec le monde extérieur. Que les corps
agissent réellement sur nos sens, c'est un fait
qui n'a nul besoin d'être prouvé ; or, en agissant
sur nos sens, ils ne peuvent manquer de laisser
en eux leur marque et leur empreinte. Cette empreinte, si elle était reçue dans un être purement
physique, serait physique elle-même, et rien de
plus ; mais reçue dans le sens, c'est-à-dire dans
un organe animé, doué, quoique dans un degré
imparfait, de la faculté de connaître, elle prend,
pour ainsi dire, la forme du sens, son unité et sa
vie, et le détermine à percevoir l'objet dont
elle est la simple et vivante réprésentation (1).

La faculté sensible est donc une faculté organique, destinée à entrer en action sous l'impression des objets extérieurs, et à connaître les affections ou propriétés de la matière. Voilà
pourquoi nulle sensation ne se produit, ne saurait se produire, sans un organe déterminé et
spécial ; voilà pourquoi aussi des organes nombreux et différents ont été donnés à l'animal, pour

(1) « Ce qui voit est bien, en quelque sorte, revêtu de la
couleur, car chacun des organes des sens reçoit la chose
sensible sans la matière ; et voilà pourquoi, même en l'absence des choses sensibles, des sensations et des images
restent dans les organes. » (Aristote, de Animâ, liv. III,
ch. II, § 3.)

lui permettre de recevoir les différentes impressions des corps et de saisir leurs diverses propriétés (1).

Mais, l'homme étant le roi des animaux, il convenait qu'il reçût en partage la plus riche et la plus exquise sensibilité. La nature, en conséquence, lui a livré le trésor entier des facultés sensibles, merveilleusement aptes à lui révéler, sous toutes ses formes, le monde matériel, et à fournir à sa raison, naturellement pauvre et imparfaite, les matériaux les plus abondants. D'abord il possède dans toute sa plénitude la sensibilité externe, avec les cinq sens universellement reconnus ; ensuite la sensibilité interne, cachée au dedans et non moins réelle, plus délicate et plus noble, servie par quatre sens excellents, le sens commun, la mémoire, l'imagination et l'estimative, sorte de faculté appréciatrice qui atteint dans les objets sensibles certaines propriétés plus intimes, particulièrement l'utile et le nuisible.

Eh bien ! c'est ici la perfection, le privilège qui élève la tête au-dessus de tous les autres or-

(1) « Sensus, quod per corpus insit animæ, dit excellemment Aristote, manifestum est per rationem et sine ratione. » « Et ratio quidem in promptu est, ajoute saint Thomas, quia, cùm sensus patiatur a sensibili, sensibilia autem materialia sint et corporea, necesse est corporeum esse quod a sensibili patitur. Absque autem ratione manifestum est *experimento* ; quia turbatis organis corporeis, impeditur operatio sensûs, et eis ablatis, totaliter sensus tollitur. » (*De Animâ*, II, lect. 1a.)

ganes, de posséder dans sa source la sensibilité tout entière, tant intérieure qu'extérieure. « *In capite,* dit le Docteur Angélique, devançant les découvertes de la science moderne, *vigent omnes sensus et interiores et exteriores, quum in cæteris membris sit solus tactus* » (1).

Des expériences nombreuses et décisives ont montré, dans les différentes parties du cerveau, le siège et l'organe de chacun des sens intérieurs. Pour ces expériences, on a recours à trois sortes de procédés : le premier consiste à enlever ou à détruire d'une façon lente ou brusque les diverses parties de l'organe encéphalique ; cette ablation entraîne, suivant les organes auxquels elle est appliquée, la disparition successive de l'imagination, de la mémoire et des autres facultés sensibles.

Grâce à cette expérience, on sait que ces facultés d'un ordre supérieur résident dans les lobes cérébraux, tandis que les parties inférieures de l'encéphale contiennent les centres nerveux affectés aux fonctions d'ordre inférieur.

Le deuxième procédé, plus délicat peut-être que le précédent, veut qu'on introduise dans le sang des substances toxiques diverses, destinées à agir sur les éléments anatomiques des organes, conservés d'ailleurs dans leur intégrité. Comme

(1) S. Th. 1ª, q. 76, a. 5, ad 3.

la précédente, cette méthode permet d'éteindre isolément les propriétés de certains éléments cérébraux ; c'est ainsi que les *anesthésiques* engourdissent la sensibilité et font disparaître la conscience en laissant la motricité intacte (1). Le *curare*, au contraire, empêche la force motrice d'entrer en jeu et ne porte aucune atteinte à la sensibilité, non plus qu'à la volonté.

Enfin, la troisième expérience, dite procédé de *rédintégration*, a pour but de rétablir les facultés supprimées par la méthode d'ablation. Lorsqu'on enlève le cerveau chez les animaux inférieurs, les fonctions de l'organe disparaissent avec lui ; mais la permanence de la vie chez ces êtres permet à celui-ci de se reformer, et à mesure que l'organe se régénère, on voit successivement renaître les fonctions qui lui appartiennent. Cette troisième expérience, unie à la première, ne laisse rien à désirer, puisque la destruction successive des diverses parties du cerveau a supprimé successivement ses diverses manifestations fonctionnelles et que la rédintégration de ces mêmes parties a fait reparaître ces mêmes manifestations (2).

La sensibilité extérieure est pareillement sous la dépendance la plus étroite du cerveau. Pour s'en convaincre, il suffit d'observer les faits. Si

(1) Cf. Cl. Bernard, *Leçons sur les anesthésiques et l'asphyxie*, Paris, 1875.

(2) Cf. Cl. Bernard, op. cit., *Des Fonctions du cerveau.*

le cerveau reçoit quelque lésion grave et profonde, la faculté de sentir est aussitôt suspendue chez l'animal. De même, si l'on supprime toute communication entre le cerveau et un organe déterminé, un membre quelconque, cet organe, ce membre ne sent plus rien.

Voilà, certes, des faits d'un haut intérêt et bien propres à établir la suprématie de la tête sur tous les autres organes, relativement à la connaissance sensible. Toutefois, il ne faudrait point en exagérer l'importance, si grande soit-elle, et conclure avec plusieurs savants modernes que toute sensation s'accomplit réellement dans le cerveau et que celui-ci est non seulement le *sensorium commune*, mais l'unique *sensorium*. Une seule conclusion absolument légitime découle des faits rapportés plus haut, à savoir, que l'organe cérébral est la condition *sine quâ non* de toute sensation, puisque les différents organes de la connaissance sensible ne peuvent remplir leurs fonctions qu'autant qu'ils demeurent en communication permanente avec lui. Aller plus loin et attribuer au cerveau les différentes sensations que la croyance commune localise dans les divers organes, ce serait d'abord s'aventurer dans le champ de la pure hypothèse ; ce serait ensuite, croyons-nous, se mettre en opposition avec le témoignage de la conscience. Quand je souffre à l'estomac, à la main, aux pieds ou dans quelque autre partie du corps, je crois fermement, je sens clairement que ce sont ces différentes parties qui éprouvent la sensation, et non pas le cerveau.

Au reste, l'argument des adversaires pourrait très bien se retourner contre eux : si, en effet, on attribue la sensation au cerveau par ce motif que sans lui nulle sensation ne peut se produire, on fera la même chose pour les divers organes particuliers, puisque sans eux la sensation est également impossible, comme il serait facile de le démontrer, malgré quelques apparences contraires. On connaît l'exemple des amputés qui objectivent, par habitude, à l'extrémité du membre absent, l'ébranlement produit dans l'organe de l'imagination.

Saint Thomas d'Aquin, avec Aristote, a trouvé la vraie solution du problème. La théorie qu'il propose ne contredit en rien les données de la science moderne, et, pour ne point parler de ses autres avantages, elle sauvegarde mieux la dignité, l'activité propre des différents organes, tout en les tenant sous l'absolue dépendance du cerveau. L'Angélique Docteur a observé que non seulement l'animal éprouve diverses sensations, comme voir, ouïr, odorer, etc., mais encore qu'il sait établir entre elles une réelle différence, qu'il distingue, par exemple, entre voir et entendre, entre jouir et souffrir, et ainsi du reste. Il faut donc, outre les sens particuliers, faits chacun pour un objet propre et spécial, admettre une faculté d'un pouvoir plus étendu, une faculté centrale, un sens *commun*, qui rassemble les différentes impressions et les distingue les unes des autres. Une telle fonction relève naturellement de la sensibilité, puisqu'elle se borne à saisir ce qu'il y a de sensible dans les opérations des sens, et cependant nul des sens particuliers ne saurait la remplir, chacun étant appliqué tout entier à son objet (1).

On doit regarder le sens commun comme la source de toute la sensibilité physique, et les sens particuliers comme ses organes ou ses instruments; ils sentent, ils discernent leur objet en vertu du pouvoir qu'ils ont reçu de lui; à eux de recevoir les diverses impressions du monde externe et de les transmettre ensuite au sens commun, dont ils relèvent et auquel ils sont reliés par le système nerveux. Quant à cette faculté, elle reçoit les nouvelles locales au fur et à mesure qu'elles lui arrivent, en prend connaissance, les discerne et les centralise avec soin.

(1) « Sensus proprius judicat de sensibili proprio, discernendo ipsum ab aliis quæ cadunt sub eodem sensu, sicut discernendo album a nigro vel a viridi. Sed discernere album a dulci non potest neque visus, neque gustus ; quia oportet quod qui inter aliqua discernit, utrumque cognoscat. Unde oportet ad sensum *communem* pertinere discretionis judicium, ad quem referantur, sicut ad communem terminum, omnes apprehensiones sensuum ; a quo etiam percipiantur actiones sensuum, sicut cùm aliquis videt se videre. Hoc enim non potest fieri per sensum proprium, qui non cognoscit nisi formam sensibilis a quo immutatur. » (S. Th. 1ª, q. 78, art. 4, ad 2.)

Un tel ministère demande évidemment une position centrale; la seule indiquée par la nature même est le cerveau, d'où part et où vient aboutir tout le réseau nerveux : c'est là le siège et la résidence du sens commun (1).

De ce rôle du cerveau par rapport à la sensibilité extérieure, découle comme conséquence naturelle, l'attitude droite de la tête, attitude si propre à rehausser la beauté de l'homme et si merveilleusement faite pour faciliter sa connaissance, en lui permettant de voir de haut et d'étendre au loin son regard. Cicéron s'est plu à relever cette attention délicate de la Providence : « *Sensus autem interpretes ac nuntii rerum, in capite, tanquam in arce, mirificè ad usus necessarios et facti et collocati sunt.* » Les yeux notamment, ces vigilants observateurs placés en sentinelle, occupent la place la plus élevée, et de cette éminence découvrent au loin un très grand nombre d'objets. « *Oculi, tanquam speculatores, altissimum locum obtinent, ex quo, plurima conspicientes, fungantur suo munere.* » (2)

(1) « Sensus communis nobiliori modo recipit quam sensus proprius, quia virtus sensitiva consideratur in eo ut in *radice*, et minus divisa. » (In III *de Animâ*, lect. 3a.) — « Ubicumque sint potentiæ ordinatæ, inferior potentia comparatur ad superiorem, per modum instrumenti, eo quod superior movet inferiorem. Actio autem attribuitur principali agenti per instrumentum, sicut dicimus quod artifex secat per securim. Et per hunc modum Philosophus dicit quod sensus communis sentit per visum, et per auditum, et per alios sensus proprios. « (*De Sensu et sensato*, lect. 19.)

(2) *De Naturâ deorum*, II, 56.

Saint Thomas a très bien exploité cette considération, pour montrer l'immense supériorité de l'homme sur l'animal. « Les sens sont presque tous réunis sur la face; aussi l'animal la tient-il abaissée vers la terre, comme pour chercher sa nourriture et pourvoir à ses besoins; mais l'homme a la face élevée, la tête droite, afin de pouvoir, grâce aux sens et surtout au sens de la vue, le plus pénétrant et le plus universel de tous, considérer plus aisément, de tous côtés, les objets sensibles, soit les choses célestes, soit les terrestres, recueillant ainsi dans chacune l'intelligible vérité. » (1)

Notre docteur, comparant ensuite l'homme avec la plante, qui, elle aussi, *habet staturam erectam,* fait cette ingénieuse remarque : « L'homme a la partie supérieure de lui-même, la tête, tournée vers le monde d'en haut, tandis que la partie inférieure prend une direction|toute contraire. Mais 'chez la plante, la partie supérieure *(radices sunt ori proportionales)* est attachée au monde d'en bas, pendant que la partie inférieure regarde en haut. » (2)

(1) « Quia sensus præcipuè vigent in facie, alia animalia habent faciem pronam ad terram, quasi ad quærendum cibum et providendum sibi de victu; homo vero habet faciem erectam, ut per sensus, et præcipuè per visum, qui est subtilior et plures differentias rerum ostendit, liberè possit ex omni parte sensibilia cognoscere, et cœlestia, et terrena, ut ex omnibus intelligibilem colligat veritatem. » (S. Th. 1ᵃ, q. 91, a. 3, ad 3.)

(2) S. Th., *ibidem.*

2.

La science moderne a prouvé, il est vrai, que les plantes puisent le carbone dans l'atmosphère par l'entremise des feuilles; mais ce détail de leur vie ne change rien à l'ensemble, et la différence signalée par saint Thomas entre l'homme et la plante, subsiste dans son principe et ses plus importantes applications.

§ 2. — *Rôle de la tête dans les passions.*

Les sens ont introduit dans l'âme l'image des objets extérieurs : une nouvelle série de phénomènes intéressants va commencer. L'homme n'a point que la curiosité ou le besoin de connaître à satisfaire, il a aussi des appétits impérieux à contenter. D'un autre côté, les objets sensibles que lui a présentés la connaissance, ne sauraient lui être tous indifférents : il en est parmi eux qui répondent à ses penchants et lui sont utiles ou même nécessaires; d'autres, au contraire, qui lui répugnent et pourraient lui être nuisibles et dangereux. Naturellement il aura de l'inclination pour les uns, de l'aversion pour les autres. Les facultés destinées à s'harmoniser avec ce nouvel aspect des choses s'appellent facultés appétitives et se divisent elles-mêmes en deux classes : les appétits *sensibles* et les appétits *rationnels,* suivant que leur objet sollicite ou la sensibilité ou la raison. Nous n'avons à parler

ici que des premiers, connus encore sous le nom
de passions.

Entre la connaissance sensible et l'appétit sensible, il y a une grande analogie et surtout une
merveilleuse correspondance, puisque, dans les
deux cas, l'objet appartient au même ordre.
Celui-ci, néanmoins, se présente sous deux aspects
absolument différents et demande, pour être saisi
dans sa totalité, des facultés diverses. La connaissance, qu'elle soit sensible ou intellectuelle,
a pour unique fin de savoir; elle attire les objets
à soi non pour s'en servir, mais pour les contempler. Au contraire, l'appétit se penche vers les
choses ou s'éloigne d'elles; il les envisage au
seul point de vue du bien et du mal; et s'il s'agit
de l'appétit sensible, au point de vue du plaisir
et de la douleur, de l'utile et du nuisible, dans
l'ordre matériel; l'utile lui plaît et l'attire, le nuisible le repousse et l'éloigne.

On le voit, cette faculté est, pour ainsi dire, engendrée par la connaissance sensible; par suite,
il lui faut, comme à elle, un organe déterminé, qui
lui permette d'atteindre son objet et d'en recevoir les impressions. Mais cet organe ne sera pas
le même que celui des sens, car sentir et être ému
sont des phénomènes d'ordre différent. Voilà
déjà une bonne raison pour ne point l'attribuer
au cerveau, à qui nous avons accordé le privilège de servir de siège et de centre aux facultés
de la connaissance sensible. Au reste, nous re-

viendrons plus loin sur cette thèse intéressante,
quand nous aurons à faire la psychologie du
cœur et à montrer en ce noble organe le principe
matériel des passions de l'âme.

Toutefois, hâtons-nous de le reconnaître, l'influence du cerveau sur les passions, pour n'être
qu'indirecte et médiate, n'en jouit pas moins
d'une très grande efficacité. En effet, l'appétit ne
peut se porter que vers le bien connu ; mais l'appétit, de lui-même, est une puissance aveugle,
incapable de se diriger, si elle ne reçoit le mot
d'ordre de la faculté supérieure, à qui est échu en
partage le don précieux de la connaissance.
L'appétit sensible se voit donc placé, par sa
nature même, sous la dépendance de la connaissance sensible, comme celle-ci, à son tour, est
tout entière sous la dépendance du cerveau, son
organe et son centre. Nous voulons dire que la
connaissance du bien sensible s'accomplit au
cerveau, que celui-ci, par l'entremise d'un nerf
spécial, a mission de la transmettre à l'organe
des appétits, et que ce dernier, aussitôt l'ordre
reçu, entre en mouvement et se porte de lui-
même vers son objet.

Il découle de là une autre conséquence, importante à signaler et facile à saisir. C'est que
l'énergie de l'appétit devra être proportionnée
avec la vivacité de l'image fournie par les sens,
et que, toutes choses égales d'ailleurs, la passion
sera d'autant plus ardente, que l'image sera elle-

même et plus forte et plus intense. Une expérience universelle et constante révèle, sur ce point, la parfaite harmonie de la théorie avec les faits. La crainte, a dit saint Thomas, « naît de l'image d'un mal imminent, et difficile à repousser. » (1) Le même phénomène ne se remarque-t-il pas, avec les nuances nécessaires, dans tout montemuev passionné ? Qui ne sait que l'imagination commande presque à son gré à tout le corps ? que certaines images trop vives provoquent souvent une altération sensible dans les organes, que le feu monte au visage ou qu'un frisson glacial parcourt les membres ? Et d'où vient ce trouble de l'organisme, sinon de l'influence qu'exerce l'imagination sur les passions de l'âme, lesquelles agitent d'abord le cœur, et ensuite, par voie de conséquence, le corps tout entier ? (2)

Chez l'animal, l'imagination entraîne toujours l'appétit, et celui-ci le mouvement ; il en est très souvent de même chez les enfants, et généralement chez toutes les personnes soumises aux im-

---

(1) « Timor provenit ex phantasiâ alicujus mali imminentis, quod difficilè repelli potest. » (1ª 2æ, q. 44, art. 1, c.)

(2) « Imaginationi, si fuerit fortis, naturaliter obedit corpus, quantum ad aliqua....

« Similiter etiam et quantum ad alterationem, quæ est secundùm calorem et frigus et alia consequentia ; eo quod ex imaginatione consequenter natæ sunt consequi animæ passiones secundùm quas movetur cor ; et sic per commotionem spirituum totum corpus alteratur. » (3ª, q. 13, n. 3, ad 3.)

pressions de l'âme sensible plutôt qu'au gouver
nement de l'âme raisonnable. Quant aux hommes
qui ont davantage cultivé leur raison et appris à
se conduire par réflexion et conseil, ils sont plus
maîtres de leurs mouvements, parce qu'ils répri-
ment mieux les saillies de leur imagination.

On pourrait tirer de là une leçon de morale
fort importante : c'est que, qui veut apprendre à
gouverner ses passions doit auparavant apprendre à gouverner son imagination; travail de longue patience, mais absolument nécessaire pour
fortifier dans l'homme la partie supérieure et la
prémunir contre les sorties soudaines de la sensibilité.

§ 3. — *Rôle de la tête dans la motricité.*

Nous l'avons déjà dit, la tête se trouve pourvue
des centres nerveux qui président au fonctionnement de la connaissance sensible ; il en est de
même pour ceux qui président au mouvement.
De là, selon la remarque de saint Thomas, une
première influence de la tête sur tous les membres, influence universelle et *intrinsèque*, assez
semblable à celle de la source sur les ruisseaux.
« *Caput in alia membra influit... uno modo,
quodam intrinseco influxu, prout scilicet virtus
motiva et sensitiva a capite derivatur ad cætera*

membra. » (1) C'est dans l'encéphale que se trouve le point de départ de l'excitation qui fait contracter les muscles, et par là engendre le mouvement des organes.

Le P. Gratry a décrit, dans un poétique langage, le système nerveux et son rayonnement de la tête aux autres parties du corps. « Le cerveau déploie, depuis le sommet de l'homme jusqu'aux extrémités des membres, les longues lignes flexibles, ondoyantes, fermes et blanches de ses deux sortes de rayons nerveux. Tout ce que nous avons nommé la sphère extérieure de l'homme, tous les organes des sens, tous ceux du mouvement, toute la robe extérieure du corps en est remplie. Qu'on se figure un corps humain revêtu d'une riche et ondoyante chevelure. Tel est le spectacle intérieur que nous offre le système nerveux. Ses nœuds énormes remplissent la tête et s'y arrangent symétriquement des deux côtés. Ses premiers jets viennent donner à la face la vie et la lumière. Puis, par derrière, une admirable tresse d'une parfaite régularité descend depuis la tête jusqu'aux reins. De chacun des chaînons de la tresse partent deux paires de faisceaux nerveux qui bientôt se dispersent et se subdivisent, pour envelopper le corps entier, pour former le tissu de la peau, pour porter dans les membres le sentiment et le mouvement....

(1) S. Th., 3ª, q. 8, a. 6, c.

Des racines nerveuses distinctes président les unes aux sens seulement, les autres au mouvement seulement; et tandis que tout point du corps est organe de perception sourde et de mouvement instinctif, voici que les organes des perceptions claires sont parfaitement déterminés dans l'espace et parfaitement distincts par leurs fonctions; voici que les organes des mouvements sont parfaitement distincts des organes de la perception. » (1)

La tête ne se contente pas d'étendre à tout le corps son influence intérieure, pourtant si considérable, et d'être, par les nerfs, l'origine de tout mouvement; elle a encore sur lui une influence extérieure, qui se traduit par la direction de la motricité. Une loi générale, également sage et nécessaire, veut que toujours la direction appartienne à la connaissance; mais on sait que la connaissance sensible, principale directrice des mouvements de l'animal, vient elle-même du cerveau. Saint Thomas d'Aquin a parfaitement compris et défini ce nouveau rôle de la tête : « *Caput in alia membra influit... secundum quamdam exteriorem gubernationem, prout scilicet secundum visum et alios sensus qui in capite radicantur, dirigitur homo in exterioribus actibus.* » (2)

La science moderne, par des expériences nombreuses et décisives, devait jeter sur tous ces faits

(1) Op. cit., ch. III.
(2) S. Th. 3ᵃ q. 8, a. 6, c.

de nouvelles lumières. Elle a prouvé d'abord que certaines lésions du cerveau font disparaître entièrement la motricité. Elle a prouvé ensuite qu'on peut ôter à l'animal et à l'homme lui-même la direction de ses mouvements, en blessant les pédoncules cérébelleux et divers points de l'organe encéphalique. « Ainsi l'expérimentateur peut à son gré faire marcher un animal à droite, à gauche, en avant, en arrière, ou le faire tourner tantôt par un mouvement de manège, tantôt par un mouvement de rotation sur l'axe de son corps... Malgré ses efforts, il va fatalement dans le sens que la lésion organique a déterminé. Les pathologistes ont signalé chez l'homme des faits analogues en grand nombre. Les lésions des pédoncules cérébelleux déterminent chez l'homme comme chez les animaux les mouvements de rotation. D'autres malades ne pouvaient marcher que droit devant eux. Par une cruelle ironie, un brave et vieux général ne pouvait marcher qu'en reculant. » (1)

Si nous voulions maintenant recueillir les différents titres qui mettent la tête hors de pair, en ce qui concerne les diverses fonctions de la vie sensitive, nous n'aurions, ici encore, qu'à citer l'Ange de l'Ecole. Il semble difficile de rien ajouter à la savante analyse qu'il nous a laissée. « Dans la tête, dit-il, trois choses sont à remar-

_____

(1) Cl. Bernard, op. cit., *Des Fonctions du cerveau.*

quer : la place qu'elle occupe, sa perfection
organique et le pouvoir dont elle jouit ; sa place,
parce que la tête est la première partie de
l'homme, en commençant par le sommet, et voilà
pourquoi on donne le nom de tête au commencement ou principe de chaque chose.... la
perfection, parce que dans la tête sont réunis
tous les sens, tant intérieurs qu'extérieurs, pendant que le seul toucher se trouve répandu dans
les autres membres ; le pouvoir enfin, puisque
la vertu et le mouvement des autres membres et
la direction de leurs actes viennent de la tête, à
cause de la faculté sensitive et motrice qui a
établi chez elle son principal domicile. » (1)

ARTICLE III

LA TÊTE ET LA VIE INTELLECTUELLE ET MORALE

On ne saurait trop admirer les merveilles de
la sensibilité et comment la vile matière a pu
être associée aux phénomènes si remarquables

(1) « In capite tria possumus considerare : scilicet ordinem,
perfectionem et virtutem ; ordinem quidem, quia caput est
prima pars hominis, incipiendo a superiori ; et inde est quòd
omne principium consuevit nominari caput... perfectionem
autem, quia in capite vigent omnes sensus interni et externi,
cum in cœteris membris sit solus tactus ; virtutem vero,
quia virtus et motus cœterorum membrorum et guber-
natio eorum in suis actibus est a capite, propter vim sen-
sitivam et motivam ibi dominantem. » (S. Th., 3ª, q. 8, a. 1.)

de la connaissance et de la passion. Mais la sensibilité se voit emprisonnée dans l'espace et dans le temps, car la matière forcément lui impose ses bornes.

La vie rationnelle garde tout ce qu'il y a de bon dans la vie sensible ; elle en retranche seulement ce qui dérogerait à la dignité de sa noble nature. Elle aussi se compose de connaissance et d'appétit, mais d'une connaissance immatérielle qui pénètre jusqu'à l'essence des choses, jusqu'à l'immuable, et d'un appétit supérieur qui n'a de goût que pour les biens suprasensibles. En un mot, ce qui distingue la partie supérieure de l'âme, c'est l'intelligence et la volonté.

Il nous reste à savoir si le cerveau prête aussi son concours à la pensée et à la volition, et quel concours. Ici, conformément à l'esprit et la doctrine thomiste, nous aurons deux grandes vérités à établir et deux erreurs capitales à combattre ; contre l'école idéaliste, nous montrerons que le cerveau exerce sur la raison et la volonté une influence considérable, et contre l'école sensualiste, que cette influence n'est pas déterminante, comme pour la sensation et les passions.

§ 1. — *Le cerveau exerce sur la pensée une influence considérable.*

De prime abord, il faut en convenir, cette assertion a de quoi surprendre, de quoi faire

naître des inquiétudes au sujet de l'immatérialité
de l'intelligence.

Comment un organe, si parfait, d'ailleurs, qu'on
le suppose, peut-il peser sur un esprit, et que sau-
rait-il y avoir de commun entre la matière et la
pensée ?

Disons-le bien haut, il n'est pas dans la nature
de l'esprit de demander à être uni à un corps ;
une intelligence pure et parfaite repousse invin-
ciblement une alliance de cette nature ; elle
plane, elle déploie ses brillantes ailes au milieu
des airs, ou plutôt bien au-dessus des airs, dans
la céleste région de l'idéal ; elle perçoit l'intelligible en lui-même, elle le contemple face à face,
sans aucun de ces voiles plus ou moins transpa-
rents que l'œil humain emprunte aux choses
sensibles et qui amortissent l'éclat de la pure
lumière. C'est le sort et la condition des anges.

Mais était-il bon qu'il n'y eût que des anges et
des corps, et ne valait-il pas mieux qu'entre ces
natures séparées par un abîme, l'Auteur des
choses plaçât une créature intermédiaire, tenant
de l'esprit et du corps, reliant ensemble le monde
visible avec le monde invisible ?

C'est précisément l'harmonie savante qu'a su
exécuter l'artiste suprême, avec des variations
infinies. Il suffit de jeter un regard sur les hommes pour voir aussitôt combien faible est leur
raison, laissée à elle-même, et combien dépendante de la sensibilité.

Au premier âge, notre esprit, selon une juste comparaison d'Aristote, ressemble à « ces tablettes vides où l'on n'a rien écrit. » Les yeux du corps s'ouvrent à la lumière bien avant les yeux de l'âme ; nos premières idées ont toutes pour objet le monde inférieur, et ce n'est que lentement, laborieusement, que notre raison arrive « à se distinguer de la chair, » comme parle Bossuet, à concevoir l'immatériel, à s'élever au-dessus des choses et d'elle-même, à saisir l'universel dans le particulier, à soulever un coin du voile qui cache l'idéal. Plus un esprit grandit, plus il se dégage de la matière, plus aisément il se tourne vers l'intelligible et l'immuable ; mais jamais il ne parvient à se débarrasser tout à fait des fantômes de l'imagination ; malgré lui, le sensible l'accompagne partout, le poursuit dans tous ses actes.

« Bien plus, l'esprit, occupé de choses incorporelles, par exemple de Dieu et de ses perfections, s'y est senti excité par la considération de ses œuvres, ou par sa parole, ou enfin par quelque autre chose, dont les sens ont été frappés. Et, notre vie ayant commencé par de pures sensations, avec peu ou point d'intelligence indépendante du corps, nous avons dès l'enfance contracté une si grande habitude de sentir et d'imaginer, que ces choses nous suivent toujours, sans que nous en puissions être entièrement séparés.... On met en question s'il peut y avoir, en cette vie, un pur acte d'intelligence dégagé de toute image sensible. Et il n'est pas incroyable que cela puisse être, durant de certains moments, dans les esprits élevés à une haute contemplation et exercés durant un long temps à se mettre au-dessus des sens ; mais cet état est fort rare, et il faut parler ici de ce qui est ordinaire à l'entendement. » (1)

Pourquoi cela, encore une fois ? Parce que l'intelligence humaine se trouve comme plongée dans le sensible, et que, par là même, son opération propre est de comprendre l'intelligible sous le voile des images. *Operatio proportionatur virtuti et essentiæ; intellectivum autem hominis est in sensitivo; et ideo propria operatio ejus est intelligere intelligibilia in phantasmatibus.* (2)

Cependant s'il est juste que l'inférieur offre ses services à son supérieur légitime, on doit s'attendre à ce que la sensibilité n'aura point reçu pour mission d'entraver la raison humaine, mais, au contraire, de l'aider, de la soutenir dans ses actes. Voilà bien, en effet, ce qu'établit l'expérience ; elle montre un rapport habituel, une deorste proportion entre la perfection des facultés sensibles et la perfection des facultés intellectuelles.

Revenons sur ce que nous disions tout à l'heure.

(1) Bossuet, *Connaiss. de Dieu et de soi-même*, ch. III, § 15.
(2) S. Thomas, *De Memor. et remin.* lect. 2.

La raison humaine, à cause de son imperfection native, n'apporte en naissant aucune idée ; puissance réelle, douée d'une activité supérieure, elle devra construire elle-même l'édifice de ses connaissances ; mais sans matériaux un édifice ne peut s'élever et la créature la plus parfaite ne fait rien avec rien. Les matériaux dont a besoin la raison, quel agent subalterne et fidèle sera chargé de les lui fournir ? Vous l'avez nommé : la sensibilité.

Chez l'homme, déjà nous l'avons vu, la sensibilité se fait remarquer par une perfection exquise ; d'un autre côté, l'immense trésor de la nature répandu sous ses regards étale partout devant elle la plus grande, la plus délicieuse abondance d'objets divers. Aussitôt et à l'envi, les sens extérieurs de s'ouvrir au magnifique spectacle offert à chacun d'entre eux, de recueillir avec avidité les images sans nombre des choses, d'accumuler avec ordre les impressions et les faits ; la mémoire d'embrasser et de garder avec un soin jaloux les richesses confiées à sa fidélité ; l'imagination, enfin, de prêter ses couleurs, de donner la vie à ce petit monde qui, plus ou moins soudainement, a fait irruption dans l'âme, et de le présenter elle-même à la raison, cette noble souveraine du logis.

Que doit faire la raison, naguère si pauvre et maintenant servie à souhait ? Accueillir avec bonheur les divers éléments qui lui sont offerts

par la sensibilité, les discerner, les classer, puis
les polir soigneusement, enfin les idéaliser, les
transformer. Car la raison est l'artiste chargé,
non pas d'assembler les matériaux, mais de les
utiliser, de les exploiter, de les tirer de leur état
brut et informe, et d'élever, grâce à eux, l'édifice
grandiose qui ravira tous les regards. Donc l'artiste transforme, à proprement parler il ne crée
pas ; sans doute, s'il est habile, il donnera aux
matériaux une forme si nouvelle, si inespérée,
si divine, que dans le chef-d'œuvre vous oublie-
rez presque entièrement leur humble origine.
Néanmoins, encore un coup, l'artiste ne peut
rien sans des éléments, rien sans la nature qui
les lui fournit.

Et maintenant, peut-il être indifférent à notre
artiste de recevoir de la nature des éléments
quelconques, peu nombreux ou abondants, pauvres ou riches ? Peut-il être indifférent au poète
de contempler une plaine monotone ou une mon-
tagne à la tête sublime, une étroite vallée ou la
mer immense ; d'entendre le doux murmure du
ruisseau qui se cache sous le gazon, ou le fracas
du fleuve qui se précipite après avoir rompu ses
digues ; le léger bruit d'un vent tranquille, ou la
terrible voix d'une tempête déchaînée ? Mais,
disions-nous plus haut, la raison humaine est
aussi un artiste ; comme à l'artiste, il faudra que
la nature lui fournisse les éléments nécessaires,
et ces éléments, c'est à la sensibilité, faculté

organique et inférieure, qu'il appartient de les recueillir.

En un mot, la sensibilité est au point de départ de la connaissance humaine, et, comme l'édifice tout entier repose sur le fondement, ainsi notre raison repose sur les sens. Conséquemment, plus les éléments amassés par les sens extérieurs, gardés par la mémoire, accrus encore et combinés par l'imagination, seront en quantité abondante et surtout de bonne qualité, plus la raison aura de ressources, de facilité pour élever l'édifice du savoir humain.

Pour mettre notre théorie dans tout son jour, disons que deux qualités maîtresses distinguent une heureuse sensibilité : d'abord, une grande délicatesse des organes, qui les rende plus sensibles aux moindres impressions du monde extérieur, et leur permette de faire arriver jusqu'à l'âme la vision des plus fines nuances, l'audition des plus faibles échos de la nature ; ensuite, une consistance, une fermeté convenable, qui garde avec fidélité les précieuses impressions une fois recueillies.

A ce double point de vue, le toucher, moins noble, d'ailleurs, que la plupart des autres sens, occupe dans la connaissance humaine la place d'honneur et remplit un rôle, en quelque sorte, universel. C'est que tous les autres reposent sur lui, a dit saint Thomas, répétant un mot justement célèbre d'Aristote : *Omnes alii sensus fun-*

dantur supra tactum (1). Voilà pourquoi les autres sens sont d'autant plus élevés dans l'échelle de la connaissance, que le tact, par sa délicatesse et sa finesse — accompagnées d'une juste consistance — se trouve mieux disposé à percevoir les impressions des objets extérieurs. Voilà pourquoi l'homme, par le toucher, possède une supériorité si marquée sur tous les animaux ; supériorité si favorable à la connaissance sensible et qui doit exercer une influence notable sur la connaissance intellectuelle (2).

Le langage lui-même peut à bon droit être invoqué à l'appui de notre thèse. Que signifient ces expressions populaires, autant que justes, qu'on trouve sur les lèvres de tous : *homme de tact, homme dépourvu de tact,* sinon un homme qui apprécie avec délicatesse la distance, la proportion, les nuances des choses, ou, au contraire, un homme grossier, étranger à tout ce qui ne tombe pas sous les sens et privé du sentiment de la mesure ?

Ne craignons pas, ici encore, de marcher à la lumière de l'expérience : elle sert merveilleusement à faire connaître la vraie nature de notre

---

(1) S. Th. 1ª, q. 76, a. 5, c.

(2) Le Docteur Angélique a pu, sans incliner le moins du monde vers le sensualisme, dire encore avec Aristote : « Homo, inter omnia animalia, melioris est tactûs ; et inter ipsos homines, qui sunt melioris tactûs, sunt melioris intellectûs ; cujus signum est quod molles carne bene aptos mente videmus. » (1ª, q. 76, a. 5, c.)

esprit, à expliquer les faibles commencements, les progrès lents et successifs, comme aussi le déclin gradué de la connaissance humaine. L'enfant ouvre toute grande la porte de ses sens au monde extérieur; son extrême impressionnabilité donne aux choses du dehors un accès facile; sa mémoire brille par la promptitude et la vivacité; tout en lui est émotion. Mais ses organes ont encore trop peu de consistance; rien de profond ne saurait s'y graver; tout reste à la surface, dans une agitation perpétuelle; et dans cette âme sans fermeté, sans ténacité, mobile et fluide comme l'eau, tout entre et tout coule: *velut unda supervenit undam.*

On pense bien qu'une semblable disposition n'est guère faite pour favoriser le bon fonctionnement de l'intelligence: de telles images sont trop vives pour être distinctes, de telles impressions trop promptes, trop tumultueuses, pour être durables et profondes; impossible à l'esprit de se recueillir en lui-même et de penser: la sensation prime tout, emporte tout.

Cependant les années changent bientôt l'enfant en jeune homme;

Multa ferunt anni venientes commoda secum;

les organes ont reçu un plus grand développement et plus de fermeté; les images s'impriment dans les sens plus nettes et plus distinctes; la précipitation décroît avec l'impétuosité; l'âme

s'appartient davantage, et la raison commence
à jouir des trésors amassés chaque jour par la
sensibilité.

Encore un peu de temps, et vous aurez le spectacle d'un homme mûr, bien équilibré, en pleine
possession de toutes ses facultés sensibles et
intellectuelles. Mais il ne restera pas longtemps
sur ce faîte ; voilà que peu à peu la délicatesse
des organes diminue, la sensibilité s'affaiblit et
s'émousse, l'écho du monde extérieur arrive plus
difficilement jusqu'à l'âme, le toucher perd de sa
finesse, bien des notes ne parviennent plus jusqu'aux oreilles, bien des nuances échappent à la
vue ; l'imagination est moins vive, l'organe de la
mémoire, usé par le temps, ne reçoit plus, ou, du
moins, ne garde plus les impressions nouvelles,
et même chaque jour voit diminuer le nombre
des idées acquises. Forcément la raison se dégar-
nit et s'appauvrit, et le temps de la vieillesse n'est
plus guère éloigné, où, les pertes ne cessant de
s'accroître, le vide se fait lentement et envahit
enfin l'âme tout entière.

Voilà ce que montre l'expérience, dans l'immense majorité des cas. Les exceptions, pour l'ordinaire, tiennent précisément à ce que l'organisme
a mieux su résister aux injures du temps, à ce
que l'imagination et la mémoire, ces deux ser-
vantes de la raison, ont réussi à retenir quelque
chose de la sève et des forces d'autrefois. Il y a
donc une étroite liaison, une sorte d'harmonie

préétablie, entre les dispositions du corps et l'état
de l'âme, entre le cerveau, organe de la connaissance sensible, et la pensée, fille de l'intelligence.

La même harmonie, en thèse générale, devra
se remarquer entre le volume du cerveau et la
puissance des facultés destinées à la connaissance
des objets matériels ; car, selon la doctrine de
saint Thomas, « la mémoire et l'imagination
s'exerceront d'autant plus librement et feront une
cueillette d'autant plus abondante que l'organe
de ces deux facultés aura plus d'éten due et plu
d'ampleur. Et voilà sans doute pourquoi il était
nécessaire que le cerveau de l'homme fût relativement beaucoup plus volumineux que celui des
autres animaux. Cette ampleur considérable de
l'encéphale humain rend plus facile le jeu des
sens intérieurs, que l'on sait être nécessaires aux
opérations de l'intelligence. » (1)

Ici encore les faits donnent pleinement raison
à la théorie. On sait qu'au-dessous d'un certain
volume du cerveau, la pensée elle-même ne peut
plus s'exercer, on se trouve en présence de
l'*idiotisme* ou du *crétinisme* (2). D'un autre côté,

(1) « Necessarium fuit quod homo, inter omnia animalia,
respectu sui corporis haberet maximum cerebrum, ut *libe-
rius* in eo exercerentur operationes interiores virium sensi-
tivarum, quæ sunt necessariæ ad intellectûs operationes. »
(S. Th. 1ᵃ, q. 91, a. 3, ad 1.)

(2) Toutes les fois que chez un homme blanc un cerveau
pèse moins de mille grammes, l'individu qui le porte a dû
être classé parmi les idiots. On a observé des hommes dont
le cerveau ne pesait que 300 grammes. Ils ont reçu le nom de
microcéphales.

malgré un certain nombre d'exceptions, qui ne permettent pas d'établir une proportionnalité rigoureuse, le développement de l'organe encéphalique est d'ordinaire accompagné d'un développement correspondant dans les facultés intellectuelles.

Néanmoins, la moelle épinière étant le siège des actions réflexes, et les hémisphères celui des sens internes, le rapport du poids de l'encéphale à celui de la moelle paraît être une plus juste mesure du degré de développement de l'âme raisonnable. Chez l'homme le cerveau pèse cinquante fois plus que la moelle ; chez le chien, il ne pèse que cinq fois plus, et deux fois plus seulement chez le cheval.

Le poids moyen du cerveau humain est de 1250 grammes. Or le cerveau de Dupuytren pesiat 1430 grammes ; celui de Schiller, 1750 grammes ; celui de Cuvier, 1829 grammes ; celui de Cromwell et celui de Byron, quelques grammes de plus. Au contraire, celui d'une femme australienne, possédant l'intelligence de sa race, n'a été trouvé que de 907 grammes, et celui d'une Boschimane, de 872.

La croyance commune n'est donc pas sans fondement, quand elle établit une relation entre l'ampleur du cerveau et la pensée, qu'elle regarde un vaste front comme le symbole d'une grande intelligence, et un front étroit, déprimé, comme le signe d'une intelligence également étroite et bornée.

Mais, selon nous, il y a dans l'organe encéphalique un élément bien autrement important, au point de vue de la connaissance, que le poids ou le volume ; c'est la qualité, nous voulons dire la délicatesse, l'impressionnabilité et la consistance. Cet élément intérieur et supérieur rendrait sans doute compte, sinon absolument, du moins en grande partie, du manque de proportion qu'on a parfois signalé entre le développement du cerveau et celui de l'intelligence (1).

§ 2. — *Le cerveau n'est point l'organe de la pensée.*

On ne nous accusera pas d'avoir fait la part trop petite à l'influence exercée par les facultés sensibles sur les facultés intellectuelles. Quelques-uns nous accuseront plutôt de l'avoir faite trop grande et de n'avoir pas maintenu assez haut le drapeau du spiritualisme. La suite dissipera leurs scrupules et les rassurera sur l'orthodoxie de la doctrine thomiste. Mais nous tenions à déclarer avec le P. Gratry (un spiritualiste peu suspect) que « cette subordination de notre seconde faculté (la raison) à la première (la sensibilité) est ou doit être l'un des dogmes fondamentaux de la philosophie. L'ignorance totale ou partielle de cette vérité est la cause principale peut-être de

(1) Certaines personnes cachent une intelligence remarquable sous une tête relativement petite et mal faite ou *asymétrique*. En moyenne, pourtant, les têtes les plus développées et les mieux proportionnées ont l'avantage.

l'étonnante stérilité de la philosophie ; et si, depuis trois siècles, la science de la nature a fait
d'immenses et magnifiques progrès, c'est qu'elle a
reconnu, en ce qui la concerne, cette féconde
vérité. » (1)

Sans doute, il faut défendre la sensibilité, sa
force propre, son vaste domaine, sa grande et
légitime influence s'étendant jusqu'aux actes de
l'esprit. Mais elle n'a rien à gagner à sortir de sa
sphère, à usurper sur les droits des facultés supérieures ; et la justice veut qu'après avoir refusé
de l'humilier sous prétexte d'exalter la raison,
nous ne venions point, par un abus contraire et
plus criant encore, abaisser la raison à son profit.

Dégagés enfin de l'école idéaliste, nous voici
maintenant aux prises avec l'école naturaliste, si
bruyante aujourd'hui et si orgueilleuse de ses
récents succès. Donc, s'il en faut croire la nouvelle théorie (rajeunie plutôt que jeune), l'intelligence n'est qu'une extension, une forme meilleure de la sensibilité ; comme celle-ci, comme
toutes les facultés de notre âme sans exception,
elle dépend absolument du cerveau ; elle est attachée à l'organisme par des liens nécessaires,
indissolubles.

Les savants contemporains, si généreux, d'ail-

(1) *Connaiss. de l'âme,* l. III, ch. II. D'après le même auteur,
« le mérite de Bacon, comme écrivain, est d'avoir plus élo-
quemment que tout autre, à son époque, mis dans un jour
incontestable ce grand principe qu'il faut *recevoir* pour
savoir. »

leurs, en concessions envers les partisans du natu-
ralisme, tiennent trop souvent le même langage
que nos adversaires. Ecoutez cette déclaration
audacieuse de Cl. Bernard, appuyée, dit-il, sur les
dogmes les plus certains de la science moderne :
« Il faut renoncer à l'opinion que le cerveau forme
une exception dans l'organisme, qu'il est le *substratum* de l'intelligence, et non son *organe*. Cette
idée est non seulement une conception surannée,
mais c'est une conception *antiscientifique*, nuisible au progrès de la physiologie et de la psychologie... La physiologie nous montre que, sauf la
différence et la complexité plus grande des phénomènes, le cerveau est l'organe de l'intelligence
au même titre que le cœur est l'organe de la circulation, que le larynx est l'organe de la voix. »(1)

Certains spiritualistes de l'école cartésienne,
qui regarderaient comme une grande injure d'être
accusés de fournir, à leur insu, des armes au sensualisme, ne font pourtant nulle difficulté de
présenter le cerveau comme l'organe de l'intelligence. Sans vouloir le moins du monde élever
des doutes sur l'orthodoxie de leur pensée, nous
leur rappellerions très volontiers la parole célèbre de S. Augustin : *Linguam corrigat, et sen-
tentiam teneat.* Ne voyez-vous pas, en effet, les
conséquences fâcheuses qui découlent d'elles-
mêmes d'une terminologie si gravement incor-

(1) Cl. Bernard, *la Science expérim.*, *les Fonctions du
cerveau.*

recte ? Toute faculté qui a son siège dans un organe et s'en sert pour ses opérations, partagera nécessairement le sort des facultés organiques, lequel est de ne pouvoir ni exister, ni agir indépendamment de la matière, condition *sine quâ non* de tous leurs actes.

Mais, dans une question d'une si haute importance, ne craignons pas d'insister davantage et de rappeler les enseignements de l'ancienne philosophie sur la division classique des facultés de notre âme en deux principales espèces tout à fait irréductibles : les facultés organiques et les facultés inorganiques. Non seulement cette doctrine n'a rien perdu de son actualité, mais seule, aujourd'hui, elle peut s'accorder avec les données de la science et répondre victorieusement aux objections de l'école positive.

Les premières de ces facultés emploient, dans tous leurs actes, un organe corporel, sans lequel elles ne sauraient agir, et qui est, à vrai dire, l'élément matériel associé à leur activité propre. Telles sont la vue, l'ouïe, l'imagination, et généralement toutes les facultés sensibles. La nature de ces facultés est complexe ; il y a en elles quelque chose de matériel et de simple tout ensemble, la part du corps et celle de l'âme. Pour cette raison, on ne les attribue en propre ni au corps ni à l'âme ; on les place dans le *composé*, comme dit l'École.

Au contraire, les facultés inorganiques, leur

nom seul le dit assez, ne sont point, dans leurs actions, attachées à un organe, et si on les suppose unies à quelque chose de matériel, leur acte n'admet pourtant pas le concours immédiat de la matière, mais demeure réservé à leur unique énergie. Mais elles peuvent avoir à leur usage une faculté inférieure, qui elle-même soit organique.

Le siège de ces facultés, on le devine aisément, n'est point le composé, ni à plus forte raison le corps, c'est l'âme seule et l'âme immatérielle.

Ainsi, l'intelligence et la volonté se rencontrent chez les purs esprits, en Dieu et dans les anges. Dépouillées, chez eux, de tout contact avec la matière, elles se déploient et rayonnent librement, sans appeler à leur aide aucune faculté organique.

On les trouve aussi chez l'homme, quoique à un degré inférieur ; l'homme pense et veut ; il juge et prend tel parti qu'il préfère. Dans l'homme, néanmoins, l'âme, à cause de sa faiblesse native, exigeant d'être unie à la matière, l'intelligence et la volonté font quelque usage du corps mis par la nature à leur service ; non pas que le corps entre pour rien dans leur acte propre, mais plutôt parce que des puissances organiques, telles que l'imagination, la mémoire et l'appétit sensible, doivent leur venir en aide.

La distinction bien comprise, il nous reste à montrer qu'elle n'est point une pure subtilité de

l'Ecole, mais qu'en effet, outre les facultés organiques dont il a été question déjà, on ne peut s'empêcher de reconnaître dans l'âme des puissances
d'un ordre supérieur et transcendant, au nombre
desquelles se place d'elle-même l'intelligence. Le
seul principe qui puisse servir à déterminer
scientifiquement la nature d'une faculté quelconque, c'est la nature même de son objet, puisque
l'objet est toute la raison d'être et conséquemment
la mesure de la faculté. Supposez, en effet, que la
faculté, la vue par exemple, soit inférieure à son
objet, vainement s'efforcerait-elle de l'atteindre,
elle ne saurait s'élever jusqu'à lui.

Si donc les faits eux-mêmes nous montrent
l'objet de l'intelligence comme transcendant de
sa nature, c'est-à-dire au-dessus de la portée d'un
organe quelconque, il faudra bien reconnaître
à cette faculté un caractère du même ordre. Or
ici notre tâche est des plus faciles ; car entre les
faits nombreux, précis, indiscutables qui se présentent à l'observateur attentif, nous n'avons que
l'embarras du choix.

Arrêtons-nous aux trois suivants, connus de
tous, et voyons s'ils ne portent pas avec eux plus
de lumière qu'il n'en faut pour éclairer notre
thèse. L'intelligence humaine saisit l'universel,
l'immatériel ; elle sait encore, par la réflexion,
se replier sur elle-même. Enfermée dans un
corps, perdue dans un coin de l'espace et du
temps, elle s'échappe et franchit toutes les bar-

rières de l'espace et du temps. Elle remue tout, examine tout, veut tout connaître et savoir, et, dans son ardeur passionnée pour le vrai, derrière le phénomène elle cherche la loi et les noumènes, au-dessous de la surface mobile des choses, elle pénètre jusqu'au fond, jusqu'à la subtance immobile ; du relatif elle s'élève à l'absolu, du visible à l'invisible ; au-dessus de ce qui est, elle met ce qui doit être, et par delà le réel, elle s'envole vers l'idéal.

Et maintenant, considérez quel est l'objet des diverses facultés dépendantes de l'organisme, combien il est restreint, particulier, superficiel, matériel en un mot ; la vue s'arrête aux couleurs, l'ouïe aux sons, l'odorat aux odeurs, et ainsi des autres sens. C'est que toute faculté attachée à un organe, en partage le sort et la condition ; elle ne peut rien sans lui, rien au-dessus de lui ; il la retient dans son étroite sphère, lui impose ses bornes et lui interdit de sortir jamais du temps et de l'espace (1).

(1) Saint Augustin a développé cet argument avec son éloquence ordinaire : « Illa quæ nullam gerunt similitudinem corporum, caritas, gaudium, longanimitas, pax... nulla locorum spatia tenent, nullâ intercapedine separrantur aut aliquâ oculi cordis, quò radia sua mittant, intervalla conquirunt. Nonne omnia sunt in uno sine angustiâ, et suis terminis nota sunt sine circuitu regionum; aut dic in quo loco viddas caritatem, quæ tamen in tantum tibi cognita est, in quantum potes eam mentis acie contueri, quam non ideo magnam nosti, quia ingentem quamdam molem conspiciendo lustrasti, nec, quum tibi intus loquitur ut secundum eam vivas, ullis perstrepit sonis, nec, ut eam cernas, corporalium exigis

Voici encore une autre infirmité des puissances organiques : elles agissent, mais sans savoir leur action ; elles se portent vers leur objet, sortent d'elles-mêmes, mais sans jamais pouvoir y rentrer ; car l'organe dont elles dépendent se compose de parties matérielles, et la matière ne peut se *replier* sur elle-même, ni *pénétrer* au-dedans d'elle-même.

Quant à l'intelligence, elle tient de sa nature ce mystérieux et unique privilège de la *réflexion* qui lui permet de descendre dans son intérieur, de s'interroger elle-même et de sonder ses propres pensées. « Il n'est donné qu'à l'intelligence, a fort bien dit Balmès, de s'étudier elle-même ; la pierre tombe et n'a point conscience de sa chute ; la foudre calcine et pulvérise, elle ignore son redoutable pouvoir ; la fleur sai neirent de sa grâce et de sa beauté ; l'animal suit ses instincts et ne les interroge pas ; seul, l'homme, organisation fragile, bientôt rendue à la poussière, porte en lui un esprit qui, non content d'embrasser le monde, s'inquiète de se comprendre, se replie au dedans de lui-même comme dans un sanctuaire, dont il est à la fois et le prêtre et l'oracle. Que suis-je ? Que fais-je ? Qu'est-ce que ma pensée ? Pourquoi ? Comment ? Que sont les phénomènes que je sens en moi ? Quelle en est la cause ? Dans quel ordre sont-ils produits ? Quelles sont leurs relations ?

lumina oculorum, nec cum tibi venerit in montem, sentis ejus incessum. » (*De videndo Deo, ad Paul.* ch. xvii, n. 43.)

Questions graves, questions sublimes.... témoignage glorieux qu'il est au fond de nous quelque chose de supérieur à la nature inerte. » (1)

Tout à l'heure nous nous plaisions à montrer les facultés sensibles, particulièrement l'imagination et la mémoire, au service de la raison, mettant à sa disposition toutes leurs ressources, la soutenant, la fortifiant dans tous ses actes. Cela est vrai, et nous ne devons rien retirer de ce que nous avons avancé à ce propos. Mais il est vrai aussi — les faits eux-mêmes nous obligent de le proclamer bien haut — que la raison se distingue absolument de l'imagination et de la mémoire, que la mesure de ces deux facultés ne donne nullement sa mesure, qu'il n'y a point entre celle-ci et celles-là de proportionnalité rigoureuse (2).

On a gravé sur la tombe de certain personnage fameux : *Homme d'heureuse mémoire, en attendant le jugement*. L'épitaphe d'Hardouin pourrait servir à d'autres morts plus obscurs.

De même, le splendide talent, et si on l'exige (car il ne faut pas prodiguer ce grand mot), le génie de Chateaubriand et de Lamennais nous inspire une juste admiration. Et pourtant nous ne croyons pas manquer au respect dû à la mémoire de ces deux grands hommes, en disant que

(1) *Philos. fondament.* t. I., liv. I, ch. 1er.
(2) Cf. Bossuet, *Connaissance de Dieu et de soi-même*, ch. I, § 9, 12.

chez eux, la raison a brillé d'une moins vive
lumière que l'imagination. Par contre, on trouverait bien des hommes, bien des génies glorieux (Aristote et saint Thomas ne pourraient-ils
être cités en exemple?), dont la raison sublime a
laissé l'imagination à l'arrière-plan, peut-être à
une assez grande distance.

De ces hauteurs, qu'on descende dans la vie
commune, qu'on étudie les hommes de taille
moyenne ou même inférieure : qu'on assiste,
si l'on aime mieux, au développement des facultés de l'âme : et la même vérité resplendira
d'un nouveau jour. Le jeune homme, nous
l'avons déjà montré, brille d'ordinaire par l'imagination et la mémoire ; les données sensibles,
les matériaux ne lui font pas défaut, et cependant, comme dit saint François de Sales dans son
gracieux langage, « le jugement n'est encore
qu'en bouton. » C'est qu'il ne suffit pas d'avoir
des matériaux pour élever un bel édifice — autrement, tout maçon pourrait être un habile architecte ; — il faut savoir les exploiter, faire un
plan, saisir les proportions que demandent chaque partie et l'ensemble. Or tout cela suppose du
discernement, des combinaisons, une intelligence
déjà exercée. —De même, il ne suffit pas d'entre-
tenir des relations suivies avec le monde sensible, d'en recevoir de nombreuses nouvelles,
d'être riche de faits et de détails ; il faut réagir
sur les impressions que l'on reçoit, se les assi-

miler par un travail personnel, les faire siennes
par une interprétation intelligente, il faut discerner, élaguer, choisir, ordonner ; toutes choses
qui surpassent de beaucoup la portée des facultés
sensibles. « Les vraies connaissances, a dit fort
justement Condillac, sont dans la réflexion qui
les acquiert, beaucoup plus que dans la mémoire
qui s'en charge, et on sait mieux les choses qu'on
est capable de retrouver, que celles dont on peut
se ressouvenir. » Seule, la raison sait lire à l'intérieur, car seule elle connaît « ce taux secret
et caché qui, placé dans le sein de chaque chose,
comme un abrégé d'elle-même, en marque exac-
tement le vrai poids et le prix. » (1)

Or, cette puissance de réaction et d'assimilation, fruit du travail interne, cette transformation des éléments apportés du dehors par la sensibilité, l'enfant en est presque totalement privé,
et le jeune homme ne la possède que dans une
très faible mesure. Il s'embarrasse dans les détails, il ne sait pas abstraire et généraliser.

L'homme mûr, au contraire, alors même qu'il
a peu de matériaux, comprend bien le parti qu'on
peut en tirer ; peut-être n'a-t-il qu'un petit nombre d'idées, mais il a des idées générales et fécondes, il s'élève au-dessus de ce qui passe, au-
dessus des impressions de la partie inférieure et
du monde matériel ; en un mot, et c'est là le se-

(1) Joubert, *Pensées*, t. I, p. 136.

cret de sa force, il se rend plus indépendant des choses, c'est-à-dire plus spirituel et plus libre.

Saint Thomas d'Aquin a parfaitement montré en quoi consiste la véritable grandeur de l'âme humaine. « Elle réside tout entière dans une certaine abstraction du corps ; car l'âme se perfectionne par la science et par la vertu ; mais elle se perfectionne d'autant plus par la science qu'elle s'élève davantage dans la contemplation de l'immatériel. Quant à la vertu, elle montre sa force non pas en suivant les passions du corps, mais en les réprimant, en leur imposant le frein salutaire de la raison. » (1)

Il demeure donc établi que la raison humaine, si étroitement unie aux sens qu'on la suppose, dépasse complètement la sphère du corps, et que le cerveau ne saurait lui être donné pour organe.

D'un autre côté, les objections proposées au nom de la science moderne ne sont pas de nature à ébranler cette conviction. Passons-les rapidement en revue.

« Comment comprendre, dit Cl. Bernard, qu'un appareil quelconque du domaine de la nature brute ou vivante puisse être le siége d'un phéno-

---

(1) « Perfectio animæ humanæ consistit in abstractione quadam a corpore ; perficitur enim anima scientiâ et virtute, secundum scientiam autem tanto magis perficitur, quanto magis immaterialia considerat ; virtutis autem perfectio consistit in hoc quod corporis passiones non sequatur, sed eas secundum rationem temperet et refrœnet. » (S. cont. Gent. lib. II, ch. LXXIX.)

mène, sans en être l'instrument? On est évidemment influencé par des idées préconçues dans la question des fonctions du cerveau, et on en combat la solution par des arguments de tendance.... Le cerveau est l'organe de l'intelligence au même titre que le cœur est l'organe de la circulation, que le larynx est l'organe de la voix. » (1)

Nous l'avouons, pour nous comme pour l'illustre physiologiste, l'objection serait sans réponse, si nous admettions avec lui le fait prétendu sur lequel elle repose tout entière, savoir que le cerveau est le *siège* de la pensée. Mais heureusement il n'en va pas ainsi. La science, en effet, montre bien que le cerveau est le siège de l'imagination et de la mémoire, mais non pas, ce qui est fort différent, celui de l'intelligence. Et la philosophie — nous avons apporté plus haut ses preuves incontestables — établit clairement que la pensée est immatérielle, c'est-à-dire indépendante de tout organe. A la vérité, sur cette terre, par suite de son union intime avec le corps, l'intelligence ne s'exerce jamais sans le concours de l'imagination et de la mémoire ; mais, du moment qu'elle est spirituelle, elle peut vivre et agir séparée du corps, comprendre, par conséquent, sans recevoir les *espèces* de l'imagination et de la mémoire sensitive.

Quant à l'objection qui voudrait établir une

_____

(1) Op. cit., *les Fonctions du cerveau.*

sorte de parallélisme entre le cerveau et la pensée, bornons-nous ici à en donner la formule, et faisons voir qu'elle trouve sa pleine solution dans les explications précédentes. Pas de cerveau, dit-on, pas de pensée ; elle naît, croît et décroît avec lui.

Mais, en premier lieu, une preuve péremptoire que le cerveau n'engendre point la pensée, nous est fournie par ce fait bien certain, qu'elle ne prend pas toujours naissance avec lui, qu'elle n'est pas son inséparable compagne. Voyez l'animal : lui aussi est doué du précieux organe, et pourtant il ne pense point, il ne pense à aucun degré, puisqu'il n'a rien de ce qui constitue ou accompagne partout et toujours la pensée, nous voulons dire des idées générales et abstraites, des connaissances appartenant à l'ordre suprasensible, la réflexion, la liberté, le progrès. Chez lui, tout est sensation et passion ; rien qui dépasse la sphère étroite du particulier, du relatif et du contingent, c'est-à-dire du matériel.

Que si, dans l'ordre actuel des choses, la pensée ne va pas sans le cerveau, c'est bien une raison de croire qu'elle trouve en lui un auxiliaire plus ou moins précieux, mais non pas de supposer qu'elle vienne de lui, ni même qu'il remplisse envers elle le rôle important de condition *sine quâ non* ; car ce besoin d'images et de souvenirs sensibles où se trouve, dans l'hypothèse présente, la pensée humaine, tient, d'une part, à son imperfection originelle, mais secondairement, d'autre part et principalement, à son union essentielle avec le corps. Mais considérée dans sa nature intime et dans les caractères qui la distinguent, elle n'a besoin, pour s'exercer, ni du cerveau, ni d'un organe quelconque.

Pour ce qui regarde l'espèce de proportionnalité imaginée entre le cerveau et la pensée, elle ne fournit aux matérialistes aucun argument sérieux ; car, nous l'avons remarqué, elle n'est, à tout prendre, qu'une approximation assez large, et on l'explique suffisamment par l'influence notable du cerveau sur la sensibilité, et de celle-ci sur l'intelligence, dont elle est, non pas la maîtresse, mais l'humble servante, et qu'elle sert bien ou mal, suivant qu'elle lui fournit des matériaux abondants ou peu nombreux, de grand prix ou de moindre valeur.

Les mêmes principes peuvent donner la raison des effets psychologiques et moraux de la folie. Premièrement, il s'en faut que la médecine ait dit son dernier mot sur ce phénomène étrange, si humiliant pour l'espèce humaine. D'après certains aliénistes éminents, entre autres M. Leuret, on n'observerait aucune altération dans l'organe encéphalique d'un aliéné, à moins qu'à la folie ne vienne s'ajouter quelque autre maladie, par exemple une paralysie générale.

Si l'on se place au point de vue philosophique, il semble très difficile d'expliquer, sans aucune lésion du cerveau, la suspension partielle ou totale de l'exercice de la raison, faculté immatérielle, placée par sa nature même au-dessus des atteintes de la maladie et de ces troubles qui peuvent affecter et même empêcher l'action des êtres matériels. Il est donc vraisemblable de supposer que la folie a sa source dans une certaine lésion du cerveau, qui altère l'organe de l'imagination, jette le désordre dans cette faculté et fait sentir son contre-coup dans la raison elle-même, à cause de la dépendance de fait où se trouve cette dernière puissance par rapport à l'imagination. Peu importe, d'ailleurs, que la lésion de l'imagination vienne d'une cause physique ou morale, d'un violent chagrin par exemple; l'effet produit sera le même dans les deux cas. Voilà pourquoi, si, par un traitement physique ou moral habilement pratiqué, on réussit à faire disparaître la cause de la lésion, à replacer l'organe de l'imagination dans son état normal, l'exercice de cette faculté reprend bientôt son cours ordinaire, et, l'obstacle accidentel une fois enlevé, la raison, à son tour, retrouve la liberté de ses mouvements et l'entière possession d'elle-même.

Il reste une dernière objection, particulièrement forte auprès de plusieurs savants modernes; nous voulons parler des expériences de transfusion pratiquées sur la tête de certains animaux et dans lesquelles on voit disparaître et

reparaître les phénomènes vitaux et psychologiques. Mais ici nous sommes heureux d'avoir
Cl. Bernard avec nous, non pas précisément pour
le malin plaisir de le mettre en contradiction
avec lui-même — ce qui chez lui n'est pas un
cas isolé, — mais pour emprunter à un savant
de renom la solution d'une objection faite au
nom de la science.

« Ces faits, dit-il très justement, ne nous
semblent extraordinaires que parce que nous
confondons les *causes* des phénomènes avec
leurs *conditions*. Nous croyons à tort que la
science conduit à admettre que la matière engendre les phénomènes que ses propriétés manifestent, et cependant nous répugnons instinctive-
ment à croire que la matière puisse avoir la
propriété de penser et de sentir. Pour le physiologiste qui se fait une juste idée de la propriété
des phénomènes vitaux, le rétablissement de la
vie et de l'intelligence dans une tête sous l'influence du sang oxygéné, (1) n'a rien absolument
qui soit anormal et étonnant; ce serait le contraire
seul qui serait étonnant pour lui. En effet, le
cerveau est un mécanisme conçu et organisé de
façon à *manifester* les phénomènes intellectuels
par l'ensemble d'un certain nombre de condi-

---

(1) Dans les expériences de transfusion pratiquées sur une
tête de chien séparée du corps, les phénomènes que l'on
remarque sont la suite d'habitudes précédentes et tiennent de
l'automatisme.

tions. Or, si on on enlève une de ces conditions,
le sang, par exemple, il est bien certain qu'on
ne saurait concevoir que le mécanisme puisse
continuer de fonctionner. Mais si l'on resti-
tue la circulation sanguine avec les précautions exigées, telles qu'une température et une
pression convenables, et avant que les éléments
cérébraux soient altérés, il n'est pas moins nécessaire que le mécanisme cérébral reprenne ses
fonctions normales... Si dans une montre on en-
levait un rouage, on ne concevrait pas que son
mécanisme continuât de marcher ; mais si l'on
restaurait ensuite convenablement la pièce sup-
primée, on ne comprendrait pas non plus que le
mécanisme ne reprît pas son mouvement. Cependant on ne se croirait pas obligé pour cela de
conclure que la cause de la division du temps en
heures, en minutes et en secondes, manifestée
par la montre, réside dans les propriétés du cui-
vre, ou de la matière qui constitue ses aiguilles
ou les rouages de son mécanisme. De même, si
l'on voit l'intelligence revenir dans un cerveau
et dans une physionomie auxquels on rend le
sang qui leur manquait pour fonctionner, on
aurait tort d'y voir la preuve que l'intelligence est dans le sang ou dans la matière céré-
brale. » (1)

(1) *Rapport sur les progrès et la marche de la physiologie en France.*

§ 3. — *La tête et la volonté.*

La connaissance ne va pas toute seule, elle est féconde, et l'heureux fruit de sa fécondité, c'est l'amour. Comme il y a deux connaissances, il y a aussi deux amours : l'amour des biens sensibles et périssables de cette terre, et l'amour des biens immatériels, durables autant que l'éternité. Le premier est fatal, le second est libre ; le premier est fils de la concupiscence, le second est fils de l'appétit supérieur, de la volonté.

La tête pourra-t-elle étendre son influence jusque sur la volonté et ses actes ? Pour bien répondre à la question, il nous faudrait envisager la tête à un double point de vue : comme symbole de la pensée, et comme organe matériel. Remettant à la dernière partie de notre étude le second problème, retenons ici le premier seulement.

Evidemment la tête ne saurait aspirer à l'honneur d'être l'organe de la volonté ; car toutes les raisons qui nous ont empêché de voir en elle l'organe de l'intelligence, s'opposent aussi à ce qu'elle joue le même rôle par rapport à la volonté. Aussi bien que l'intelligence, la volonté a pour objet l'universel, l'immatériel, le bien dans son acception la plus haute et la plus étendue ; comme elle aussi, elle sait revenir sur ses pas, se replier sur elle-même. « Elle veut son acte, observe saint Thomas, les actes de l'intelligence, toute l'activité humaine et jusqu'à l'essence de l'âme. *Voluntas vult se velle, et intellectum intelligere, et vult essentiam animœ, et sic de aliis.* » (1)

Par là même, elle a son franc arbitre, et se trouve heureusement élevée au-dessus de toute contrainte, à l'abri des coups de la violence. « Que chacun de nous s'écoute et se consulte soi-même, il sentira qu'il est libre, comme il sentira qu'il est raisonnable. » (2)

Or tout organe dont on voudrait faire dépendre la volonté, porterait nécessairement atteinte à la liberté de son choix; arrêtée dans son essor, limitée au bien particulier et matériel, elle se verrait enchaînée par l'inflexible loi du déterminisme.

Il ne faudra plus songer désormais à renouveler la tentative d'une école récente, qui eut son heure de renommée, mais ne sut guère prolonger son existence au-delà de l'espace d'un matin. Les inventeurs de la *phrénologie* avaient cru remarquer sur le crâne diverses protubérances (système de Gall et de Spurzheim), ou découvrir sur le visage certaines lignes mystérieuses (nuance Lavater), à l'aide desquelles on expliquerait tout l'être intellectuel et moral, on ferait voir dans le plus grand détail, sans en omettre une seule, toutes les facultés, aptitudes et inclinations de chaque représentant de l'espèce humaine (3). Mais la science elle-même, par ses

---

(1) Qq. disp., *de Verit.* q. 22, n. 12.
(2) Bossuet, *Traité du libre arbitre*, ch. II.
(3) Gall admettait vingt-sept facultés intellectuelles ; la plupart de ses disciples en comptaient jusqu'à trente-sept.

représentants les plus autorisés, fit bon marché de ces prétendues bosses à vices et à vertus. Flourens, Longet, Camille Dareste Vulpian, Gratiolet, plusieurs autres physiologistes de valeur, n'eurent pas de peine à établir que les faits allégués par les défenseurs de la cranioscopie ne reposaient sur rien de réel.

Du reste, l'histoire si vite close de la phrénologie devait être remplie des déconvenues les plus burlesques. L'une des plus comiques eut pour objet un crâne de Raphaël, conservé à l'académie de Saint-Luc, où Gall lui-même reconnut avec attendrissement les bosses caractéristiques des qualités propres de cet admirable génie. Le crâne auguste est aussitôt moulé, commenté par les plus habiles phrénologues, donné comme un type d'analyse. Mais, le pape Grégoire XVI ayant fait ouvrir le cercueil de Raphaël, le squelette du grand peintre y fut trouvé au complet, et l'on découvrit que le noble crâne tant analysé était simplement celui d'un chanoine romain, nommé Adjutori.

Au surplus, les protubérances bienfaisantes ou malfaisantes, invoquées par la cranioscopie, fussent-elles aussi réelles qu'elles sont imaginaires, cela aurait peu d'importance. Tout au plus pourrait-on inférer de là, et personne ne le conteste, que l'élément physique de notre être, le cerveau par exemple, influe sur l'élément intellectuel et moral. Au reste, que cette influence s'exerce en général ou en détail, qu'elle vienne de la masse encéphalique tout entière, ou qu'elle découle de tel organe spécial, de telle bosse déterminée, nous ne saurions voir là une objection.

« Mais, dira-t-on, si j'ai la protubérance du vol, il est clair que je ne pourrai pas m'empêcher de voler ; si j'ai la bosse du meurtre, il est évident que je ne pourrai pas m'empêcher de tuer. Cela n'est pas évident le moins du monde. Parce que l'influence du physique sur le moral se localise, au lieu d'agir d'une manière générale, elle ne change pas de nature et ne devient pas invincible de vincible qu'elle était ; parce que les forces organiques, au lieu de siéger dans l'ensemble du corps ou dans l'ensemble de l'organe cérébral, ne siègent que dans un endroit déterminé de cet organe, elles ne laissent pas d'être soumises à notre puissance et ne deviennent pas incompressibles à la force spirituelle. » (1)

En résumé, le cerveau, envisagé comme organe matériel, n'a aucune influence directe sur la volonté humaine. Il ne peut agir sur elle que par l'intermédiaire [des passions ; et son action sur celles-ci, on s'en souvient (2), est indirecte et médiate seulement, car les passions trouvent leur organe dans le cœur et non pas dans le cerveau.

(1) Ferraz, *Philosophie du Devoir*, l. II, ch. 4.
(2) *Supra*, p. 30 et ss.

CHAPITRE II

Psychologie du Cœur

La psychologie du cœur propose à notre méditation les grands problèmes déjà soulevés dans
la psychologie du cerveau. Notre nouvelle étude
offre donc avec la précédente beaucoup d'analogie et nous assure d'avance le même intérêt. Elle
nous permet aussi de bénéficier, dans une bonne
mesure, des principes exposés plus haut, et, par
là même, d'être plus rapide, sans rien négliger
d'essentiel.

ARTICLE PREMIER

LE CŒUR ET LA VIE VÉGÉTATIVE

A proprement parler, la vie, toute la vie et
jusqu'à l'expression vitale la plus obscure, vient
de l'âme et de l'âme seule. Aussi, dans le commun
langage, appelons-nous *vivants* les êtres animés
(*anima*) et regardons-nous comme privés de la
vie tous ceux à qui manque l'animation.

5

L'organicisme, qui explique la vie par les organes, ne repose sur rien de solide, et, bien qu'il ne dût apparaître que plus tard, l'argumentation profonde de saint Thomas le réfutait à l'avance. « Il est manifeste que le corps n'est point un principe de vie, qu'il ne vit point par lui-même, en vertu des seules propriétés corporelles : autrement tout corps devrait être vivant ou principe de vie. Si donc il y a des corps en possession de la vie, c'est parce qu'ils appartiennent à telle espèce de corps plutôt qu'à telle autre. Mais ce qui donne à un être telle nature déterminée, c'est un principe spécial, qui est son acte propre ou sa forme. » (1)

En effet, considérée en elle-même et dans sa nature intime, la matière n'a rien qui la fixe dans une espèce quelconque ; elle dit étendue et rien qu'étendue ; elle est l'inerte, l'indifférente, l'immobile, l'indéterminée. Incapable de sortir jamais de cet état de suprême indifférence ni de se donner à elle-même aucune forme, elle attend d'être accueillie par quelque principe supérieur qui lui communique sa propre forme et lui donne l'être

---

(1) « Primum principium vitæ dicimus esse animam... Manifestum est enim quod esse principium vitæ, vel vivens, non convenit corpori ex hoc quod est corpus ; alioquin omne corpus esset vivens, aut principium vitæ. Convenit igitur alicui corpori quod sit vivens, vel etiam principium vitæ, per hoc, quod est *tale* corpus : quod autem est actu tale, habet hoc ab aliquo principio, quod dicitur actus ejus. Anima igitur, quæ est primum principium vitæ, non est corpus, sed corporis actus. » (S. Th. 1ᵃ, q. 75, a. 1, c.)

en lui assurant une spécification. Et selon que ce principe supérieur sera lui-même plus ou moins élevé en perfection, il communiquera à la matière un être plus ou moins noble, un être organique ou inorganique, suivant sa nature. Ainsi, bien loin que l'organisation d'un corps engendre la vie, c'est la vie au contraire, qui engendre l'organisation: nous voulons dire que, la matière n'étant par elle-même ni organique ni inorganique, c'est le même principe qui lui donne tout ensemble et l'organisation et la vie.

Si l'âme est à la source de la vie, si aucune partie du corps ne peut elle-même vivre qu'à la condition de demeurer en communication directe et permanente avec l'âme, et si, privé de la sève féconde, nul organe n'a la vertu de remplir ses fonctions, il faut 'dire que le vivant est *un*, puisque la même vie coule dans tous les membres.

Néanmoins l'âme n'anime pas toutes les parties de la même façon ni dans le même ordre; elle a ses organes privilégiés, qu'elle informe avant tous les autres, à qui elle se communique avec plus d'abondance, les chargeant de répandre autour d'eux, de proche en proche, les présents de la vie. Or le cœur est l'organe vital par excellence; plus près de la source et mieux préparé qu'aucun autre pour cet office, il reçoit les premières effluves de la vie et les envoie successivement à la masse tout entière. Lui blessé, la source ne coule plus, le *circulus* vital s'arrête à l'instant, chaque organe reçoit à son tour le coup de la mort (1).

Rappelons d'abord cette vérité importante précédemment établie, que le cœur est le premier vivant, le premier organe qui se dégage de l'enveloppe grossière du germe et entre immédiatement en fonction. Tous les autres organes ne se montrent que dans la suite, plus ou moins lentement et chacun à son heure. Or, selon une excellente doctrine de saint Thomas, pleinement confirmée par l'expérience, le premier, en chaque chose, est, pour ainsi dire, la cause de tout ce qui vient après lui ; c'est toujours au moins comme une sorte de fondement, destiné à supporter l'édifice, quand ce n'est pas aussi la source d'où s'échappent les divers ruisseaux.

Sous ce premier point de vue, l'organisme humain tout entier repose sur le cœur : « *In ordine generationis duo sunt attendenda, quorum primum est quod prima pars primo constituitur, sicut in generatione animalis primo gene-*

(1) « Vivere in animali dicitur duplex. Uno modo est ipsum esse viventis... Et hoc modo anima *immediatè* facit vivere quamlibet partem corporis, in quantum est ejus forma. Alio modo dicitur vivere pro operatione animæ quam facit in *corde*, prout est *motor*, et talis est vita quæ defertur per species vitales, et talem vitam influit primo in cor, et postea in omnes alias partes. Et inde est quod, læso corde, perit operatio animæ in omnibus partibus corporis, et per consequens *esse* ipsarum partium, quod conservatur per operationem animæ. » (In II *Sent.* dist. 8, q. 6, a. 3, ad 3.) — Et ailleurs : « Cor est pricipium vitæ in animali. » (S. Th. 1ᵃ, q. 75, a. 1, c.)

ratur cor, et in domo primo ponitur fundamentum. » (1)

Mais il faut aller plus loin encore et dire que le cœur préside à la naissance, au développement, au fonctionnement et à la conservation de chacun des organes ; car d'où vient la vie de l'animal, sinon du sang (2) ; et qui est chargé de le distribuer à tout l'organisme, et, comme une sève généreuse, de le faire circuler dans chaque membre, par les artères ?

Empruntons au P. Gratry les beaux développements dont il a su enrichir notre sujet. « Le sang, cette chair *coulante*, c'est notre vie... Il n'est point seulement la sève ; il n'est point cette lymphe qui monte dans la racine et vient de la terre et de l'eau ; il est au corps ce que le vin est à la vigne. Le sang est, dans notre corps, ce que sont dans notre esprit non pas les matériaux de la mémoire, mais les idées. Le sang, terme des opérations de la vie, est aussi le principe vivificateur qui l'entretient et la continue. Chacun des battements du cœur projetant le sang provoque du cerveau une réponse, une sorte d'influx électrique, et cette provocation et cette réponse, qui se supposent et s'appellent, constituent la pérennité de la vie. Et non seulement le cœur provoque la tête et en appelle l'activité,

(1) S. Th. 2ª 2ᵃᵉ, q. 122, a. 2, c.
(2) « Sanguis pro animâ est. » (Deuter. c. XII, v. 33.) — « Anima omnis carnis in sanguine est. » (Levit. c. XVII, v. 14.)

mais il va réveiller aussi, à chaque instant, chaque point du corps, même les os, et il excite et vivifie le tout par l'atmosphère vitale de ses globules, par l'oxygène, l'électricité, la chaleur que porte cette atmosphère... Ils traversent tous les organes, ils circulent dans les vaisseaux les plus déliés, mais ils n'y restent point... Chacun d'eux va porter sur un certain point son étincelle, puis ils reviennent éteints ; ils rentrent fatigués dans le cœur, qui les reprend, les relève vers la vie, les pousse jusqu'au contact du principe vivificateur qui, du dehors, couve notre vie et la nourrit de sa perpétuelle inspiration. Puis le cœur les reçoit encore et les renvoie vers tous les points du corps, pour y porter encore une fois leur étincelle et les dons nouveaux de la vie. » (1)

Pour résumer ces considérations, l'animal vit par le sang, qui est la cause non pas principale mais instrumentale et matérielle de son activité ; et le sang, à son tour, se tient sous l'absolue dépendance du cœur. Celui-ci, en se contractant, remplit à l'égard de celui-là une double tâche également nécessaire : il le pousse dans tous les organes, pour les nourrir et leur permettre d'entrer en exercice, et, l'accueillant à son retour, il l'envoie dans les poumons, pour le revivifier en expulsant l'acide carbonique et en absorbant l'oxygène.

(1) Op. cit., ch. iii, n. 3

Mais, d'un autre côté, l'opération végétative est le *substratum* de toutes les autres opérations de l'animal, de toutes les actions de l'homme lui-même ; d'où l'on peut justement inférer la primauté du cœur. Saint Thomas le déclare de la façon la plus explicite, sans crainte de porter atteinte aux droits de la tête, dont il a relevé, d'ailleurs, l'excellence en si bons termes : « *Quædam partes habent ordinem virtutis, sicut partes animalis, quarum prima virtute est cor.* » (1)

Le Docteur Angélique va plus loin encore. A ses yeux, « le cœur est une sorte d'animal *séparé*, puisqu'il renferme le principe de la vie, et que le principe contient le tout en puissance. » (1)

Dans le même sens, Harvey le nomme « le roi, l'empereur de l'organisme humain, » Paracelse, « le soleil d'un petit monde ; » (3) et l'anatomiste Bioleau, développant la même comparaison, salue dans le cœur « le soleil de l'homme, comme les anciens ont célébré dans le soleil « le cœur du monde. » (4)

Cet éloge, tout pompeux qu'il semble de prime

---

(1) S. Th. 3ª, q. 9), a. 3, ad 3.

(2) « Cor est quasi animal quoddam *separatum*, in quantum est principium vitæ ; principium autem est virtute totum. » (1ª 2æ, q. 17, a. 9, ad 3.)

(3) « Cor est quasi sol in microcosmo. » (*De Pestilitate,* tract. (1)

(4) « Ut solem cor mundi, ita cor eleganter veteres hominis solem vocârunt. » (*Anthropograph.* liv. III, ch. XII.)

abord, n'a pourtant rien que de juste et de naturel. Comme nous l'avons prouvé, le cœur est au centre de l'homme : toutes les artères, toutes les veines, tous les canaux qui portent et rapportent la vie dans le corps entier, aboutissent à lui. Il rayonne comme un soleil dans l'organisme humain, et si ses doux rayons n'envoient pas devant eux, directement du moins, l'éclat de la lumière, ils répandent toutefois la vie et la chaleur qui met en mouvement toutes les puissances de l'animal (1).

ARTICLE II

LE CŒUR ET LA VIE SENSITIVE

La vie sensitive, on ne l'a pas oublié, se manifeste sous trois formes distinctes : la connaissance sensible, les passions et le mouvement. Il

(1) Nous sommes heureux de trouver dans un ancien le résumé de tout ce que nous venons de dire sur le cœur. « Comprehenditur a nobis cor, tanquam centrum quod primò vitam suscipit ; quoniam, secundum D. Basilium, primum creatur cor ; deinde, veluti ex centro, universum corpus effingitur, ita ut vitam hanc quovis in corpus protendat ; sive enim congenitus calor corpus vivificet, sive sanguis, sive spiritus, horum omnium fons est cor. Ideoque visum est quibusdam omne quod vitam conferre valet simul et veluti hoc loco primò maximè stabiliri, etsi in omni corporis loco existat, neque loco detineatur, neque loco circumscribatur, neque a corpore contineatur. » (S. Maximi *Schol. in lib. de cœlest. Hierarch.* c. xv : Migne, Patr. Grecque, t. IV, col. 107.)

nous reste à déterminer la part du cœur dans
ces trois sortes de phénomènes.

§ 1. — *Rôle du cœur dans la connaissance sensible.*

Le cœur n'a pas reçu en partage le don de connaître. Il ne connaît rien, il ne connaît à aucun
degré ; et si l'on a pu dire *les yeux du cœur*, ou
même *les oreilles du cœur*, c'est une pure méta-
phore, dont nous aurons plus loin à chercher
la raison, à propos de l'intelligence ; mais, en
réalité, le cœur n'a point d'yeux pour voir,
point d'oreilles pour entendre.

Est-ce un motif suffisant pour lui refuser absolument toute influence, même indirecte, sur la
connaissance sensible ? Pas le moins du monde.
Saint Thomas place dans la tête l'organe de toutes les facultés employées à la connaissance sensible ; et pourtant le cœur lui apparaît comme le
principe des sens : « *Cor principium est sensuum.* » (1)

Sans doute, une telle parole ne doit pas être
prise au sens rigoureux ; elle demande une interprétation ; mais dégagée d'une acception littérale,
elle nous semble recéler une vérité de haute
importance. Et d'abord, toutes les puissances de
l'animal, on l'a vu plus haut, dépendent essentiellement de l'opération vitale, la première et la
dernière de toutes, dans l'ordre du temps. Eh

(1) S. Th. 1ª 2ᵃᵉ, q. 17, a. 9, ad 3.

bien, cette faculté primordiale et universelle,
c'est le sang qui, sous la motion du cœur, l'entretient et la renouvelle sans cesse, nourrissant,
conservant, fortifiant, stimulant tous les organes,
dans leur tâche variée et complexe. Or s'il s'agit
plus spécialement de la connaissance, peut-il
être indifférent que les organes dont elle relève
soient puissants ou chétifs, actifs ou paresseux,
languissants ou dans la plénitude de leurs forces?
Pourquoi ces yeux sans regards, à moitié fermés,
incapables de fixer leur objet? C'est la vie qui les
abandonne. De quel travail peut être capable un
cerveau atteint d'anémie? Et au contraire, quelle
activité prodigieuse ne dépensera-t-il pas, si sa
force, grande d'ordinaire, se voit aiguillonnée
encore par l'afflux d'un sang plus chaud et impa-
tient de couler? La digestion et la circulation
semblent bien matérielles par leur objet; et
pourtant elles commandent, en effet, à tout le travail psychologique. Qu'elles s'accomplissent
laborieusement, elles absorbent à elles seules une
bonne partie de l'activité de l'âme, appesantis-
sent le cerveau, entravent l'exercice des facultés
supérieures.

« Si le sang coule avec trop de lenteur, a dit
Vauvenargues, il peut rendre l'esprit pesant;
mais lorsqu'il est reçu par des organes bien con-
formés et faciles, les pensées coulent davantage
de source. »

L'imagination, avons-nous dit, occupe le pre-

mier rang parmi les facultés de la connaissance
sensible, et, pour cette raison, elle agit puissamment sur les fonctions intellectuelles. Mais, d'un
autre côté, quoi de plus impressionnable que
cette faculté délicate et mobile? A quoi tient-
elle, ou plutôt à quoi ne tient-elle pas? Les mets
dont se nourrit le corps, l'air qu'on respire (1),
le froid et le chaud, le paysage gai ou triste, gracieux ou sauvage, moins que cela, un nuage qui
passe, un rayon de soleil, la direction du vent,
tout l'émeut et la change, tout lui est aquilon
ou zéphyr.

Mais alors que ne pourront sur elle les dispositions plus intimes du sujet sentant, le sang
surtout, ce pain quotidien, ou plutôt ce breuvage
et en même temps cette substantielle nourriture
de tout l'organisme, avec ses innombrables et si
diverses propriétés? De lui et de ses qualités, de
sa composition et de la vitesse de sa course
dépend, dans une très large mesure, la bonne ou
la mauvaise constitution de l'imagination. Celle-
ci se montrera pauvre ou riche, impuissante ou
féconde, paresseuse ou active, forte ou languissante, claire ou obscure, chaude et hardie ou
froide et timide, selon que le sang aura lui-même
ces attributs divers et qu'il sera pur, clair, fluide,

---

(1) « Athenis tenue cœlum, ex quo acutiores etiam putan-
tur Attici ; crassum Thebis ; itaque pingues (hebetes) The-
bani. » (Cicéron, *De Fato*. 4.)

généreux, ou, au contraire, grossier, épais, lent, sans vigueur ni vertu (1).

§ 2. — *Rôle du cœur dans les passions.*

La passion est un mouvement quelconque de l'appétit inférieur, en présence du bien ou du mal sensible; mouvement tantôt plus modéré et tantôt plus fort; tantôt plus calme, plus régulier, tantôt plus désordonné et plus violent, suivant les qualités de l'objet qui le provoque et la puissance ou la faiblesse du sujet qui réagit.

La passion vient après la connaissance sensible, est engendrée par elle, et demande, comme elle, le concours des organes. Au reste, il suffit de remarquer ce qui se passe en nous, quand nous nous sentons émus par le spectacle du bien ou du mal sensible : toujours il se produit dans le corps un certain ébranlement, et cet ébranlement, en maintes circonstances, le visage le révèle aussitôt aux yeux attentifs. « *Organum transmutatur quantum ad suam naturalem dispositionem, puta quod calefit aut infrigidatur, vel alio modo simili transmutatur.* » (2)

_____

(1) Albert le Grand, observateur attentif, décrit en ces termes la diverse influence du sang sur l'imagination : « Aut enim est multus, subtilis et clarus, temperatæ complexionis... aut paucus, grossus, obscurus, intemperatæ complexionis.... Si purior, claras et jucundas habet formas, quia tales repræsentat clarus spiritus. » (*De Motibus animalium*, l. I, tract. 2, c. III.)

(2) S. Th. 1ª 2æ, q. 22, a. 3, c.

Soit : la passion étant un phénomène complexe, physiologique et psychologique tout ensemble, il faut la placer dans le *composé*, lui donner l'appui d'un organe spécial. Mais quel organe choisir ? On hésite entre deux organes principaux : les uns se prononcent pour le cœur, les autres donnent au cerveau la préférence.

Saint Thomas, le plus glorieux interprète de l'ancienne philosophie, après avoir fait du cerveau l'organe de la connaissance sensible, place dans le cœur l'organe des passions : « *Cor est instrumentum passionum animæ.* » (1)

L'opinion moderne, généralement portée à diminuer le rôle du cœur au profit de la tête, voit dans le cerveau l'organe propre des passions, et ne laisse au cœur d'autre mission que d'exprimer, de manifester les phénomènes de la sensibilité affective. Un de ses plus illustres représentants, Claude Bernard, résume ainsi la théorie de son école : « Les sentiments que nous éprouvons sont toujours accompagnés par des actions réflexes du cœur ; c'est du cœur que viennent les conditions de manifestation des sentiments *(confusion fâcheuse des sentiments avec les passions)*, quoique le cerveau en soit le siège exclu-

_____

(1) 1ª 2ᵒᵉ, q. 48, a. 2, c.

Aristote s'était exprimé en termes semblables : « Motus lætitiæ ac tristitiæ, denique omnium sensuum, hinc (ex corde) oriri eodemque desinere videntur. » *(De Respirat. c.* IV.) Cf. Albert le Grand *(de Motibus animalium)*, qui consacre sept chapitres à éclaircir cet intéressant problème.

sif. L'expression de nos sentiments se fait par
un échange entre le cœur et le cerveau, ces deux
rouages les plus parfaits de la machine vivante...
La science physiologique nous apprend que,
d'une part, le cœur reçoit réellement l'impression de tous nos sentiments, et que, d'autre part,
le cœur réagit pour renvoyer au cerveau les
conditions nécessaires pour la manifestation de
ces sentiments... Quand on dit que *le cœur est
brisé par la douleur*, il y a des phénomènes réels
dans le cœur. Le cœur a été arrêté si l'impression douloureuse a été trop soudaine ; le sang
n'arrivant plus au cerveau, la syncope, des crises
nerveuses en sont la conséquence... Quand on
dit qu'on a *le cœur gros*, après avoir été longtemps dans l'angoisse et avoir éprouvé des émotions pénibles, cela répond encore à des conditions physiologiques particulières du cœur. Les
impressions douloureuses prolongées devenues
incapables d'arrêter le cœur, le fatiguent et le
lassent, retardent ses battements, prolongent la
diastole et font éprouver dans la région précor-
diale un sentiment de plénitude ou de resserre-
ment...

« Quand on dit à quelqu'un qu'on l'*aime de tout
son cœur*, cela signifie, physiologiquement, que
sa présence ou son souvenir éveille en nous une
impression nerveuse qui, transmise au cœur par
les nerfs pneumo-gastriques, fait réagir notre cœur
de la manière la plus convenable pour provoquer

dans notre cerveau un sentiment ou une émotion affective. » (1)

L'auteur reconnaît de bonne grâce que ces explications paraissent « bien empreintes de matérialisme, » que le poète, l'artiste et le philosophe auront de la peine à les accueillir ; mais il répond que l'accord se fera plus tard, quand la physiologie sera plus avancée, car la science ne doit pas contredire, « ne contredit pas les observations et les données de l'art. » (2)

Mais y a-t-il réellement nécessité d'admettre un conflit, fût-il provisoire comme on l'annonce, entre le physiologiste qui, selon Claude Bernard, se croit autorisé à mettre l'organe des émotions affectives dans le cerveau, et le poète, l'artiste, l'homme illettré, simple représentant du sens commun, qui s'accordent avec le philosophe pour le mettre dans le cœur ? Il faudrait pour cela que notre opinion allât à l'encontre de quelque fait bien établi par la science, et non pas seulement d'une de ces nombreuses hypothèses que les savants imaginent et qui dépassent de beaucoup la région des faits. Ici, précisément, la

(1) *La Science expérim.*, Physiologie du cœur.
(2) « Il peut, sans doute, exister des époques de crise dans lesquelles la science, à la fois trop avancée et encore trop imparfaite, inquiète et trouble l'artiste plutôt qu'elle ne l'aide. C'est ce qui peut arriver aujourd'hui à l'égard du poète et du philosophe ; mais ce n'est là qu'un état transitoire, et j'ai la conviction que quand la physiologie sera assez avancée, le poète, le philosophe et le physiologiste s'entendront tous. » *(Ibid.)*

physiologie n'a aucun fait, nous disons aucun fait, à nous opposer. Elle montre seulement que dans la passion il y a, selon le mot de Claude Bernard, échange entre le cœur et le cerveau, « échange réalisé par des relations anatomiques très connues, par les nerfs pneumo-gastriques, qui portent les influences nerveuses au cœur, et par les artères carotides et vertébrales, qui apportent le sang au cerveau. »

La passion suppose donc la connaissance sensible qui part du cerveau, tout comme le sentiment suppose la pensée ; elle suppose que le cerveau envoie au cœur une excitation, un avertissement de la présence d'un bien ou d'un mal à rechercher ou à fuir ; mais aussitôt cet avertissement reçu, le cœur, organe des appétits sensibles, entre en mouvement, et, sous l'influence de l'âme, donne naissance à telle ou telle passion. Il y aurait une confusion manifeste à donner pour cause efficiente d'un fait ce qui n'en est que la condition *sine qua non*, à tenir le cerveau pour la source réelle des passions, parce qu'elles ne sauraient se produire, son influence venant à cesser. Le muscle, par exemple, n'est-il pas l'organe propre du mouvement, quoique l'excitation vienne du cerveau ? Et quand on sonne une cloche, dit-on que le son n'est pas dans la cloche, mais dans la corde, sous prétexte que la cloche ne sonne pas à moins qu'on ne tire la corde ?

Il demeure donc incontestable que la partie physiologique des affections passionnelles s'explique également bien, soit qu'on en fasse remonter le principe au cerveau, soit qu'on préfère s'arrêter au cœur.

D'un autre côté, des raisons positives et plausibles, empruntées à la philosophie, militent en faveur de notre sentiment. Il a d'abord pour lui une raison de haute convenance. Au cerveau nous avons accordé l'organe de la connaissance sensible, ce qui le met au premier rang dans la partie matérielle du composé humain ; n'est-ce pas assez d'honneur, et faudra-t-il encore lui donner l'amour ? La nature, généralement, se plaît à distribuer les rôles de façon à ménager avec art la loi de l'équilibre, et il semble peu vraisemblable que l'homme, son chef-d'œuvre, et d'ailleurs si bien doué au point de vue des proportions, fasse exception à la commune loi. Cicéron dit avec un rare bonheur d'expression : « L'âme humaine se trouve divisée en deux parties principales, l'une qui donne l'impulsion, l'appétit, l'autre qui dirige le mouvement, la raison, à laquelle appartient le gouvernement de l'homme tout entier. » (1) L'équilibre sera donc infiniment mieux gardé, si à ces deux forces centrales et de nature si diverse

(1) « Duplex est vis animorum atque natura. Una pars in appetitu posita est, quæ est ὁρμή græcè, quæ hominem huc et illuc rapit ; altera in ratione, quæ docet et explanat quid faciendum fugiendumque sit, ut ratio præsit, obtemperet appetitus. » (De Officiis I, 28.)

correspondent deux organes également divers,
qui se partagent la suprématie. C'est bien là ce
que tous les hommes entendent communément :
ils demandent la direction à la tête ; mais ils
placent la force (et la force vient de l'amour)
dans le cœur.

Faisons un pas de plus, et cherchons dans la
psychologie (elle est ici chez elle, puisqu'il s'agit
de déterminer l'organe d'unphénomène psychologique plutôt que physiologique) un argument qui
nous introduise au centre même de notre sujet.

Avant tout, comprenons bien la nature de l'organe d'une faculté, et disons à quels signes on le
reconnaît ; dans la question présente comme
dans plusieurs autres, les malentendus pourraient
bien avoir pour cause principale l'oubli de la définition. Deux caractères distinguent, croyons-
nous, l'organe d'une faculté quelconque : il est le
siège où s'accomplit le phénomène, et il en est
par là même le co-principe, la cause efficiente,
partielle et matérielle, bien entendu. Or le cœur
paraît jouer, en effet, ce double rôle dans les émotions de l'appétit sensible.

Les objets extérieurs, la science elle-même le
constate avec certitude, déterminent, en agissant
sur nos sens, un certain ébranlement, *transmutatio*, dans l'organe propre à chaque faculté. Ainsi
en est-il de l'organe de la vue, de l'audition, du
toucher et des autres. Si donc la passion affecte
le cœur, ébranle le cœur, de préférence à tout

autre organe, nous aurons droit, en vertu même
de la définition, de la localiser en lui et non pas
dans une autre partie du corps ; car il faut dire
avec saint Thomas : « *Passio proprie invenitur
ubi est transmutatio corporalis.* » (1) Mais c'est
précisément ce qu'atteste l'expérience : c'est le
cœur que fait battre la passion ; c'est le cœur
qu'elle émeut, qu'elle agite, qu'elle ébranle, à tel
point qu'il suffit de mettre la main sur le cœur
pour savoir la nature de la passion, sa rapidité
et sa force (2).

Au contraire, qui s'est jamais senti ému au cerveau ? Sans doute, au moment d'une émotion la
rougeur peut monter au front, les idées devenir
plus nettes. Mais c'est que le sang bouillonne au
cerveau, et pourquoi, une fois encore, sinon
parce que le cœur ému a poussé un flot condensé
de sang ? A l'opposé, la pâleur envahit quelquefois le visage, la lumière de l'esprit s'éteint, la
défaillance arrête le mouvement et semble pré-
luder à la mort. C'est que l'émotion du cœur s'est
manifestée au visage ou au cerveau par l'arrêt du
sang. Encore un coup, si ce n'est pas l'âme seule
qui est émue, si elle l'est par le corps et dans le
corps, c'est au cœur. Au cerveau elle connaît

(1) 1ᵃ 2ᵒᵉ, q. 23, a. 3, c.
(2) « In omni passione animæ, dit saint Thomas, addi-
tur vel diminuitur aliquid a naturali motu cordis, in quantum
cor intensius, vel remissius movetur secundum systolen aut
diastolen ; et *secundum hoc habet passionis rationem...* »
(1ᵃ 2ᵃᵉ, q. 24, a. 2, ad 2.)

cette émotion, au cœur elle la sent, — à peu près
comme au cerveau elle se rend compte que les
yeux voient; mais en somme ce n'est pas plus le
cerveau qui est ému que ce n'est le cerveau qui
voit.

Un éloquent disciple du Docteur Angélique a
décrit dans un beau langage ces admirables phénomènes du cœur:

« L'amour est dans l'homme composé d'esprit
et de matière, un acte et une passion. La
tension de l'amour s'exprime d'une manière
sensible dans l'organisme humain. Vous avez
vu, au flanc des ingénieuses machines que
meut la vapeur, un instrument impressionnable
où le mercure s'élève et s'abaisse pour indiquer
la quantité de force qui se dépense à l'action;
c'est l'éprouvette. Eh bien ! le cœur est, dans
notre organisme, l'éprouvette de l'amour et des
passions qu'il met en branle. Il bat la mesure des
grands sentiments et des fortes émotions dont
l'âme est agitée. Ou, si vous aimez mieux une
comparaison moins vulgaire: vous avez entendu,
entre les doigts d'un artiste habile, chanter les
cordes harmonieuses d'une harpe; vives, joyeu-
ses, brillantes, sourdes, mélancoliques, languis-
santes, pleines de gémissements et de pleurs;
ainsi chantent, entre les doigts d'un amour
passionné, les cordes plus riches, plus dociles,
plus harmonieuses, du cœur humain. Sous les
arceaux mystérieux qui contiennent ses batte-

ments, il s'émeut il s'agite, il se tend, il se dilate, il tressaille, il bondit, il s'enflamme, il se consume, il se contracte, il languit, il se ferme, il étouffe.

« De là ces expressions des saintes Lettres que nous retrouvons dans toutes les langues: mon cœur a tressailli (1); mon cœur s'est dilaté (2); mon cœur est en joie (3); mon cœur s'échauffe (4); mon cœur s'enflamme (5); mon cœur brûle (6); mon cœur est devenu comme une cire qui se fond (7); mon cœur se trouble (8); mon cœur a peur (9); mon cœur est triste (10); mon cœur est bouleversé (11); mon cœur m'échappe (12); mon cœur défaille (13); mon cœur est brisé (14); mon cœur s'est flétri et desséché (15); mon cœur est mort au dedans de moi-même (16). L'amour passionné prend donc dans notre organisme, l'ins-

(1) « Exultavit cor meum. » (*Reg.*, c. II, v. 1.)
(2) « Cor meum et caro mea exultaverunt in Deum vivum. » (Ps. LXXXIII, v. 3.)
(3) « Lætatum est cor meum. » (Ps. XV, v. 9).
(4) « Concaluit cor meum intra me. » (Ps. XXXVIII, v. 4).
(5) « Inflammatum est cor meum. » (Ps. LXXII, v. 21.)
(6) « Nonne cor nostrum ardens erat in nobis? » (Luc. XXIV, 32.)
(7) « Factum est cor meum tanquam cera liquescens. » (Ps. XXI, 15.)
(8) « In me turbatum est cor meum. » (Ps. CXVIII, v. 4.)
(9) « A verbis tuis trepidavit cor meum. » (Ps. CXVIII, v. 16.)
(10) « Multi gemitus mei et cor meum mœrens. » (Thren. I, 20.)
(11) « Subversum est cor meum. » (*Ibid.*, 22.)
(12) « Cor meum dereliquit me. » (Ps. XXXIX, v. 13.)
(13) « Defecit caro mea et cor meum. » (Ps. LXXII, v. 26.)
(14) « Contritum est cor meum. » (Jérém., XXIII, 9.)
(15) « Emarcuit cor meum. » (Isaïe, XXI, 4.)
(16) « Emortuum est cor ejus intrinsecus. » (Reg. XXV, 3.)

trument qui *ressent* et exprime ces mouvements si profonds, si variés. » (1)

Ainsi, le cœur est bien le siège, l'organe de l'amour et des diverses passions de l'âme, puisqu'il les éprouve toutes avec leurs degrés et leurs nuances, leur force ou leur faiblesse, leur lenteur ou leur rapidité, leurs soulèvements ou leurs moindres battements. En un mot, les organes des autres puissances ne font absolument rien de plus que ce que fait le cœur par rapport aux passions.

On nous dit que pour les autres facultés organiques, on remarque toujours une proportion, une adaptation admirable entre l'organe et sa fonction, et qu'ici il ne se produit rien de semblable, qu'on n'aperçoit aucune relation naturelle et directe entre la passion et le cœur. Mais, demanderons-nous à notre tour aux partisans de l'autre opinion, quelle proportion, quelle adaptation découvrez-vous entre le cerveau et les passions de l'âme ? Qu'y a-t-il dans le cerveau qui le rende plus apte que le cœur à servir d'organe aux émotions affectives ? L'objection, si elle avait quelque force, présenterait donc à nos adversaires aussi bien qu'à nous une difficulté à résoudre.

Mais on peut lui faire deux réponses qui lui ôtent, croyons-nous, tout ce qu'elle cache de spécieux au premier abord. En premier lieu,

(1) Carême 1879, *le Cœur de Jésus*, 39⁰ conf.

nous connaissons trop peu la nature, même dans
l'état actuel de la science, pour qu'on puisse arguer légitimement du défaut apparent d'adaptation entre un organe et la fonction qui lui est
propre. Cette adaptation, dans une certaine
mesure du moins, doit toujours exister, et personne n'a plus d'estime que nous pour l'argument des causes *finales*, si cher à l'école de
saint Thomas, si conforme à toutes les tendances de l'esprit humain. Mais autre chose
est le droit ou même le fait, autre chose la
connaissance du droit et du fait. Le sens commun,
et à plus forte raison la science moderne, découvrent très souvent, le plus souvent peut-être,
l'harmonie secrète qui rattache la fonction à son
organe; mais plus d'une fois aussi cette harmonie,
quoique réelle, se dérobe à nos regards, et l'on
pourrait citer bien des organes dont les savants
eux-mêmes ignorent la raison.

Notre thèse demeurerait donc entière, alors
même que nous ne connaîtrions point ou que
nous ne saurions pas montrer clairement les
affinités intimes de la passion et du cœur.

Toutefois, nous sommes loin d'accorder sans
réserve ce que suppose l'objection, à savoir le
défaut d'adaptation entre l'organe cardiaque et
les émotions qui agitent l'âme humaine. La passion, en effet, est-elle autre chose qu'un mouvement de l'âme sensible se portant vers le bien
connu, ou s'éloignant du mal redouté? Eh bien!

rien de mieux fait que le cœur pour expliquer, pour faciliter ce double mouvement passionnel. Il faut, avec la science moderne, se représenter le cœur comme le propulseur du sang ; c'est là son objet propre, sa mission principale. Comme l'a remarqué saint Thomas, et les progrès de la science ont pleinement confirmé son observation, la chaleur est l'instrument nécessaire de tout mouvement physique ou psychologique : « *Calor est instrumentum quo anima movet.* » (1) Or, c'est le sang qui dans l'organisme animal est chargé de porter la chaleur à toutes les parties, et le sang, à son tour, s'échappe du cœur avec plus ou moins d'abondance, pour répandre partout la vie sur son passage. En tant que propulseur du sang, le cœur se montre à nous comme le principe de toute modification vitale qui porte l'homme vers les objets agéables ou l'éloigne des objets importuns. Arrêtez tout à coup le cours du sang : vous enlevez par là même aux pieds la rapidité pour courir à la recherche du bien, pour fuir aux approches du mal ; aux mains leur force pour écarter les objets ou les attirer ; à l'âme, sa connaissance qui dirige et ordonne les mouvements. Ralentissez le cours du sang : la source de la chaleur s'attiédit, la force languit et se retire, on s'affaisse sur soi-même. Rendez-lui son activité accoutumée, ou plutôt donnez-lui une

(1) 1ª 2ᵉ, q. 44, a. 3, c.

énergie nouvelle : aussitôt les images sont plus nettes, l'estimation plus précise, les membres plus agiles, la sensibilité plus pénétrante, le cerveau entre en ébullition. Mais ne voyez-vous pas tout ce mouvement s'échapper d'une source unique : le cœur ému ? C'est donc le cœur qui, grâce aux mouvements divers qu'il met en branle et qu'il active, se porte, par tout l'être, vers les objets ou s'en éloigne, suivant la nature de la passion.

Ainsi nous pouvons appuyer notre thèse sur la règle proposée par Bacon lui-même pour découvrir la cause efficiente d'un phénomène : « *Ea est causa, quâ crescente, phœnomenon crescit, quâ decrescente decrescit.* »

Répétons-le avec l'Ange de l'Ecole, deux actes contraires embrassent toute l'activité appétitive, si mobile et si diverse qu'elle soit : poursuivre et fuir (1), s'efforcer de saisir le bien, se dérober aux atteintes du mal. Dans le premier cas, le sang est plus rapide, plus fort; c'est l'amour avec les autres passions qui s'ensuivent, la joie, le désir, l'espérance, l'audace, la colère (2). Au contraire dans le second cas : l'âme se trouble et s'abat, le sang se refroidit et s'arrête, la pâleur

---

(1) « Omnis motus appetitivæ potentiæ reducitur ad prosecutionem vel ad fugam. » (1ª 2æ, q. 45, a. 2, c.)

(2) « Motus iræ non est per modum *retractionis*, cui proportionatur frigus, sed magis per modum *insecutionis*, cui proportionatur calor. » (1ª 2æ q. 48, a. 2, c.)

gagne le visage, une sorte de frisson parcourt les membres et paralyse toute l'activité : c'est la tristesse ou la crainte, traînant à sa suite le désespoir (1).

En résumé, la passion est un mouvement, et le mouvement vient du cœur par le sang, qui provoque et stimule l'activité dans toutes les parties de l'organisme. La passion se manifeste sous deux formes opposées : tantôt elle pousse à la poursuite de l'objet aimé, tantôt elle excite à fuir les atteintes de l'objet haï; et le cœur, nous l'avons vu, se prête merveilleusement à ce double phénomène, par l'action diverse qu'il exerce sur le sang et par le sang sur tous les organes sans exception (2). Il a donc tout ce qu'il faut pour remplir son rôle physiologique et psychologique, et l'on peut à bon droit le tenir pour l'organe ou l'instrument des passions (3).

(1) « Timor, quantum est de se, semper natus est impedire exteriorem operationem, propter defectum caloris. » (1a 2æ, q. 44, a. 4, c.)

(2) Albert le Grand a parfaitement saisi et décrit cette influence du cœur sur le mouvement et la passion. « Per calorem, et spiritum, et sanguinem, præparantur organa ad motum ; hoc autem in omni motu animalium videmus aut a corde protendi, aut ad cor refugere, quoniam in amando, delectando, a corde prodeunt et protenduntur in organa mobilia. In timendo autem, et tristando, et verecundando, et dolendo, sentimus ista ad cor refugere. Cum igitur facian motum et accelerant eum conforta, videtur *inevitabili ra-t tione concludi cor esse principium primum corumdem motuum animalium.* » (*De Motibus animal.*, l. I. c. II.)

(3) Nous avons tenu à nous rendre un compte exact des arguments que nous opposent les partisans du cerveau. Nous

§ 3. — *Rôle du cœur dans la motricité.*

Nous ne nous arrêterons pas ici à certaines particularités physiologiques, d'ailleurs très remarquables, qui distinguent l'activité de l'organe cardiaque. Nous les avons expliquées en leur

en avons trouvé deux : le lecteur jugera s'ils sont de nature à ébranler notre thèse.

Contre le cœur on allègue qu'il est un muscle et que les muscles n'ont d'autres fonctions que celles du mouvement.

En faveur du cerveau, on observe qu'il est déjà le siège de la connaissance sensible, comme, en général, il est aussi le théâtre où s'élaborent les phénomènes de l'ordre psychologique. Pourquoi, nous a-t-on demandé, exceptez-vous les faits de passion qui sont du même ordre ?

Nos adversaires eux-mêmes conviennent que ces arguments n'ont rien de rigoureux; mais ils les décorent du nom spécieux *d'analogie scientifique.* A notre avis, c'est là un mot assez vague, qui ressemble beaucoup à un faux-fuyant ; si on voulait bien définir cette analogie, on trouverait en fin de compte qu'elle diffère peu de la simple convenance, dont certains affectent de ne pas vouloir entendre parler en matière scientifique.

Encore si cette analogie était réelle, incontestable ! Mais il n'en est point ainsi. Vous dites que le cœur est un muscle : est-il donc un muscle pareil aux autres ? N'a-t-il pas, au contraire, un rôle à part dans l'organisme, dans la vie sensible aussi bien que dans la vie physiologique ? La science est là pour dire le contraire ; rien de plus mystérieux encore que sa constitution et ses mouvements. On l'a dit : c'est un organe *paradoxal* (*supra* p. 11.)

Et le cerveau ! Vous lui avez attribué la connaissance sensible, et vous voyez là un motif de lui accorder aussi les phénomènes de l'ordre affectif, quoique rien dans sa constitution ne le dispose à cet office. Nous aurions fait le raisonnement contraire (*supra,* p. 80). Prenez garde, vous êtes trop libéral à l'égard de cet organe. L'homme est fait de connaissance et d'amour : nous avons donné au cerveau la connais-

temps (1); et l'on n'a point oublié que le cœur est le premier vivant, par suite le premier agissant; que son énergie prodigieuse égale, surpasse peut-être celle de tous les autres organes ensemble, et qu'enfin cette infatigable activité ne connaît aucun temps d'arrêt et poursuit son œuvre jusqu'au dernier souffle de la vie.

Mais ce qui revient directement à notre sujet et nous intéresse avant tout, c'est d'étudier les propriétés psychologiques du mouvement du cœur; dans quelle mesure il est autonome ou dépendant de la connaissance et de la volonté, et quelle influence il peut avoir sur les actes de la faculté motrice.

D'après la doctrine de saint Thomas, parfaite-

sance vous y ajoutez l'amour; il va devenir l'homme tout entier.

Ce n'est pas tout encore. On convient facilement avec nous que le cœur se comporte extérieurement comme s'il était en réalité le siège des passions. Mais on ne veut voir là que des apparences; on fait une distinction, bien subtile à notre sens, entre les organes de production et les organes de *manifestation*, et l'on range le cœur dans la catégorie de ces derniers. Jusqu'ici tout le monde avait cru qu'on reconnaît le siège d'une opération organique à l'ébranlement qui s'y produit, et, voyant que le cœur s'ébranlait précisément au moindre éveil des passions, qu'il exprime toutes avec leurs nuances les plus délicates, nous lui avions attribué le rôle de cause productrice du phénomène observé, et cela avec d'autant plus d'assurance qu'aucune émotion ne se remarque au cerveau. Encore une fois, on a changé tout cela. On va inventer, que dis-je ? on a déjà imaginé des organes qui produisent et des organes qui *manifestent*. Il y a bien à cela quelques inconvénients, et il semble que raisonner ainsi, en matière scientifique, c'est se donner bien libre carrière.

(1) Supra, pp. 11 et ss.

ment d'accord avec la science moderne, le mouvement du cœur est *naturel,* spontané; il ne relève nécessairement ni de la connaissance ni de l'appétit. En effet, s'il a lieu sous l'influence de l'âme sensitive, ce n'est pas à son action qu'il doit de naître; celle-ci le produit non pas en vertu de la connaissance ou du désir, mais seulement en tant qu'elle est la forme naturelle du corps. Par là il se distingue sans peine du mouvement local ou progressif, qui est toujours déterminé par la connaissance et l'appétit sensible. Le premier est donc essentiellement un mouvement *vital* et *naturel,* tandis que le second mérite le nom de mouvement *animal* (1).

Cependant le mouvement du cœur reste soumis, dans une certaine mesure, à l'action du nerf pneumo-gastrique, qui a son origine dans l'encéphale et qui peut lui faire subir certaines modifications. Mais ces variations, comme dit saint Thomas, sont simplement involontaires, car elles dérivent, par une suite nécessaire, de la connais-

---

(1) « Motus cordis est *naturalis,* quasi consequens animam, in quantum est forma talis corporis (animalis) et principaliter cordis... Nec etiam oportet quod causetur ex apprehensione et appetitu, licet sit ab animâ sensitivâ. Non enim causatur ab animâ sensitivâ, per operationem suam, sed in quantum est forma et natura talis corporis... Motus autem *progressivus* animalis causatur per operationem sensûs et appetitûs; et propter hoc medici distinguunt operationes *vitales* ab operationibus *animalibus...* vitales appellantes quæ motum cordis concomitantur, quibus cessantibus, cessat vita; et hoc rationabiliter: *vivere enim viventibus est esse.* » (Opusc. *de Motu cordis*).

6.

sance et nullement d'un acte de la volonté (1).
Non que la volonté n'ait absolument aucune
prise sur les mouvements du cœur; car, selon
une remarque du P. Gratry, à côté des nerfs de
l'instinct, rebelles à tout ordre, le cœur reçoit
aussi les nerfs de la volonté, sur lesquels la
nature lui permet d'exercer quelque influence;
et la science cite l'exemple d'hommes qui, par
leur volonté, arrêtaient le battement de leur
cœur. L'un d'eux, en abusant ainsi de sa force
contre son cœur, l'a par trop longtemps com-
primé, et son cœur a cessé de battre.

Cherchons maintenant à déterminer la part du
cœur dans les mouvements de l'animal.

Et d'abord posons ce principe que, chez les
êtres doués de connaissance, l'appétit naît de la
connaissance, et le mouvement de l'appétit. La
connaissance montre le bien à poursuivre ou le
mal à éviter; l'appétit décide en faveur du premier
contre le second, et aussitôt la faculté motrice
exécute le mouvement qu'on lui demande. Ainsi,
en présence du bien et du mal, l'appétit s'émeut
d'une émotion passionnelle; et, suivant la nature
de l'émotion qu'il éprouve, son organe, c'est-à-
dire le cœur, se dispose de la manière la plus
convenable pour atteindre l'objet désiré. Voilà

---

(1) « Licet autem aliqua variatio accidat in motu cordis ex
apprehensione diversâ et affectione, non tamen illa variatio
motûs est voluntaria, sed involuntaria, quia non fit per
imperium voluntatis. » (Ibid.)

pourquoi il s'enflamme, dans la colère, pour se refroidir et se resserrer dans la crainte et les autres passions de cet ordre (1).

Certes saint Thomas, dont nous suivons ici la pensée, n'affirme rien qui ne soit absolument conforme à toutes les données de l'expérience. Non, la simple connaissance ne suffit pas à déterminer le mouvement de l'animal vers le bien sensible ; il faut encore que l'amour s'y ajoute et que celui-ci, à son tour, engendre le désir. La connaissance peut donc être dite la cause médiate du mouvement ; l'appétit seul en est le principe immédiat, *immediatum movens*.

De là deux conséquences importantes, légitimement déduites par le saint Docteur. En premier lieu, la passion ne saurait avoir pour siège l'intelligence, puisqu'elle provoque dans les organes un certain ébranlement, *transmutatio*, et que l'intelligence, on s'en souvient, est inorganique de sa nature. Elle ne réside pas

(1) « Passio animalis, cum per eam, ex operatione animæ, transmutetur corpus, in illâ potentiâ esse debet, quæ organo corporali adjungitur, et cujus est corpus transmutare ; et ideo hujusmodi passio non est in parte intellectivâ, quæ non est alicujus organi corporalis actus ; nec iterum est in apprehensivâ sensitivâ (*contre les partisans du cerveau*), quia ex apprehensione sensûs non sequitur motus in corpore, nisi mediante appetitivâ, quæ est immediatum movens. Unde secundum modum operationis ejus statim disponitur organum corporale, scilicet cor, unde est principium motûs, tali dispositione quæ competat ad exequendum hoc in quod appetitus sensitivus inclinatur. Unde in irâ fervet, et in timore quodammodo frigescit et constringitur. » (S. Th., *Qq. dispp.* q. 26, *de Passion. animæ*, a. 3, c.)

davantage dans les facultés appliquées à la connaissance sensible ; car celles-ci n'ont pas la vertu de mouvoir l'animal, de produire en lui l'ébranlement passionnel, tant que l'appétit ne prend pas un parti déterminé.

D'un autre côté, chose digne de remarque, le cœur, jusque-là calme et immobile, entre en mouvement aussitôt que l'appétit donne ses ordres ; et nous voilà de nouveau pleinement confirmés dans l'opinion que le cœur est en effet l'organe des passions, et non pas le cerveau.

Cependant, on fait une objection en faveur des sens. Dans la connaissance sensible aussi bien que dans les mouvement de l'appétit, le corps éprouve un ébranlement organique. Il n'est donc pas exact de mettre la passion seulement dans la faculté appétitive.

Saint Thomas va donner la réponse à l'objection qu'il s'est posée lui-même : « Ni le sens, ni aucune autre puissance cognoscitive n'est le principe immédiat du mouvement ; car le mouvement n'a lieu que par l'intermédiaire de l'appétit ; ainsi la sensation ne suffit point à déterminer dans le sujet une modification matérielle, à moins que le consentement de l'appétit ne vienne s'y ajouter ; celui-ci, au contraire, est aussitôt suivi d'un ébranlement du corps, qui se dispose à obéir. En conséquence, bien que le sens, dans son acte, reçoive, en même temps que son organe, une certaine impression ou modification de la part de l'objet sensible, il n'éprouve pourtant pas, à proprement parler, une émotion passionnelle, parce que la sensation n'excite pas en lui un ébranlement organique, mais plutôt une modification spirituelle, produite par l'espèce sensible qui s'introduit en lui sans aucune des conditions matérielles. » (1)

Ici, néanmoins, pour demeurer en complet accord avec certains faits psychiques, une distinction semble nécessaire. Toutes les fois qu'il s'agit d'un mouvement de l'âme sensible, déterminé par la connaissance de l'utile ou du nuisible, c'est à l'appétit de le commander, et par conséquent au cœur, son organe naturel. Et voici la genèse ordinaire du phénomène : le cerveau, par le ministère d'un nerf spécial, fait parvenir au

(1) « Dicendum quod nec sensus, nec vis alia apprehensiva movet immediatè, sed solùm mediante appetitivâ, et ideo ad operationem sensitivæ apprehensivæ non mutatur corpus quantum ad *dispositiones materiales*, nisi superveniat motus appetitivæ, quem statim sequitur *transmutatio corporis disponentis se ad obediendum*. Unde, quamvis apprehensiva sensitiva immutatur simul cum organo corporali, non tamen est ibi passio, propriè loquendo; quia in operatione sensûs non transmutatur organum corporale, per se loquendo, nisi spirituali immutatione, secundum quod species sensibilium recipiuntur in organis sentiendi, sine materiâ. » (*Qq dispp.*, q. 26, *de Passion. animæ*, a. 3, ad xi.)

Ainsi, dans la pensée du saint Docteur, la sensation produit sur le sujet une simple *impression, immutatio*, tandis que la passion détermine un *ébranlement, transmutatio*. Le langage semble confirmer cette distinction ingénieuse. Dans la sensation, on dit qu'on a reçu une impression plus ou moins vive; dans la passion, au contraire, qui indique seulement la réaction de l'âme par suite de l'impression reçue, on s'ébranle, on se porte vers l'objet.

cœur la connaissance du bien et du mal, et le
cœur, agent de l'appétit, transmet aussitôt la
réponse de ce dernier, en envoyant au cerveau
le sang nécessaire pour l'exécution du mouvement.

Quand, au contraire, il s'agit non plus de
rechercher l'utile et d'éviter le nuisible, mais
seulement de poursuivre le bien propre à chaque
sens particulier, à la vue, à l'ouïe, au toucher
par exemple, l'intervention du cœur cesse d'être
nécessaire, car on ne se trouve pas réellement en
présence d'un phénomène passionnel. Dans ce
cas, par la seule vertu de la connaissance accomplie au cerveau, le nerf moteur se met de lui-
même en mesure d'exécuter le mouvement nécessaire au jeu de la faculté sensible.

On fera la même remarque pour les mouvements qui nous portent vers un objet ou nous en
détournent sans que pourtant on constate aucune
action organique spéciale du cœur.

Les phénomènes physiologiques peuvent avoir
chez l'homme et chez les animaux un caractère
évident de finalité sans être pour cela nécessairement précédés d'une connaissance. Tels sont
les actes *végétatifs*, parfaitement appropriés à
leur but, quoique soustraits à la conscience.
Ainsi la présence des aliments dans l'estomac
provoque la sécrétion du suc gastrique. On pourrait citer la plupart des actes de la digestion.

La vie de relation elle-même n'est pas exempte

de ces faits d'automatisme. Un homme endormi écarte le membre que l'on touche, tout comme une grenouille récemment décapitée retire la patte sur laquelle on met une goutte d'acide.

Dans tous ces cas, l'impression inconsciente tranmise par un nerf *afférent* jusqu'au centre médullaire ou encéphalique paraît s'y réfléchir à la manière de l'ébranlement sonore dans l'écho. Alors, plus ou moins modifié, le mouvement vient retentir par un nerf *efférent* sur un muscle qui se contracte et détermine l'acte approprié.

En réalité, il existe entre la réaction de l'organe moteur et l'impression reçue, comme une harmonie préétablie, que saint Thomas ferait rentrer dans ce qu'il appelle l'appétit *naturel*. La fin procurée n'implique nullement la connaissance du but dans l'agent immédiat ; mais elle fait éclater la sagesse du souverain ordonnateur. Ainsi l'heure marquée par l'aiguille du cadran trahit l'intelligence de l'horloger.

Outre ces actes aveugles, liés à la constitution même de l'organisme, il en est un grand nombre dont l'habitude et l'exercice ont lentement établi le rapport, d'abord voulu, finalement devenu automatique, inconscient. Quelle étonnante complexité d'actions très précises supposent la marche, la lecture, le jeu du piano, etc. ? Une fois l'éducation organique achevée, la volonté, l'appétit n'interviennent qu'au point de départ ; tout le reste est mécanisme et se continue quelquefois

avec une parfaite exactitude, malgré les distrac-
tions et même le sommeil.

Dans tous ces cas, le cœur peut ne jouer aucun
rôle émotionnel. Il est l'organe de la passion, de
l'appétit succédant à une connaissance sensible,
nullement de l'appétit naturel. L'action aura son
point de départ et s'achèvera dans le réseau nerveux ; depuis l'élément périphérique elle se pro-
pagera jusqu'au centre de la moelle ou du cerveau, faisant retour vers les organes du mouvement ; mais le cœur, ne recevant pas l'influx de
la connaissance, n'aura point à réagir, il ne se
produira aucun phénomène émotionnel.

Ainsi en sera-t-il encore, si l'habitude de
réprimer les saillies de l'appétit sensible permet
à la volonté de maîtriser les ébranlements du
cœur par l'intermédiaire des facultés sensibles,
localisées dans le cerveau. Alors le sang ne ces-
sera point de couler calme et paisible, au lieu de
s'élancer en flots pressés et agités.

En un mot, tout mouvement qui nous porte vers
un bien ou nous éloigne d'un mal n'est pas nécessairement une passion ; le mouvement passionnel
présuppose la connaissance et demande un objet
sensible. L'action aveugle est au-dessous de
l'émotion ; la force d'âme et la vertu peuvent, en
certains cas, élever l'homme au-dessus d'elle.

Mais en thèse générale, le cœur, dans l'animal,
peut être tenu pour le principe physique de tout
mouvement, par la chaleur qu'il distribue à

tous les organes en propulsant le sang dans toutes les parties du corps. Car, on l'a vu déjà (1), la chaleur est l'instrument nécessaire de tout mouvement vital, *calor est instrumentum quo anima movet*; et les muscles ne peuvent entrer en fonction qu'en transformant en mouvement une partie de la chaleur qu'ils reçoivent du liquide sanguin. Le cerveau lui-même se trouve atteint par la loi commune. « *Vis motiva*, dit l'Ange de l'Ecole, *est principaliter in corde, per quod anima in totum corpus motum et alias hujusmodi operationes diffundit.* » (2) Or il est bien clair que le cœur ne peut ainsi imprimer le mouvement aux organes de tout le corps, *diffundere motum in totum corpus*, que par l'impulsion donnée au sang. Celui-ci, en effet, possède les éléments (comburant et combustible) de la chaleur animale, chaleur que les muscles excités par les nerfs transforment sans cesse en mouvement.

Ainsi fournir à une machine à vapeur le charbon et l'oxygène, c'est lui donner le principe du mouvement, puisque c'est bien la chaleur transformée en mouvement par l'intermédiaire de la vapeur, dont les organes de la machine utilisent la force.

(1) Supra.p. 107. — En ce sens, et en ce sens seulement, la doctrine de S. Thomas exprime une vérité physiologique : « Motus cordis est principium omnium motuum qui sunt in animali ; unde Philosophus (in 3o de *Partib, animal*) dicit quod motus delectabilium et tristium, et totaliter omnes sensus, hinc incipere videntur, scilicet in corde, et ad hoc terminari. » (Opusc. *de Motu cordis.*)
(2) S. *contra Gent.* lib. II, ch. LXXII, *in fine.*

Dans ce fait important, saint Thomas d'Aquin voit une raison nouvelle et profonde pour que le mouvement du cœur soit naturel, spontané et non pas volontaire. A la vérité, l'homme a reçu en partage le pouvoir de se déterminer librement ; et pourtant, qu'on jette les yeux sur les diverses provinces régies par son activité, et l'on remarquera que toujours le principe de ses opérations relève de la nature et nullement de son choix. Par exemple, la raison se dirige elle-même dans la recherche des conclusions qui forment l'objet propre de la science, mais c'est en s'appuyant sur les premiers principes, fruit d'une connaissance naturelle, immédiate ; la volonté choisit à son gré les fins particulières et les moyens qui doivent la conduire vers la fin dernière, mais la fin dernière elle-même, c'est-à-dire la félicité, elle l'aime naturellement, nécessairement.

Il faut dire la même chose des mouvements du corps ; leur principe doit être naturel aussi, et puisque, d'après nos précédentes explications, ce principe, chez l'animal, n'est autre, pour l'ordinaire, que le mouvement du cœur, il reste que ce dernier jaillisse de la nature et non de la volonté. Au fond, il découle, par une suite nécessaire, de la vie, comme celle-ci, à son tour, découle immédiatement de l'union de l'âme et du corps (1).

(1) « In his quæ ad intellectum et voluntatem pertinent,

Chez l'homme, sans doute, la volonté peut devenir, elle aussi, le principe de certains mouvements du corps, non pas, cependant, le principe immédiat ; car, pour l'ordinaire, elle n'imprime le mouvement qu'au moyen de l'appétit sensible, par conséquent au moyen du cœur. Et cela se comprend sans peine : la volonté, comme l'intelligence, tend, par sa nature, à l'immatériel, au général ; tandis que le mouvement a toujours pour terme un but matériel, particulier, directement connu par les sens, et du propre ressort de l'appétit sensible. Pour imprimer un mouvement au corps, elle a donc recours à l'intermédiaire de l'appétit inférieur.

Au reste, l'expérience tient le même langage que la raison. Toujours elle montre chez l'animal l'acte de l'appétit sensitif accompagné d'un certain ébranlement organique, ébranlement que le cœur éprouve le premier et avec une plus grande énergie que tout autre organe, parce qu'il est le premier principe du mouvement (1).

primum invenitur id quod est secundum naturam, ex quo alia derivantur ; ut a cognitione principiorum naturaliter notorum cognitio conclusionum, et a voluntate finis naturaliter desiderati derivatur electio eorum quæ sunt ad finem. Ita etiam, in corporalibus motibus, principium est secundum naturam ; principium autem naturalis motûs est a motu cordis ; unde motus cordis secundum naturam est, et non secundum voluntatem. Consequitur enim, sicut per se accidens, vitam, quæ est ex unione corporis et animæ. » (S. Th. 1ª 2ᵃᵉ, q. XVII, a. 9, ad 2).

(1) « Sicut, in nobis, ratio universalis movet, mediante

ARTICLE III

RÔLE DU CŒUR DANS LA VIE INTELLECTUELLE
ET MORALE

La partie supérieure de l'âme se distingue par deux attributs essentiels, doués l'un et l'autre d'une perfection singulière : l'intelligence et la volonté. Il nous reste à voir quelle part le cœur a droit de revendiquer dans cette vie plus noble et meilleure.

Déjà — et c'est là sans aucun doute son premier titre à l'attention du psychologue — il s'est révélé à nous comme l'organe propre des passions. C'est par là aussi, et par là seulement, qu'il lui est donné d'agir sur l'intelligence et la volonté.

§ 1. — *Influence du cœur sur l'intelligence.*

Au premier abord, il peut sembler étrange que les passions, qui s'agitent dans une sphère infé-

ratione particulari, ut dicitur (*de Anima* lib. III), ita appetitus intellectivus, qui dicitur voluntas, movet, in nobis, mediante appetitu sensitivo; unde proximum motivum corporis, in nobis, est appetitus sensitivus. Unde semper actum appetitus sensitivi concomitatur aliqua transmutatio corporis, et *maximè circa cor*, quod est primum principium motûs in animali. » (S. Th. 1ᵃ 2ᵉᵉ, q. XX, a. 1, c.)

rieure, aient quelque prise sur l'intelligence, qui
plane dans la région sereine des principes et de
l'immuable. Qu'y a-t-il de commun entre le bien
sensible, objet unique de la passion, et le vrai,
objet propre de l'intelligence ?

L'objection aurait, en effet, une grande vraisemblance, si la question se posait entre la passion
et l'esprit en général.

Mais il ne faut point oublier que, chez l'homme
l'intelligible est étroitement lié au sensible ; que
l'idée prend toujours corps dans une image ; que
la raison ne s'élève à l'idéal qu'en passant par le
réel, et à l'immatériel qu'après avoir longtemps
contemplé le monde des corps.

Il y a plus. Les innombrables vérités dont s'occupe la raison, n'appartiennent pas toutes à l'ordre spéculatif et abstrait, un grand nombre d'entre elles regardent la morale. Or ces dernières ne
sont pas données à l'homme en spectacle : elles
lui parlent d'un ton impérieux, avant tout elles
lui imposent des devoirs, et le devoir, qui ne le
sait par sa propre expérience ? va bien rarement
sans le sacrifice. Et à qui s'adresse le sacrifice
imposé par l'austère loi du devoir ? A cette pauvre
sensibilité. C'est elle qui représente parfois
sous des couleurs riantes ce que défend la froide
raison, et sous un aspect bien sombre ce dont
celle-ci ne craint pas de faire une obligation.
« *Unde experimur irascibilem vel concupiscibilem repugnare rationi, per hoc quod sentimus*

*vel imaginamur aliquod delectabile, quod ratio
vetat, vel triste, quod ratio præcipit.* » (1)

Ainsi, dans les vérités de l'ordre moral et dans
celles qui s'y rattachent par quelque côté (et le
nombre de ces dernières est fort grand), l'homme
n'est pas absolument désintéressé. Par là même
il lui est bien difficile d'observer une impartialité
rigoureuse et de conserver une égale sympathie
pour toutes les vérités qui sollicitent son adhésion et qui au besoin prennent à son égard l'attitude du maître par rapport au serviteur. Et cependant l'homme est raisonnable, il ne peut refuser
son assentiment à ce qui s'impose à lui avec les
caractères de l'évidence, ni le donner à ce qui
paraît faux. Que fera la passion ? Tentera-t-elle
de heurter de front l'intelligence ? Elle en est
incapable. Mais elle peut agir sur la raison en
lui présentant les choses sous un certain aspect,
en attirant son attention sur les côtés favorables
à l'intérêt, et en la détournant de ceux qui
contrarient les penchants et les instincts inférieurs.

D'où il arrive que l'esprit, marchant, comme dit
Pascal, d'une seule pièce avec la passion, s'arrête
à regarder la face qu'elle aime et ainsi en juge
par ce qu'il y voit; car, selon une autre parole
du même auteur, habitué à proposer ses pensées
sous la forme de l'hyperbole, « les choses sont

(1) S. Th. 1ª, q. 81, a. 3, a 1 2.

vraies ou fausses selon les faces par où on les
regarde. »

Stuart Mill a parfaitement décrit le genre d'influence que la passion exerce sur l'intelligence,
et comment, par des voies indirectes mais habiles, elle s'efforce de l'engager dans son parti et
de lui dicter ses jugements. « Les causes morales
des opinions, quoique les plus puissantes de toutes chez la plupart des hommes, ne sont que des
causes éloignées. Elles n'agissent pas directement, mais par l'intermédiaire des causes intellectuelles, avec lesquelles elles sont dans le même
rapport qu'en médecine les causes *prédisposan-
tes* avec les causes *existantes*. L'indifférence pour
la vérité ne peut pas, par elle-même, produire
une fausse croyance ; elle agit en empêchant l'esprit de rassssembler les preuves appropriées ou de
les soumettre au critère d'une induction rigoureuse ; ce qui le laisse sans défiance contre l'influence des raisons apparentes qui se présentent
spontanément, ou que peut suggérer le moindre
effort intellectuel. L'inclination la plus violente
à trouver vraie une chose, ne rendrait pas l'esprit
le plus faible capable de la croire en l'absence
de toute raison et sans une preuve quelconque,
au moins apparente. Elle influe indirectement,
en lui présentant les motifs de croire sous un
aspect incomplet ou difforme ; elle le détourne
de l'ennuyeux travail d'une induction rigoureuse, lorsqu'il soupçonne que le résultat pourra

être désagréable, et dans la recherche telle quelle, qu'elle entreprend, elle lui fait appliquer son attention d'une manière partiale, la tournant de préférence du côté des faits qui semblent favorables à la conclusion désirée et l'éloignant des faits contraires. » (1)

Cette remarque peut servir à rendre raison d'un fait aussi fréquent qu'étrange au premier abord : pourquoi les hommes commettent-ils des erreurs et plus grossières et plus nombreuses dans l'ordre moral que dans l'ordre purement théorique ? La Providence les aurait-elle doués pour la découverte des vérités pratiques moins favorablement que pour celle des vérités spéculatives ; ou les premières auraient-elles moins de force que les secondes, comme paraissent le supposer certains partisans de la philosophie moderne ? Non, il n'en est point ainsi. Mais l'homme est faible, il a des passions ; et trop souvent ses passions jettent un bandeau sur les yeux non de l'intelligence, mais de la conscience. Il n'a aucun intérêt à ce que la vérité spéculative ou physique ne soit pas ; mais il a intérêt à se persuader que la vérité morale n'est pas. Et voilà pourquoi il est moins clairvoyant pour l'une que pour l'autre. « Si les hommes, a dit Malebranche dans une parole célèbre, avaient quelque intérêt à ce que les côtes des triangles semblables ne fussent pas proportionnels, et

(1) *Système de logique*, l. V, § 3.

que la fausse géométrie fût aussi commode pour leurs inclinations perverses que la fausse morale, ils pourraient bien faire des paralogismes aussi absurdes en géométrie qu'en matière de morale, parce que leurs erreurs leur seraient agréables et que la vérité ne ferait que les embarrasser, que les étourdir et que les fâcher. » (1)

Néanmoins gardons-nous bien de croire que la passion soit toujours et seulement un obstacle pour l'intelligence. Par elle-même, la passion n'est ni bonne ni mauvaise : elle est une force, une force aveugle, prête à se dépenser avec la même ardeur au service de la bonne et de la mauvaise cause. Et si, en matière de morale surtout, il ne lui arrive que trop souvent d'égarer la raison, il lui arrive aussi de prêter à celle-ci un puissant concours et de centupler ses forces pour la difficile recherche de la vérité. La pensée de Vauvenargues vient bien à notre sujet : « Les passions fertilisent l'esprit sur les choses qui leur sont propres, et cela pourrait expliquer de certaines bizarreries : un esprit vif dans la conversation, qui s'éteint dans le cabinet ; un génie perçant dans l'intrigue, qui s'appesantit dans les sciences. »

Prenons encore deux frappants exemples : l'éloquence et les découvertes scientifiques. Qui ne sait que la vraie, la grande éloquence jaillit

_____

(1) *Recherche de la vérité*, t. II, l. IV, ch. II.

du cœur, comme de sa source ordinaire, soit que le cœur s'exprime par le langage plus sonore de la passion, soit par celui plus pur et plus suave du sentiment?

Quant à la science, son allure froide et austère semble repousser d'elle-même toute alliance avec les passions. Sans doute, elle relève directement de l'observation, de l'analyse, de l'abstraction, du raisonnement, toutes choses qui n'ont rien de commun, du moins à ce qu'il paraît, ni avec les fantaisies capricieuses de l'imagination, ni avec les ardeurs irréfléchies des passions.

Pour ce qui est des grandes découvertes dont la science s'honore, le génie peut à bon droit en revendiquer la meilleure part. Mais le génie lui-même n'arrive pas d'un bond à ces rares découvertes qui font son bonheur et sa gloire; l'intuition et l'inspiration sont des accidents heureux, mais des accidents seulement, dans sa laborieuse carrière; il faut qu'il hésite et tâtonne, qu'il multiplie les expériences et les hypothèses, qu'il prolonge ses veilles, essuie vingt fois la sueur de son front. Qui le soutiendra contre le découragement? Qui l'aidera à poursuivre la vérité fugitive, jusqu'à ce qu'enfin elle se laisse atteindre et se découvre à lui? Affirmons-le sans crainte de diminuer son prestige: la *passion*; la *passion* de la force, la *passion* de l'ambition, la *passion* persévérante. On l'a dit avec quelque raison, le génie n'est qu'une longue patience.

§ 2. — *Influence du cœur sur la volonté et le sentiment.*

Le cœur, en sa qualité d'agent de l'appétit sensible, tient de beaucoup plus près à la volonté qu'à l'intelligence ; sans mériter, toutefois, le titre d'organe de la volonté non plus que du sentiment. Trois points de haute importance, que nous voudrions essayer de mettre en lumière.

I

Aussi bien que l'intelligence, la volonté, chez l'homme, est unie à l'organisme et ne peut manquer de subir les diverses conséquences de cette union. Si le vrai humain se trouve toujours plus ou moins enveloppé dans le sensible, le bien ne saurait s'affranchir entièrement des liens de la sensibilité.

En premier lieu, il importe de se faire une idée exacte de l'objet propre de la volonté. Cet objet n'est pas le bien absolu, le bien en soi, indépendamment de tout rapport avec l'appétit, c'est avant tout le bien *convenable*, le bien proportionné au sujet, à sa nature, à ses dispositions, à ses besoins. Mais la convenance est chose essentiellement relative ; elle exprime une harmonie secrète entre deux termes distants l'un de l'autre, qu'il faut rapprocher et adapter l'un à l'autre.

Examinez les appréciations et la conduite des hommes : que de divergences de goût par rapport aux mêmes objets ! C'est que la même chose paraît convenable, désirable à celui-ci, et nullement à celui-là. Il y a plus encore : changez la manière d'être de quelqu'un, prenez-le en des états psychologiques différents, modifiez seulement en lui la partie inférieure de l'âme, les affections de l'appétit sensible, considérez-le en proie aux amertumes de la colère ou doucement ému par quelque bienveillante passion, ce n'est plus ni le même jugement ni le même vouloir. Ainsi donc, même du côté de l'objet, l'appétit sensible influence la volonté (1).

On arrive à une conclusion analogue en se plaçant du côté du sujet appelé à vouloir. Il appartient à la volonté de s'attacher au bien pro-

(1) « Id quod apprehenditur sub ratione boni et *convenientis*, movet voluntatem per modum objecti. Quòd autem aliquid videatur bonum et conveniens, ex duobus contingit, scilicet ex conditione ejus quod proponitur, et ejus cui proponitur. Et inde est quod gustus diversimodè dispositus non eodem modo accipit aliquid ut conveniens et ut non conveniens. Unde Philosophus dicit (*Ethic.* lib. III, ch. v): *Qualis unusquisque est, talis finis videtur ei.* Manifestum est autem quod secundum passionem appetitûs sensitivi immutatur homo ad aliquam dispositionem : unde secundum quod homo est in passione aliquâ, videtur ipsi aliquid conveniens quod non videtur ei extra passionem existenti ; sicut irato videtur bonum quod non videtur quieto ; et per hunc modum, ex parte objecti appetitus sensitivus movet voluntatem. » (S. Th. 1a 2æ, q. 9, a. 2, c.) Cf. Balmès, *Art d'arriver au vrai*, ch. xix, § 3.

posé par la raison, fût-il triste ou difficile, et de se détourner du mal caché sous l'apparence du bien sensible, fût-il délectable et facile. La volonté peut donc trouver dans l'appétit inférieur une vive opposition, qui l'oblige à de rudes combats. Qu'un homme, par la complexion de son corps, par une affection organique quelconque ou, comme on dit, par tempérament, soit particulièrement enclin à la colère, à la volupté, à une autre passion de ce genre : il aura besoin d'une volonté d'autant plus courageuse pour se modérer et se contenir ; qu'il soit mou, faible, timide en présence d'un effort nécessaire, et sa volonté se verra, pour ainsi dire, désarmée, à peu près comme une citadelle sans garnison.

Que, par une heureuse disposition de la nature, l'appétit sensible ait des inclinations toutes contraires ; qu'il soit doux sans faiblesse, tempérant sans froideur, courageux sans emportement : voilà pour la volonté un auxiliaire du plus grand prix. Dans cette condition, il lui suffit de donner des ordres, l'exécution ne souffre jamais le moindre retard ; car la partie inférieure non seulement ne fait entendre aucun murmure, mais s'offre encore d'elle-même pour entreprendre les plus pénibles travaux, par hardiesse naturelle, par amour de la lutte ; tel qu'un vaillant coursier qui brûle d'emporter son cavalier au fort du combat.

II

Mais toujours la volonté demeure maîtresse d'elle-même et supérieure aux passions. Elle peut les pousser en avant ou les retenir ; elle ne peut, malgré elle, ni être entraînée par leur fougue ni réduite à capituler. C'est l'expérience qui tous les jours le proclame par des faits victorieux, réduisant au silence tous ceux qui abaissent les appétits supérieurs devant les appétits inférieurs, et déterminent les qualités de la volonté par les qualités de l'organisme. Non, non, pour l'honneur de notre espèce, il n'en est rien, il y a de grandes âmes sous des corps chétifs :

Ingentes animas angusto in corpore versant ;

il y a des cœurs assez chastes pour en imposer aux plus brutales passions (1); il y a des courages capables d'exposer le corps aux plus redoutables périls.

C'est vrai, chez les animaux, la passion la plus forte entraîne toujours le mouvement, comme la timide brebis qui d'instinct fuit le loup, aussitôt qu'elle l'aperçoit, faute d'un attrait supérieur qui puisse la retenir et résister à la crainte. Mais,

_____

(1) « Anima regit corpus et repugnat passionibus quæ complexionem sequuntur ; ex complexione enim aliqui sunt magis aliis ad concupiscentias vel iras apti, qui tamen magis ab eis abstinent, propter aliquid refrænans, ut patet in continentibus. Hoc autem non facit complexio. Non est igitur anima complexio. » (S. Th. S. cont. Gent. l. II, c. 63.)

chez l'homme, l'appétit sensible a beau vouloir
parler en maître, renouveler, redoubler ses ins-
tances, il faut qu'il se résigne, malgré l'impétuosité de ses désirs, à solliciter, à attendre le consentement d'un appétit supérieur, c'est-à-dire la
volonté, à qui toujours appartient le dernier mot.
Il est donc bien constant que le cœur n'est pas
l'organe de la volonté, non plus que le cerveau
celui de la raison.

Que la passion emprunte les vives couleurs de
l'imagination pour rendre son objet séduisant à
la volonté, qu'elle s'insinue doucement pour remplir auprès d'elle l'office du tentateur, ou qu'elle
se mutine et la menace d'une révolte ouverte,
force lui est de subir le frein et de rester dans
l'ordre. Aristote a exprimé cette vérité dans une
belle comparaison, empruntée à la mécanique
céleste de son temps : « L'appétit supérieur meut
l'appétit inférieur, comme la sphère supérieure
meut la sphère inférieure. »

III

Il nous reste à établir sur un dernier point la
suprématie de la volonté. Nous avons fait du
cœur, par un privilège insigne, l'organe, c'est-à-
dire le principe matériel des passions. Devrons-
nous en faire aussi l'organe des sentiments, ou
lui refuser sur eux toute sorte d'influence ? Ou
nous sera-t-il donné de trouver quelque sage

moyen terme qui, sur ce sujet délicat, mette d'accord le langage populaire et le langage philosophique ?

Qu'il y ait entre l'organe cardiaque et les émotions de l'appétit supérieur une étroite alliance, le sens commun tout seul suffit à le proclamer hautement. Rien de plus reçu, de plus justement populaire, que ces expressions communes à toutes les langues : *homme de cœur, homme sans cœur,* c'est-à-dire homme doué de nobles sentiments, homme qui ne sent pas ou qui n'a que des sentiments vulgaires. Or le langage est un assez fidèle interprète de nos pensées, de nos convictions, et il ne s'éloigne pas autant qu'on voudrait le croire, de la précision que demande la vérité connue. Le sens commun a donc trouvé un rapport secret entre le sentiment et le cœur ; mais le sens commun, généralement, ne se rend pas compte de ses croyances, il ne sait pas la raison dernière des choses. Cette raison dernière des choses, il appartient à la philosophie de la chercher, sinon de la découvrir toujours.

Signalons à l'appui de la croyance vulgaire un fait incontestable, très facile à saisir : c'est que toutes les émotions de l'âme retentissent au cœur et l'agitent plus ou moins vivement. Indiquons aussi, chez l'homme, la connexion étroite qui relie le sentiment à la passion, comme la pensée à la sensation, et rappelons-nous une importante vérité précédemment établie, à savoir que les passions ont le cœur pour organe ; il nous sera aisé de comprendre qu'on ait pu passer de la passion au sentiment, étendre à celui-ci l'influence du cœur sur celle-là.

Cependant, la différence des phénomènes ne permet pas de les attribuer à la même cause, et la noblesse du sentiment défend de le ranger au nombre des impressions organiques. Sans doute, comme la passion, le sentiment est de l'ordre affectif ; comme elle, il suppose une émotion, il se rapporte au bien, il a pour siège l'appétit. Mais là s'arrêtent les analogies, pour faire place aux dissemblances, dissemblances caractéristiques, essentielles.

Nous avons regardé comme un principe constant qu'un phénomène immatériel ne saurait avoir pour siège une faculté organique, l'âme seule ayant le droit de le revendiquer comme son bien, comme son fait. Mais le sentiment est immatériel au même titre que la pensée. On accorde à l'animal, sans faire tort à l'homme, et la sensation, et toutes les passions qui s'ensuivent ; mais on lui refuse le sentiment, parce qu'on lui refuse la pensée. C'est que le sentiment appartient à la partie supérieure de l'âme, non pas, il est vrai, à cette partie de l'âme qui pense et raisonne, mais à cette partie également divine qui se porte vers les biens spirituels et qui éprouve les nobles émotions de la vertu. Il surgit dans l'âme sans effort, quand elle se trouve face à face avec le bien suprasensible, quand l'apparition de son bien propre l'émeut, l'attire, la ravit.

La passion, elle aussi, apporte à l'âme des émotions vives et fortes ; mais ces émotions impressionnent le corps autant que l'âme, et dans l'âme, elles s'arrêtent à la partie inférieure, à la partie qui communique directement avec le corps. De même, un sentiment profond ne peut manquer d'agir sur le corps, mais ce n'est qu'indirectement, par contre-coup, par concomitance, et nous dirions volontiers par résonnance, en empruntant une comparaison au phénomène si connu du corps sonore, qui vibre sympathiquement à l'unisson d'un autre, quand celui-ci donne la note à laquelle le premier est sensible, malgré la différence de nature entre les deux. L'étroite alliance du physique et du moral permet rarement à l'un d'agir, de souffrir ou de jouir à l'écart et sans que l'autre y participe.

Au reste, la conscience elle-même nous montre une réelle et notable différence entre les émotions qu'éprouve le cœur dans la passion et celles qu'il éprouve dans le sentiment ; bien plus, entre celles qui l'agitent dans les sentiments mauvais ou vulgaires et celles qui l'ébranlent dans les sentiments nobles et purs.

Le P. Gratry a écrit sur ce sujet une de ses pages les plus touchantes : « Non, la passion instinctive toute seule ne fait pas battre notre cœur du même rythme que la passion délibérée. Et la passion voulue et acceptée par l'intelligence et la raison ne fait point battre le cœur du même rythme que l'amour libre, raisonnable, intellectuel et cordial. Surveillez votre cœur et saisissez l'instant où il consent à un attrait, à un amour et à un enthousiasme. Quel mouvement et quel rythme nouveau! Parfois, en ce moment, la vitesse est doublée. Jugez si des battements de cœur gênés par la conscience peuvent avoir la même harmonie, le même élan, la même ampleur, la même dilatation que ceux qui cherchent le jour et la lumière, et l'œil de la raison, et le regard de Dieu. Voyez encore si le rythme du cœur n'est pas en quelque proportion avec son objet même. Le cœur, le cœur physique, se meut-il de la même manière, sous l'amour passionné, languissant, qui se termine à un seul être humain, et sous l'amour désintéressé et divin qui, dans l'étincelante lumière de la vérité, dans la connaissance de la vie, de la mort, de la beauté de Dieu, de la beauté des âmes, se consacre avec transport et avec larmes à l'entier sacrifice pour l'objet véritable et suprême de l'amour, Dieu, et les êtres qui souffrent. Oh non! tous ces mouvements sont certainement et nécessairement différents. Et si un ange tenait la main sur notre cœur, il lirait dans ses pulsations corporelles toute notre âme ; il y lirait l'amour et l'absence de l'amour ; la nature de l'amour, son objet, et les proportions de lumière, de liberté, de désintéressement, d'enthousiasme ou d'emportement, de chaleur d'âme ou de chaleur du sang qui le composent. » (1)

En résumé, la passion tient de la chair, elle a un organe matériel qui est le cœur. Mais le sentiment est fils de la pensée ; il faut qu'il partage l'immatérialité avec elle, qu'il soit indépendant de tout organe, même du plus noble des organes. « *In actu appetitûs intellectivi non requiritur aliqua transmutatio corporalis, quia hujusmodi appetitus non est virtus alicujus organi.* » (2)

Toutefois, chez l'homme, à cause de l'étroite alliance du corps et de l'âme, le sentiment, surtout s'il est vif et profond, ne va pas tout seul, il a sur le cœur un retentissement inévitable. Pour cette raison, le cœur peut à bon droit être pris comme le symbole du sentiment, ainsi que l'enseigne saint Thomas d'Aquin : « *Dicitur in Psalmo* LXXXIII, v. 3 : *Cor meum et caro mea exultaverunt in Deum vivum, ut cor accipiamus pro appetitu intellectivo, carnem autem pro appetitu sensitivo.* » (3)

---

(1) *Connaissance de l'âme*, t. I, c. 3.
(2) S. Th. 1ª 2æ, q. 22, a. 3. c. Dans la *Somme philosophique*, le saint Docteur établit aussi nettement que possible l'importante distinction entre la passion et le sentiment : « Circa alias animæ operationes, sicut est amare, gaudere et alia hujusmodi, est æquivocatio cavenda ; nam quandoque sumuntur ut sunt animæ *passiones*, et sic sunt actus sensibilis appetitus secundum concupiscibilem vel irascibilem, cum aliquâ permutatione corporali ; et sic in animâ manere non possunt post mortem ; sumuntur autem quandoque pro simplici actu voluntatis qui est absque passione.. etc... Quum vero voluntas sit potentia non utens organo, palam est *hujusmodi, secundum quod sunt actus voluntatis*, in animâ separatâ remanere. » (S. *cont. Gent.* l. II, c. 81, in fine.)
(3) 1ª 2æ, q. 24, a. 3, c.

TROISIÈME PARTIE

HARMONIE DE LA TÊTE ET DU CŒUR

Nous voilà parvenus à la question la plus vitale et la plus attachante de notre étude. Au point de vue physiologique et psychologique, la tête et le cœur jouent chacun de son côté un très beau rôle; ils se partagent, en effet, à peu près toute l'activité humaine, et, chose remarquable, malgré la diversité de leurs attributions, ils n'entrent point en conflit l'un avec l'autre. Loin de là, ils se complètent mutuellement et vivent au sein de la paix et de l'harmonie, *consensus unus.*

Pourrons-nous espérer la même entente si nous envisageons la tête et le cœur sous un aspect plus élevé et plus important, comme symboles d la vie humaine par excellence, j'entends de la vie morale et religieuse ? Les docteurs de l'école moderne nous avertissent de n'y pas songer : ils ont écrit sur leur drapeau : *division*; et en sont venus à ce point, qu'ils ont introduit partout la contradiction et les antinomies.

Descartes fut le porte-étendard de la philosophie séparée. Il conçut l'âme et le corps comme deux substances distinctes, complètes, douées de propriétés contraires, irréconciliables, la pensée et l'étendue.

Malebranche vint après, qui, ne voyant aucun moyen d'unir ces deux puissances rivales, divisées par un abîme, affirma que chacune jouissait de sa vie propre et n'éprouvait pas le besoin d'entrer en relation avec l'autre.

Kant alla plus loin encore. Il porta la division au sein de l'âme elle-même, et non content d'opposer en elle la partie inférieure à la partie supérieure, il mit deux compartiments dans la raison, la raison théorique et la raison pratique, qu'il eut soin de séparer par une cloison étanche.

En vertu des mêmes principes, il est reçu aujourd'hui d'établir une rivalité entre la tête et le cœur, entre le sentiment et la pensée, d'imaginer entre eux une incompatibilité d'humeur qui rende leur divorce légitime et même nécessaire.

Avec saint Thomas, et dans toutes les directions, nous sommes absolument contraire à la philosophie séparée. Nous la croyons funeste et même contre nature. Notre devise est : *Consonantia diversorum*. Pour le cas présent, nous avons en notre faveur de bien légitimes présomptions dans cette harmonie que nous avons déjà reconnue entre la tête et le cœur, au double point de vue physiologique et psychologique. Elle nous semble l'heureux gage de celle que nous cherchons maintenant et que nous appelons de nos vœux : l'harmonie dans l'ordre moral.

Entrons dans notre sujet. Trois grands problèmes s'imposent à nous et sollicitent une réponse : 1° Y-a-t-il réellement, comme on l'assure, antipathie entre la tête et le cœur, entendus dans leur sens spirituel et moral, ou peut-on réussir à les accorder ensemble ? 2° Cette union est-elle non-seulement possible mais encore nécessaire et souverainement désirable ? 3° Si on parvient à la ce les unir, quelle place faudra-t-il assigner à chacun, de manière à sauver des droits réciproques et à maintenir l'ordre ou la hiérarchie dans la distinction ?

CHAPITRE PREMIER

Opposition prétendue entre la tête et le cœur

On croit avoir découvert de nombreux conflits, plus ou moins sourds, plus ou moins déclarés, mais réels et même assez graves, entre la tête et le cœur : parfois la tête est bonne et le cœur bas ou mauvais, *video meliora proboque, deteriora sequor;* d'autres fois c'est le contraire qui arrive : mauvaise tête et bon cœur; la tête est encore réfléchie, avide de science, le cœur, au contraire, emporté dans ses mouvements, de nature crédule. Enfin les motifs qui agissent puissamment sur l'un ne font sur l'autre aucune impression : le cœur a ses raisons que la raison ne connaît pas.

Peut-on nier les faits, et ne révèlent-ils pas entre ces deux puissances rivales un réel désaccord, plus que cela peut-être, une inimitié sans merci, suffisante pour autoriser le divorce?

Examinons une à une ces fameuses antinomies, si bruyamment défendues, et voyons si elles ont en réalité autant de force que nos adversaires

leur en attribuent; si l'opposition ne serait pas
apparente plutôt que réelle, accidentelle plutôt
que normale et ordinaire; ou plutôt, si dans ce
cas comme dans bien d'autres, la diversité ne
serait pas confondue avec la contradiction proprement dite.

Mais d'abord faisons 'nous-mêmes une concession. Oui, nous le reconnaissons sans peine, la
tête et le cœur ne jouissent pas mieux de l'iden-
tité [dans l'ordre spirituel et moral que dans
l'ordre psychologique et physiologique : ils ont
des attributions différentes, des intérêts étrangers. Mais autre chose est la simple diversité,
autre chose l'opposition complète et absolue. Par
exemple, autres sont les connaissances des sens,
autres celles fournies par la raison ; autres les
penchants de l'appétit sensible, autres les inclinations de la volonté ; et pourtant, ni la raison
ne contredit les sens, ni les sens ne contredisent
la ration ; ni l'honnête en soi ne combat le délectable, ni le délectable ne combat l'honnête. Il
en est ainsi pour la tête et le cœur.

Allons plus loin, s'il le faut, et faisons encore
une concession : nous l'accordons, là où il y a
diversité, il peut aussi, dans certaines circonstances, y avoir opposition, quand le bien d'une
faculté se trouve incompatible avec celui d'une
autre faculté, comme, par exemple, lorsque la
raison se voit obligée de réagir contre les fantaisies de l'imagination, ou que la volonté doit

8

combattre certaines tendances de la passion. Mais ce désaccord n'est que momentané, accidentel, anormal; il ne découle pas de la nature des choses; on n'a pas le droit de l'élever à la hauteur d'une loi générale et absolue.

Ces distinctions nullement subtiles et dont au contraire la légitimité tombe sous le sens, nous ont paru nécessaires pour dissiper bien des malentendus : elles éclaireront de leur lumière les réponses précises qu'il faut maintenant apporter aux diverses objections soulevées dans le présent chapitre.

ARTICLE PREMIER

VIDEO MELIORA PROBOQUE, DETERIORA SEQUOR

La tête, dans son acception spirituelle, représente l'idée, et le cœur, l'amour ou l'action. En conséquence, les principes veulent que le cœur suive la tête, qu'il aime le bien proposé par la raison, qu'il se porte là où l'appellent le juste et l'honnête. Et voilà que, par une disposition toute contraire, le cœur dit *non*, où la tête *oui*. Saint Paul lui-même se plaint avec des accents émus de ne pas faire le bien qu'il veut et de faire le mal qu'il ne veut pas : « *Non enim quod volo bonum hoc facio; sed quod nolo malum, hoc ago.* » (1)

Que répondre en présence de faits si étranges ? Et d'abord, l'appétit, disons-le sans hésitation

(1) Rom. VII, 19.

aucune, ne peut manquer de suivre la connaissance; il la suit toujours en effet, sa propre nature lui en fait une loi : « *Nihil volitum nisi
præcognitum;* » — « *Ignoti nulla cupido.* » Mais
il n'est point tenu de suivre absolument, indis-
tinctement toutes les vues de l'intelligence, il
peut, sans se mettre le moins du monde en
contradiction avec elle, faire un choix parmi les
différents biens qu'elle lui propose.

La raison me présente un parti comme meilleur en soi; mais elle ne m'oblige pas nécessairement à le suivre, pourvu que le parti auquel je
m'arrête ne soit pas mauvais ou contraire à quelque loi. Je suis tenu au bien, mais je ne suis pas
tenu au mieux, du moins en règle générale.
L'optimisme absolu, inventé par certains philosophes modernes, n'oblige en réalité ni Dieu, ni
les hommes. Et sans rappeler ici cette pensée
vulgaire à raison même de sa simplicité que « le
mieux est souvent l'ennemi du bien », il suffit
que le mieux ne présente pas un devoir, et qu'un
moindre bien ne soit pas un mal. Or, malgré l'affirmation contraire de Leibnitz, cette vérité est
élémentaire en morale, même dans la morale
chrétienne, assez pure, on ne l'ignore pas, assez
jalouse de sauvegarder les droits de l'honnête.

Sans doute, en choisissant un moindre bien,
je ne dois pas refuser mon estime au bien supérieur que la raison me découvre, je dois même
dans mon appréciation spéculative, mettre le se-

cond au-dessus du premier, puisqu'en effet il vaut mieux que lui. Mais je puis sans faute aucune m'en tenir là et redire sans fierté mais en toute assurance, le vers du poète :

Si non culpabor, sat mihi laudis erit.

Il se peut aussi que le plus grand bien en soi ne soit pas effectivement le plus grand bien pour moi. — Quelle vertu délicate et noble que la sainte virginité ! Elle nous élève au-dessus de nous-mêmes et nous approche des anges : « *Habent aliquid jam non carnis in carne,* » a dit saint Augustin, dans une parole justement célèbre. Cependant, même à titre de plus grand bien, je ne la conseillerai pas à tous sans distinction ni réserve ; j'en détournerai plutôt toute personne qui trouverait dans la continence une source de perpétuelles tentations. « *Quod si se non continent, nubant. Melius est enim nubere quam uri.* » (1) On pourrait multiplier à l'infini les exemples où des circonstances soit extérieures, soit intérieures, plus ou moins indépendantes de la volonté, ne permettent pas de réaliser l'idéal conçu par la raison.

Jusqu'ici, on le voit, nul conflit réel entre le cœur et la tête. Néanmoins, les faits eux-mêmes nous obligent de le reconnaître, plus d'une fois la guerre intestine se déclare d'abord, pour éclater

(1) S. Paul, I Cor., vii, 9.

bientôt ; et le poète a exprimé une vérité psychologique, humiliante pour nous, mais indiscu-
table et bien générale :

> ... Video meliora proboque
> Deteriora sequor ;

« Je vois le bien, et je fais le mal ; » car nous ne
saurions nous arrêter un instant à l'opinion si
étrange de Platon, qui, dans le péché, dans tout
péché, ne découvrait rien de plus qu'une simple
erreur de l'intelligence, erreur très regrettable
sans doute, mais involontaire et par là même
facile à excuser (1).

Une semblable hypothèse ne peut se soutenir :
elle n'est d'accord ni avec l'expérience des autres,
ni avec notre propre expérience. La difficulté
demeure donc.

Donnons d'abord l'explication du fait, et mon-
trons ensuite qu'il ne contredit pas notre précédente assertion.

On peut supposer un homme doué de plus
d'esprit que de cœur, très perspicace pour
concevoir les choses, mais languissant dès qu'il
faut agir. Chez lui, la vue est meilleure que le
bras. Il fera moins bien, il fera plus mal qu'il ne

---

(1) « Fere omnia quæ voluptatum incontinentia et cum op-
probio voluntariorum dici solent malorum uou recte expro-
brantur ; quippe voluntate sua malus est nemo, sed propter
pravum aliquem corporis habitum et imperitam educationem
malus fit malus, nulli autem non odiosa hæc et invito acci-
dunt. » (Dans le *Timée*, in fine.)

8.

comprend. Que conclure de là? Que la volonté,
par sa nature, désavoue l'intelligence? Non;
mais que, chez cet homme, la volonté est plus
faible que la raison, au moins que la raison spéculative.

Prenons pour exemple un cas plus commun.
J'ai une intelligence ordinaire, mais suffisante
pour distinguer le bien du mal. Cependant je fais
le mal que ma conscience réprouve. Croyez-vous
qu'il y ait entre ma volonté et ma raison une
contradition ouverte et absolue? Nullement. Je
sais très bien ce qu'est le devoir, et que le plaisir
ne doit jamais passer avant l'honnête. Je sais
aussi qu'en ce moment même la morale m'oblige
personnellement à prendre parti pour l'honnête.
Mais je suis faible; l'effort demandé par la vertu
me fait peur; j'ai des passions vives et impé-
rieuses, le plaisir exerce sur moi un pouvoir fas-
cinateur. Je suivrai le plaisir, parce qu'à mes
yeux, aux yeux de ma raison séduite, qui s'est
trop arrêtée aux charmes du plaisir présent et
trop peu à l'excellence de la vertu, dont elle n'a
su voir que le côté austère, le plaisir actuel, tout
compte fait, *hic et nunc*, vaut mieux que la vertu.

Telle est l'analyse de la conscience du pécheur
donnée par saint Thomas (1); nous la croyons de

_____

(1) « Quod quandoque appetitus videatur cognitionem non
sequi, hoc ideo est, quia non circa idem accipitur appetitus
et cognitionis judicium; est enim appetitus de particulari
operabili, judicium vero cognitionis quandoque est de aliquo

tout point d'accord avec les faits de l'âme les
mieux avérés ; elle n'enlève rien à la liberté,
elle laisse subsister la culpabilité tout entière ;
mais elle fait disparaître l'opposition alléguée
en termes si absolus et, au premier abord, avec
tant de vraisemblance, entre la raison et la
volonté.

ARTICLE II

MAUVAISE TÊTE ET BON CŒUR

Voilà une autre antithèse aussi communément reçue, et destinée, semble-t-il, à rendre
plus aigu le conflit entre la tête et le cœur.

En vertu de la thèse, le sentiment est fils de
la pensée et la tête représente la pensée, comme
le cœur représente le sentiment, et malgré notre
analyse pychologique, l'objection suppose le cas
où le sentiment l'emporte sur la pensée, où, par
suite, l'effet surpasse la cause.

Nous acceptons, sauf les réserves qu'une étude
plus attentive des faits pourra rendre nécessaires, la maxime qu'on nous oppose :

« MAUVAISE TÊTE ET BON CŒUR. »

universali, quod est quandoque contrarium appetitui ; sed
judicium de hoc particulari operabili, *ut nunc*, nunquam
potest esse contrarium appetitui. Qui enim vult fornicari,
quamvis sciat in universali fornicationem esse malam, tamen
judicat sibi, *ut tunc*, bonum esse fornicationis actum et
sub specie boni ipsum eligit. »

(*Qq. dispp. de Verit.* q. XXIV, a. 2, c.)

Elle revient trop souvent dans le langage des hommes pour ne pas renfermer, sous sa forme à demi-paradoxale, quelque part au moins de vérité.

Ici encore la clef du problème doit nous être livrée par la définition : que faut-il donc entendre par une *mauvaise tête*, par un *bon cœur ?*

Une mauvaise tête, au sens le plus modéré du mot, serait une intelligence faible ou peu cultivée ; dans l'un et l'autre cas, on suppose que sans avoir rien de désordonné, elle reste cependant fort au-dessous de son idéal.

Dans un sens plus restreint, on comprendra sous le nom de mauvaise tête, un esprit bizarre, inégal, heureusement doué sous un certain rapport, tout en demeurant très inférieur sous l'autre, en un mot un esprit mal fait et privé d'équilibres.

Enfin, une tête absolument mauvaise représente un esprit naturellement faux, ou bien encore une raison égarée, dévoyée, désemparée, soit par le fait de l'éducation reçue, soit par suite du milieu, des préjugés, de lectures détestable.

A son tour, le cœur peut renfermer bien des qualités diverses, depuis la simple bonté un peu commune, jusqu'à l'exquise délicatesse et au parfait épanouissement.

Dans le langage populaire, un bon cœur est souvent attribué à une personne en possession d'une sensibilité purement naturelle, tendre, affectueuse, compatissante, facile à s'émouvoir, mais chez qui rien ne montre et ne rappelle la vertu ou du moins quelque chose de vraiment digne de ce nom.

En s'élevant davantage dans l'échelle de la bonté, le monde salue très volontiers un bon cœur dans un caractère bienveillant, généreux, élevé, toujours ouvert à l'infortune, fût-il inégal, emporté, asservi à des défauts, ou même à certains vices.

Mais à nos yeux, le cœur vraiment bon se ferait remarquer par deux qualités principales, quoique de valeur différente. Il lui faudrait avant toutes choses posséder tous les avantages de l'ordre spirituel : l'amour du bien, même difficile ; la fidélité au devoir et à la vertu, enfin une disposition virile au sacrifice. Ensuite et par surcroît, pour que chez lui l'appétit sensible demeurât à la hauteur de l'appétit rationnel, nous le voudrions humain, accessible à l'émotion, capable de verser des larmes sur le malheur d'un ami et même d'un étranger, doué enfin de ces qualités communes, un peu terrestres peut-être, mais qui n'en sont pas moins le signe de la vertu et auxquelles une sensibilité délicate attache tant de prix. Celui qui aurait reçu un tel cœur en partage pourrait dire en toute vérité, si ses actes ne le disaient pour lui :

Homo sum, humani nihil a me alienum puto (1).

(1) Térence, *Heautontimorum.*, act. I, sc. 1.

Pour cette raison, le sage des stoïciens n'obtiendrait pas nos préférences. Il est grand, altier, noble peut-être ; l'honnête, le bien absolu conserve à ses yeux tout son prestige ; mais, pour lui, toute passion, toute émotion serait une faiblesse, les larmes elles-mêmes un véritable déshonneur. La vérité est qu'il n'a pas d'entrailles.

Si l'on voulait savoir en qui, selon nous, s'est incarné l'idéal du bon cœur, le nom de saint François de Sales viendrait de lui-même en exemple sous notre plume.

Toutefois, de peur qu'on ne se méprenne sur notre pensée, nous dirons que ces qualités humaines, sensibles, inférieures, n'appartiennent pas à l'essence du bon cœur. Il est des hommes qui les ont en partage et toutefois ne réalisent point notre idéal ; d'autres à qui elles font défaut ou qui ne les possèdent que dans une faible mesure, mais chez lesquels on trouverait pourtant, dans un rare degré, l'amour du bien, la générosité, le dévouement, l'esprit de sacrifice, en un mot tout ce qui fait la substance d'un bon cœur.

Voilà ce qu'a voulu dire Kant dans ces paroles remarquables : « Si le cœur d'un homme n'était naturellement doué que d'un faible degré de sympathie ; si cet homme, honnête d'ailleurs, était froid et indifférent aux souffrances d'autrui, par tempérament, et peut-être aussi parce que, sachant lui-même supporter ses propres maux

avec courage et patience, il supposerait dans les
autres ou exigerait d'eux la même force ; si enfin
la nature n'avait pas précisément travaillé à
faire de cet homme un philanthrope, ne trouve-
rait-t-il pas en lui un moyen de se donner à lui-
même une valeur bien supérieure à celle que lui
donnerait un tempérament compatissant ? Sans
doute ! Et c'est ici précisément qu'éclate la valeur
morale du caractère, la plus haute de toutes
sans comparaison, celle qui vient de ce qu'on
fait le bien non par inclination mais par devoir. » (1)

En résumé, pour bien entendre ce qui fait un
bon cœur, il importe de distinguer avec soin
l'élément *effectif* et l'élément *affectif* : ce qui le
porte à être bienveillant, bienfaisant, généreux,
et ce qui le rend apte à s'émouvoir, à compatir et
au besoin à verser des larmes. Seul le premier de
ces éléments est essentiel, rien absolument n'en
saurait tenir lieu ; et si nous attribuons un cœur
à Dieu, c'est qu'il le possède éminemment, souverainement. Mais il ne faut pas mettre en lui
l'élément affectif au sens précis de ce mot : ce serait porter atteinte à son infinie perfection. Il
contient tout ce qu'il y a d'excellence dans la
miséricorde, sans conserver aucune des attributions de notre faible nature, comme, par exemple,

(1) Kant, *Fondement de la métaphysique des mœurs*,
1re section.

le sentiment bien humain de la pitié ou de la compassion (1).

Seulement ce qui en Dieu serait imperfection est souvent chez l'homme perfection et mérite. Certes, l'intelligence, prise en elle-même, n'a nul besoin de l'imagination ; pourtant la raison humaine, ici-bas, ne saurait s'en passer.

Ainsi, la passion n'est pas nécessaire à la volonté, mais sans elle la volonté humaine se trouverait bien faible et bien languissante. — Observons encore qu'il y a chez l'homme une telle harmonie, d'une part, entre l'âme et le corps, de l'autre, entre la partie inférieure et la partie supérieure de l'âme, que tout sentiment un peu vif tend à se produire de lui-même au-dehors et à se manifester par les mouvements de la sensibilité physique.

A la lumière de ces explications, il nous sera plus facile de voir s'évanouir la difficulté qui fait l'objet de cet article.

Et d'abord, rien ne s'oppose à ce qu'un bon cœur s'allie à une intelligence faible ou privée de

(1) « Misericordia est Deo maxime attribuenda, tamen secundum *effectum,* non secundum *affectum* passionis. — Ad cujus evidentiam considerandum est quod misericors dicitur aliquis, *quasi habens miserum cor,* quia scilicet afficitur de miseriâ alterius per tristitiam, ac si esset propria miseria. Et ex hoc sequitur quod operetur ad depellendam miseriam alterius, sicut miseriam propriam, et hic est misericordiæ *effectus.* Tristari ergo de miseriâ alterius non competit Deo, sed repellere miseriam alterius, hoc maxime ei competit, ut per miseriam quemcumque defectum intelligamus. » (S. Th. 1ª, q. xxi, a. 3, c.)

culture. Il est aisé de s'en convaincre pour la partie inférieure du cœur, l'élément organique et passionnel ne relevant pas directement de l'intelligence, mais plutôt de la nature et de certaines dispositions physiques. Voilà pourquoi certains animaux, le chien par exemple, donnent des marques non équivoques de tous les phénomènes qui se rattachent à la sensibilité passionnelle.

Quant à la partie spirituelle du cœur, celle qui à bon droit symbolise les sentiments, elle dépend, il est vrai, de l'intelligence, puisque le sentiment est fils de la pensée. Mais il faut considérer que le cœur, par sa nature, se rapporte de préférence à l'action, et tend à la pratique, tandis que l'intelligence favorise plus directement la spéculation. Il ne faut donc point un grand esprit ni une raison pénétrante pour enfanter un bon cœur; il suffit d'une intelligence droite, ouverte aux choses de la vie, bien disposée à l'égard des vérités morales, et cela d'autant mieux que la vertu peut très bien aller sans l'érudition et la multitude des connaissances dont la raison fait ses délices : donnez-lui seulement quelques idées nobles et pures, comme celles que fournit la religion catholique aux âmes les plus simples. Joignez-y la docilité, cette précieuse vertu du cœur, qui porte une humble intelligence à recourir à la lumière d'autrui, à se laisser diriger par une raison supérieure. Ajoutez encore la puissante influence de l'éducation, qu'on aura pu appliquer à la culture de l'âme plutôt qu'à celle de l'esprit, en la faisant tourner à l'avantage de la vertu plus qu'à celui de la science.

S'il s'agit d'une intelligence plutôt mal faite, mal équilibrée, que faible ou inculte, le cœur ne pourra moins faire que d'en ressentir l'influence : elle se trahira par des bizarreries, des excentricités, des incohérences de conduite.

Néanmoins, comme, d'après notre hypothèse, il y a encore dans cet esprit plus d'un bon côté, dans la volonté elle-même on rencontrera infailliblement, jointes à des vices trop certains, de réelles et solides qualités : l'élan, la générosité peut-être, et même d'heureux moments, bientôt suivis de défaillances fâcheuses. Mais prenons un esprit tout à fait mauvais, c'est-à-dire naturellement faux, égaré et sans orientation, plus que cela encore, perdu, dévoyé dans l'ordre spéculatif, comme dans l'ordre si important des vérités morales : je dis que cet esprit entraînera forcément la volonté dans son propre naufrage, si bien qu'il n'y aura place chez lui que pour les penchants. Ceux-ci pourront survivre dans une certaine mesure à la ruine de l'homme moral, parce qu'il relèvent de la nature et que la nature, même au milieu des excès, garde toujours quelque étincelle de la bonté primitive.

Mais on voit assez souvent, de nos jours surtout, un phénomène véritablement étrange : une volonté relativement bonne, associée à

un esprit égaré dans les spéculations les plus
téméraires, un cœur ami du bien, accessible à
la foi et aux grandes émotions, et une intelligence errant à l'aventure, vide de principes ou
même imbue des idées les plus subversives. Pour
expliquer de telles anomalies, il faut supposer
chez des hommes ainsi faits — et ce n'est pas
une hypothèse gratuite, — deux parties divisées,
deux compartiments dépourvus de communication ; et, grâce à ce mur de séparation, les nuages
et les sophismes de l'esprit ne pénètrent pas
jusqu'au cœur ; nous voulons dire que bien des
hommes sont de pauvres inconséquents, qui se
placent, pour ainsi parler, au-dessus de toute
logique. Chez les uns, le cœur, séduit par la passion, va plus loin que la tête ; chez les autres,
retenu par une sorte de bonté naturelle, ou guidé
par des principes à part, il ne suit pas l'esprit
dans tous ses égarements.

Ainsi, par une contradiction qui trouve une
explication suffisante dans tout ce que nous
venons de dire, il y a des hommes dont les principes valent mieux que la vie, et d'autres dont la
vie vaut mieux que les principes.

ARTICLE III

SPONTANÉITÉ ET RÉFLEXION

Une preuve frappante que la tête et le cœur ne
sont pas faits pour s'entendre et vivre au sein de

l'harmonie, c'est la divergence de leurs procédés : celle-là est réfléchie et discursive, celui-ci spontané et instinctif.

Pour donner à l'objection une réponse pleinement satisfaisante, il faut d'abord établir la notion exacte de la spontanéité et de la réflexion, reconnaître ensuite la part de vérité renfermée dans les faits qu'on nous oppose, et enfin montrer qu'ils ne favorisent en rien la conclusion de nos adversaires.

I

Agir spontanément et agir avec réflexion représentent en effet deux modes d'activité différents ; non que la spontanéité exclue absolument toute connaissance, mais elle repousse toujours la délibération et la liberté. L'acte naturel jaillit sans effort du sujet et va droit à son objet, sans détour ni retour d'aucune sorte. Voyez l'animal, le chien par exemple : a-t-il conscience de ses divers mouvements, se rend-il compte de ses actes par la réflexion ? Pas le moins du monde : il n'a des yeux et des oreilles que pour l'objet qui l'attire. Il en est de même de l'enfant, il en est de même de l'homme dans un très grand nombre, osons le dire, dans le plus grand nombre de ses actions.

Toutefois, si la vie spontanée est la première vie de l'homme, elle n'est point la seule ; pos-

sesseur d'une faculté spéciale, il éprouve le
besoin de se replier sur lui-même, de s'interroger,
et de contrôler ses actions, d'en chercher le principe et les motifs, de se dégager de l'objet, en un
mot, d'opposer le moi au non-moi.

Ainsi naît la *réflexion*, qui à son tour donnera
naissance au recueillement et à la liberté. Par
elle le sujet se soustrait à l'impétuosité aveugle
de la matière, entre en pleine possession de soi-
même et de ses actes ; il compare, délibère, pèse
mûrement le pour et le contre des choses.

II

Faisons maintenant entre la tête et le cœur le
partage de cette double vie, la vie de spontanéité
et la vie de réflexion.

Avec les auteurs de l'objection qui nous occupe,
nous admettons volontiers que l'intelligence
semble, par sa nature, plus apte à la réflexion que
le cœur. Elle se complaît davantage dans la
méthode discursive et *cogitative*, elle aime les
détours et les retours sur elle-même, elle tient à
savoir ce qu'elle fait et pourquoi elle le fait. En
un mot, elle prend plaisir à philosopher.

Le cœur, au contraire, vit plutôt de spontanéité et d'intuition. Déjà nous l'avons reconnu,
son mouvement est naturel, irréfléchi, indépendant de la raison et de la volonté. Aussi les personnes chez lesquelles il prédomine, comme les

enfants et les femmes, agissent d'ordinaire par
spontanéité plutôt que par réflexion, tandis que
les personnes qui laissent la direction à la tête
vivent plus habituellement d'une façon raisonnée.

On trouverait peut-être la raison de ce fait
dans la propriété qui fait du cœur l'organe des
passions, le symbole du sentiment; car la passion
est irréfléchie, et le sentiment, quoique d'un
ordre plus élevé, est chose subjective, relative,
bien facilement accessible aux impressions de la
partie inférieure de l'être humain. Le cœur se
donne à l'objet de ses affections, il se donne souvent par inclination de la nature, sans calcul ni
arrière-pensée. De là ces amitiés soudaines qui
naissent et s'allument tout d'un coup, à la première rencontre, comme celle de Montaigne pour
Etienne de la Boëtie : « Si on me presse de dire
pourquoi je l'aimais, je sens que cela ne se peut
exprimer qu'en répondant : parce que c'était lui,
parce que c'était moi. Il y a au-de là de tout mon
dis cours, de ce que j'en puis dire particulière
ment, je ne sais quelle force inexplicable et fatale,
médiatrice de notre union........ A notre première
rencontre nous nous trouvâmes si prins, si
obligés entre nous, que rien dès lors ne nous fut
si proche que l'un à l'autre. »

III

Mais là s'arrêtent les divergences, et tout ce que

l'objection ajoute de plus ne repose sur aucun fondement. Il est inexact de caractériser l'intelligence par la réflexion, et le cœur par la spontanéité ; car ni la première n'est essentiellement réfléchie, ni le second essentiellement spontané.

Le premier éveil de l'intelligence est tout naturel, la réflexion ne vient que plus tard, et alors même la spontanéité peut revendiquer pour elle un très grand nombre, le plus grand nombre peut-être de nos pensées. Cousin en a fait la remarque avec beaucoup de justesse: « La réflexion suppose quelque chose d'antérieur à elle à quoi elle s'applique, et nous avons pensé avant de réfléchir. Notre intelligence entre d'abord en exercice par l'énergie naturelle dont elle a été douée, et conformément aux lois qui la gouvernent. L'homme acquiert une foule de connaissances sans se demander comment il les acquiert et comment il connaît; il raisonne sans avoir recherché quelles peuvent être les meilleures formes du raisonnement....... Comme la poésie devance les poétiques, l'éloquence les rhétoriques, la société les publicistes, ainsi, avant la réflexion et tout essai de psychologie, l'homme possède des sentiments, des idées, des notions, des croyances de toute sorte ; et ici intervient ce principe avec lequel vous devez être familiers, la grande et féconde distinction du développement spontané et du développement réfléchi de la connaissance ;

l'un qui précède et est l'ouvrage de la nature,
l'autre qui suit et atteste un art qui a ses degrés
et ses progrès. » (1)

De son côté, le cœur est parfaitement susceptible de réflexion ; non pas, sans doute, le cœur
matériel, organe des passions, mais le cœur
moral, symbole du sentiment, principe des amitiés véritables. Et comment ne le serait-il pas, si
on lui accorde, aussi bien qu'à l'intelligence, une
nature immatérielle, indépendante des organes ?
Les faits eux-mêmes viennent, d'ailleurs, à l'appui
de la théorie : nous voulons notre vouloir, nous
aimons notre amour, comme nous comprenons
notre pensée. « *Quisque vult se velle, et diligit se
diligere, sicut intelligit se intelligere.*» (2)

Sans doute, il est des affections pour ainsi dire
soudaines, que la première rencontre engendre,
et qui se hâtent d'envahir l'âme avant toute délibération. Mais qu'on veuille bien les observer de
plus près : très souvent on les trouvera fondées
sur des qualités purement sensibles, pour ne pas
dire charnelles, et l'on remarquera que la passion y a pour le moins autant de part que le sentiment. Et si parfois elles sont plus pures et plus
nobles, c'est que les qualités qui leur ont donné
naissance brillent d'elles-mêmes au regard de
l'esprit.

(1) *Histoire génér. de la philosophie*, 1ᵉ leçon.
(2) S. Thomas, *in I Sent.* dist. 17, q. 1, a. 5, ad 8.

Au surplus, l'expérience nous l'apprend tous les jours, l'homme possède sur ses affections un assez grand empire. « Les philosophes disent qu'on peut maîtriser son cœur et faire taire ses passions. Ce sont encore des expressions que la physiologie peut interpréter. On sait que par sa volonté l'homme peut arriver à dominer beaucoup d'actions réflexes, dues à des sensations produites par des causes physiques. L'homme peut arriver par la raison à empêcher les réactions réflexes sur son cœur. » (1)

IV

La réflexion n'est donc point le monopole de l'esprit, ni la spontanéité l'apanage du cœur. En fût-il ainsi, nous ne verrions pas là un motif suffisant pour les opposer l'un à l'autre, mais plutôt une très bonne raison pour les unir ensemble afin de les compléter l'un par l'autre ; car ôter à l'homme la spontanéité ou la réflexion, ce serait le diminuer de moitié et le réduire à une sorte d'impuissance.

Sans la réflexion que deviendrait la connaissance de l'âme, que deviendrait la détermination libre ? « La réflexion est à la conscience ce que le microscope est à la simple vue. Le microscope ne fait ni ne change les objets ; mais en les exa-

(1) Cl. Bernard, *la Science expérimentale, Physiologie du cœur*.

minant successivement sous toutes leurs faces,
il les pénètre dans leurs profondeurs, et met à
découvert leurs plus secrets caractères. Il en est
de même de la réflexion : en s'ajoutant à la conscience, elle y éclaircit ce qui était obscur, elle y
développe ce qui était enveloppé ». (1)

Mais si haut que l'on élève la réflexion, il
faut bien se garder de supprimer ou seulement
de diminuer l'intuition ou la spontanéité. A la
vérité, nous ne pensons pas que l'on doive prendre à la lettre le dicton populaire : *Les premiers
mouvements sont les meilleurs ;* ni les deux sentences de Vauvenargues : « *Le bon instinct n'a
pas besoin de la raison, mais la donne ;* » « *on
ne fait pas beaucoup de grandes choses par conseil ;* » ni une assertion semblable de Balmès :
« Non, les grandes pensées ne sont point filles
du raisonnement. Presque toutes les découvertes heureuses, les plus sublimes comme les
plus précieuses conquêtes de l'esprit humain
sont dues à l'inspiration. Lumière spontanée,
mystérieuse, qui tout à coup illumine l'intelligence de l'homme sans qu'il sache lui-même d'où
elle vient ». (2)

A notre avis, les premiers mouvements peuvent être parfois les meilleurs chez les personnes en qui la spontanéité est plus développée ou
plus droite que la réflexion ; mais on ne saurait

(1) Cousin, op. cit., 1re leçon.
(2) *Art d'arriver au vrai,* ch. XVI, § 1.

ériger ce fait en loi générale et universelle,
d'autant mieux qu'un très grand nombre d'autres faits rendent un témoignage tout contraire.
De même l'instinct peut être conforme à la raison, mais par lui-même il ne la donne pas. Enfin
un grand nombre de belles découvertes et de
nobles choses sont dues à la réflexion et au conseil ; car ne l'oublions point, chez l'homme, esprit
faible et borné, l'intuition a un domaine restreint, un horizon étroit, la vérité ne se montre
à lui que parcimonieusement, au prix d'un travail prolongé, et à la suite de nombreux essais
et de nombreux raisonnements.

Balmès nous oppose ceci : « Après de longues
heures données à la méditation, il arrive parfois
que l'esprit épuisé suspend ses efforts, s'arrêtant
bien loin encore, en apparence, du but qu'il
voulait atteindre ; or, c'est durant ces temps
d'arrêt, à l'improviste, au milieu d'une distraction, au milieu d'un travail tout différent, que la
vérité vainement cherchée, vient s'offrir à lui. »

Mais ne voyez-vous pas qu'ici, en réalité, le
travail n'a point été suspendu, « que les âmes
méditatives (vous le dites vous-mêmes) ont le
privilège de ne jamais rompre complètement
avec leurs études, » et que les découvertes attribuées à une inspiration fortuite et soudaine sont,
en effet, le fruit des nombreuses combinaisons,
des pénibles méditations qui les ont précédées.
« Non, l'inspiration ne descend pas sur le pares-

seux, dirons-nous avec le même auteur ; elle
exige avant de se produire une sorte de fermen-
tation d'idées et de sentiments élevés. L'intuition, c'est-à-dire la vue de l'esprit, ne s'acquiert
que par une longue habitude de *regarder*. Le
coup d'œil rapide, sûr et délicat d'un grand peintre
n'est pas un don gratuit de la nature ; ce don, il le
doit à la contemplation passionnée, à l'observation, à l'étude patiente des bons modèles. » (1) Les
plus grands génies ont été aussi les plus grands
travailleurs.

Mais nous tenons pour incontestable que la
spontanéité est le point de départ obligé de la
réflexion, que sans elle la réflexion n'a pas
d'objet, que la déduction suppose les premiers
principes évidents par eux-mêmes « que plusieurs découvertes doivent être attribuées à une
heureuse inspiration, et qu'enfin la spontanéité
est infiniment plus répandue chez les hommes
que la réflexion. Chacune a, d'ailleurs, un champ
où elle s'exerce de préférence : laissez l'inspiration au poète, et la réflexion au philosophe ;
mais soyez sûr que le génie demande l'une et
l'autre à un degré éminent.

ARTICLE IV

SCIENCE ET FOI

L'esprit cherche la lumière, se nourrit de

(1) Ibid., 8.

clarté, prend pour critérium unique l'évidence ou
la preuve ; il n'est point crédule, il ne sait se
soumettre à la foi, il n'a pas même la foi en Dieu.
« Si l'humanité n'était qu'intelligente, elle serait
athée... loin de révéler Dieu, la nature est immo-
rale, le bien et le mal lui sont indifférents.…
Dieu est le produit de la conscience, non de la
science et de la métaphysique. Ce n'est pas la
raison, c'est le *sentiment* qui *détermine* Dieu .» (1)

Sur cette prétendue opposition entre l'esprit et
le cœur, M. Renan a bâti tout un système, toute
une philosophie de la nature et de l'homme, de
la science et de la religion. D'après lui, la raison n'adhère qu'à la science, et regarde la religion avec ses dogmes obscurs, comme un non-
sens, comme un non-être ; tel est le motif qui
interdit la foi au savant, et même à tout homme
qui réfléchit.

Mais dans l'homme la raison n'est pas seule, il
y a le cœur aussi, et le cœur se préoccupe fort
peu des exigences de la science ; pour lui, aimer
est un besoin, croire une nécessité, une consolation, un bonheur. Lorsque la raison l'emporte
sur le cœur, elle fait taire la voix du sentiment, dissipe les fantômes de la foi ; la raison
a pourtant sa foi à elle, car elle croit fermement à
l'idéal, en qui elle reconnaît le vrai Dieu.
« Sous une forme ou une autre, Dieu sera tou-

(1) Renan *Avenir de la métaphysique.*

jours le résumé de nos besoins suprasensibles,
la catégorie de l'idéal, c'est-à-dire la forme sous
laquelle nous concevons l'idéal. — L'homme
placé devant les choses belles, bonnes ou vraies
sort de lui-même, et, suspendu par un charme
céleste, anéantit sa chétive personnalité, s'exalte,
s'absorbe. Qu'est-ce que cela, si ce n'est adorer? (1)

« D'ailleurs, le savant, le philosophe n'a aucun
dédain pour la foi proprement dite, cette religion,
cet impérieux besoin des âmes faibles ; bien plus,
son regret le plus amer est de ne point se trouver
en communion avec ces âmes tendres et pieuses,
qui, après tout, sont peut-être les meilleures ;
mais la réflexion lui ordonne de passeroutre, et lui
fait, à d'autres égards, une situation exception-
nellement belle. « La plus rude des peines par
lesquelles l'homme arrivé à la vie réfléchie expie
sa position exceptionnelle, est de se voir isolé de
la grande famille religieuse, où sont les meilleures âmes du monde, et que les personnes avec
lesquelles il aimerait le mieux être en communion
morale, doivent forcément le regarder comme un
pervers... On se console en songeant que cette
scission entre les parties *simples* et les parties
*cultivées de l'humanité est une loi fatale de
l'état que nous traversons !* » (2)

Plus loin, l'auteur de ces tristes paroles revient
un peu sur lui-même pour louer davantage encore

(1) *Etudes d'hist. relig.*, p. 419.
(2) *Etudes d'histoire religieuse.*

cette foi aimante, qui est du moins « une bienfaisante illusion » et peut-être mieux que cela.
« O Père céleste, j'ignore ce que tu nous réserves.
Cette foi, que tu ne nous permets pas d'effacer
de nos cœurs, est-elle une consolation que tu
nous as ménagée pour nous rendre supportable
notre destinée fragile ? Est-ce là une bienfaisante
illusion que ta pitié a savamment combinée, ou
bien un instinct profond, une révélation qui
suffit à ceux qui en sont dignes ? Est-ce le désespoir qui a raison, et la vérité serait-elle triste ?
Tu n'as pas voulu que ces doutes reçussent une
claire réponse, afin que la foi au bien ne restât
pas sans mérite, et que la vertu ne fût pas un
calcul. »

La théorie qu'on vient de lire soulève de nombreuses objections de droit ou de fait : elle divise
l'humanité en deux classes « les parties simples et
les parties cultivées »; elle donne la religion aux
premières et la science aux secondes, parce que
les unes vivent par le cœur, les autres par l'esprit ; elle suppose que la raison bannit la foi, et
que le jour (si ce jour heureux doit luire jamais !)
où la science aura remporté son dernier triomphe,
la foi aura entièrement disparu de la terre.

Répondre brièvement à ces objections ne sera
point sortir de notre sujet, puisqu'en dernière
analyse, elles se rattachent toutes à l'éternelle
contradiction de la tête et du cœur.

A supposer que l'humanité fût réellement di-

visée, comme on l'assure, « en parties simples et
en parties cultivées, » nous aimerions mieux être
en communion morale avec les premières qu'avec
les secondes, car la religion nous paraît encore
plus aimable que la science. Elle répond à un besoin plus élevé, elle donne à l'âme une joie plus
intime, un bonheur plus parfait et plus pur.

Mais fort heureusement rien n'oblige à choisir
entre le sentiment et la pensée, entre la science
et la foi.

Et d'abord, c'est faire à l'esprit la part trop
belle que de le représenter environné de toutes
parts de lumière, et c'est abaisser le cœur étran-
gement que de l'envelopper des ombres de la
nuit. « La raison n'est pas toute en lumière, a
dit Sénèque, sa partie la plus riche est obscure et
cachée. *Ratio non impletur manifestis. Pars
ejus major ac melior in occultis est.* » Bossuet
parle comme Sénèque :

« Outre nos idées claires et distinctes, il y en
a de confuses et de générales, qui ne laissent pas
d'enfermer des vérités si essentielles, qu'on ren-
verserait tout en les niant. » (1)

A vrai dire, l'esprit humain n'a sur aucun objet
des notions entièrement adéquates, pas même sur
les objets les plus rapprochés de lui et qui tom-
bent sous les sens. Les premiers principes reposent sur l'évidence, et l'on peut, grâce à eux, re-

(1) Tome XXVI, p. 202.

cueillir dans chaque science une assez bonne moisson de conclusions assurées. Mais que de choses obscures, même aux yeux des princes de la science ! Quant aux disciples, et Dieu sait si le nombre en est grand, combien leur esprit perdrait de son assurance et de ses clartés, si l'étoile du maître se cachait tout à coup à leurs regards !

Balmès, dans une page où abondent les observations justes et fines, a mis ce fait dans tout son jour.

Rapportons ici quelques-unes de ses paroles seulement :

« En parcourant l'histoire des connaissances humaines, et en jetant un regard sur les opinions de nos contemporains, nous observons que les hommes qui se piquent le plus de libre examen et de liberté de penser, sont à peine autre chose que l'écho des opinions d'autrui. Si l'on examine attentivement cette chose qui, sous le nom de *science*, fait tant de bruit dans le monde, on remarque que l'autorité y exerce, dans le fond, un grand empire, et qu'à l'instant même où l'on voudrait y introduire un esprit d'examen entièrement libre, même à l'égard de ces points qui relèvent du raisonnement seul, la plus grande partie de l'édifice scientifique s'abîmerait aussitôt : il ne resterait que bien peu d'hommes en possession de ses mystères. » (1)

_____

(1) *Le protestantisme comparé au catholicisme*, t. I, ch. v.

Le même auteur fait observer qu'il en est ainsi dans toutes les branches du savoir humain, que « l'histoire des sciences n'est guère autre chose que l'histoire des combats d'un petit nombre de chefs illustres, » et que dans ce vaste domaine éclairé des clartés du libre examen, le nombre des croyances dépasse de beaucoup celui des *convictions* personnelles. Que serait-ce, maintenant, si, abandonnant le champ des vérités scientifiques, nous voulions porter nos regards sur celles qui président à la conduite de la vie ? Ici la probabilité étend son empire sur un espace presque infini, et resserre la certitude dans des bornes fort étroites. « Ce genre d'argument (l'argument probable) est le plus fréquent dans la vie ; car les pures démonstrations ne regardent que les sciences. L'argument vraisemblable ou conjectural est celui qui décide les affaires, qui préside pour ainsi parler, à toutes les délibérations. » (1)

Joubert a dit dans le même sens que Bossuet : « Les idées claires servent à parler ; mais c'est presque toujours par quelques idées confuses que nous agissons. Ce sont elles qui mènent la vie. » (2)

D'un autre côté, le cœur aussi aime la lumière et les clartés du jour ; l'obscurité, le doute ne lui est pas moins à charge qu'à l'intelligence. S'il ne trouve point en lui la lumière qui doit diriger

(1) Bossuet, *Logique*, l. III, ch. XVII.
(2) *Pensées*, t. I. p. 157

ses pas, il s'adresse à la raison elle-même et lui
emprunte son flambeau.

Sans doute, il y a dans le cœur une partie
moins éclairée, celle où s'agitent les passions
ardentes et confuses, où n'arrive que la faible
lumière des sens. Mais il y a aussi une partie
plus haute et plus favorisée des rayons du soleil;
nous voulons dire que le cœur immatériel, le
cœur, symbole des affections morales, participe
aux qualités de l'esprit et reçoit.en ligne directe,
ses pures clartés; car le sentiment ne doit son
origine ni aux sens, ni à la passion, il est le fils
légitime de la pensée.

C'est encore une antithèse mal fondée que celle
qui tend à établir entre la raison et le cœur une
sorte de progression inverse. On a cru remarquer une intelligence faible, chez certaines personnes douées d'un cœur excellent, et chez
d'autres, au contraire, des sentiments peu en
harmonie avec la culture intellectuelle. Et
aussitôt nos adversaires d'improviser un système
où le sentiment croît lorsque la raison décroît,
où il diminue lorsquelle augmente.

D'abord, on aurait pu citer des faits tout contraires, et non moins assurés; on pouvait nommer
de grands esprits, des docteurs illustres, qui au
savoir éminent ont allié une sensibilité exquise :
saint Augustin, saint Anselme, saint Bonaventure, saint François d'Assise, saint François de
Sales, Fénelon, et tant d'autres que nous pas-

sons sous silence, pour ne pas allonger indéfini-
ment notre liste.

Non, ni l'esprit, ni la science n'est à aucun
degré hostile au sentiment; mais il faut analyser
tous les faits, et aller au fond des choses. Il y a
des sciences qui étendent l'esprit, mais qui ne
l'agrandissent pas, qui ne l'élèvent pas; celles,
par exemple qui ont pour objet direct l'étude de la
matière; quelques-unes peuvent même l'enfler,
si on leur donne une certaine direction. Pour un
motif différent, la science, toute science, si on
l'envisage sous sa face abstraite, si on la cultive
d'une façon exclusive, absorbe l'énergie de l'âme,
épuise les forces et dessèche le cœur. Toute la
sève s'écoule par ce côté, et les autres facultés
languissent, s'atrophient plus ou moins par le
défaut d'exercice.

De là ce conseil si autorisé, donné par l'angélique Docteur aux personnes appliquées à la science,
de ne point oublier l'autre partie de leur âme,
d'accorder quelque chose au cœur, et même à la
piété; la piété n'est-elle pas, d'ailleurs, la source
des plus purs sentiments (1)?

Le Prince de l'Ecole sut joindre la pratique au
conseil; de peur que ses absorbantes et hautes
spéculations ne portassent, chez lui, quelque

(1) « Ne forte credat quod sibi sufficiat lectio sine unctione,
speculatio sine devotione, investigatio sine admiratione, cir-
cumspectio sine exultatione, industria sine pietate, scientia
sine humilitate, studium absque divina gratia, speculum absque
sapientia divinitus inspirata. » (Saint Bonaventure.)

préjudice à la vie affective, il avait soin de
retremper son âme dans la lecture habituelle
d'un ouvrage ascétique. Voilà comment il a pu
devenir le plus saint des savants, tout en demeurant le plus savant des saints : *doctorum sancti-
simus, et sanctorum doctissimus.*

Une autre remarque très importante pour le
sujet qui nous occupe, c'est que les personnes
chez qui domine la tête, s'appliquent de préférence à ce qu'il y a de plus austère et de plus
élevé dans la sensibilité, et se soucient parfois
assez peu de la sensibilité extérieure et physique.
Or cet oubli apparent ou réel de certaines
marques de sensibilité les expose, à tort ou à
raison, à paraître froides aux yeux de plusieurs,
surtout de ceux qui aiment les manifestations
extérieures, éclatantes, bruyantes même, des
transports ou même des larmes.

Quant à la foi, c'est bien à tort que certain,
modernes veulent en faire une simple impressions
un pur sentiment. Il est vrai que la religion
catholique s'honore de parler au cœur, d'exiger
le consentement de la volonté, de faire la part
aux émotions affectives. Il est vrai aussi qu'elle
n'oublie pas les petits et les humbles, et qu'à
l'exemple de son divin fondateur, elle se met à
la portée des pauvres qu'elle doit évangéliser
aussi bien que des riches, des grands et des savants : « *Evangelizare pauperibus misit me.* » (1)

(1) Luc, ch. IV, v. 18.

Mais elle n'a pas moins de souci de l'intelligence que du cœur, et le premier précepte que Jésus donna à ses apôtres, en les envoyant dans le monde, fut d'instruire et d'éclairer : « *Euntes docete.* » (1) « *Vos estis lux mundi* (2). » « Que votre foi soit raisonnable : « *Rationabile obsequium vestrum.* » (3)

Il est vrai que les petits ne savent pas pénétrer dans les profondeurs du dogme ; mais, en réalité, ils possèdent par la foi et par le sentiment les conclusions auxquelles aboutit la science sur les plus hauts problèmes.

« Un enfant qui espère et qui croit ; une humble femme qui prie et pleure, qui aime, qui croit à des merveilles qu'elle attend dans une vie future ; cette femme et cet enfant possèdent les dernières conclusions de la science, et plus ; car ils tiennent à la fois la vérité dans leur esprit et dans leur cœur. » (4)

D'ailleurs, une remarque qui se présente d'elle-même, est de nature à les fortifier beaucoup dans leur croyance : ils ont avec eux les plus grands génies dont s'honore l'humanité, et non seulement parmi les théologiens et les saints, mais parmi les penseurs de tout ordre, poètes, philophes et savants, livrés à l'étude de la nature et du ciel. L'esprit de ces grands hommes ne s'est

(1) Matth. ch, XXVIII, v. 13.
(2) Matth. ch. V, v. 14.
(3) Rom. ch. XII, v. 4
(4) Gratry, *Logique*, t. II, l. V, ch. 3

point trouvé à l'étroit dans les formules du dogme catholique : ils y ont découvert des merveilles, des profondeurs, des hauteurs incroyables, et leur raison, comme leur cœur, s'est reposée au sein de la paix et de l'harmonie. Le passé a de quoi nous rassurer sur l'avenir.

On nous oppose les savants qui ne croient pas, et ceux qui n'ont pas même su concilier la science avec l'idée de Dieu. Mais les derniers ne comptent ni par le nombre, ni par le génie, rarement par aucun titre scientifique vraiment remarquable.

Pour ce qui est des premiers, que de réponses plausibles ne trouverait-on pas ! Qu'il y en a, parmi eux, tellement absorbés par leurs études spéciales qu'ils ne se donnent pas le loisir de lever la tête et de s'occuper un peu des vérités éternelles ! Qu'il y en a qu'une fausse méthode a égarés et jetés en dehors de la voie droite ! Qu'il y en a dont les préjugés ont obscurci l'intelligence et qui n'ont pas cherché efficacement à s'en défaire !

On en trouverait aussi plusieurs à qui manquent en totalité ou en partie deux dispositions absolument nécessaires pour mériter de connaître, de comprendre la vérité religieuse : nous voulons dire l'humilité de l'esprit et la pureté de cœur. C'est à eux qu'il faudrait rappeler la belle et fière réponse de Lacordaire : « J'entends tous les jours des gens qui disent : Si la religion est si manifeste et si bien établie, pourquoi ne suis-je

pas religieux ? Pourquoi ne vois-je pas la vérité
de la religion ? Ecoutez la réponse : vous n'êtes
pas religieux par la même raison que vous n'êtes
pas chaste ; vous n'êtes pas chaste, parce que la
chasteté est une vertu, et vous n'êtes pas religieux, parce que la religion est une vertu. Vous
imaginez-vous que la religion soit une science
qu'on apprend et qu'on exerce comme les mathématiques ! Eh ! Messieurs, si la religion n'était
qu'une science, il suffirait pour être religieux
d'avoir dans sa chambre un tableau noir et un
morceau de craie blanche pour barbouiller des
équations algébriques. La religion, il est vrai,
est une équation à résoudre, mais une équation
entre l'homme et Dieu... entre la sainteté et la
corruption, entre le fini et l'infini, entre le néant
et l'être absolu. Et cette équation terrible, on ne
la résout pas avec l'esprit ; on ne la résout qu'avec
la vertu, non pas même avec la vertu qui fait les
sages et les héros du monde, mais avec la vertu
de Dieu, acceptée de nous, fruit de notre cœur et
du sien, incompréhensible hyménée qui est sous
vos yeux, qui vous parle, et que vous n'enten-
dez pas, dans l'inexprimable recherche qu'il fait
de vous, parce que vous êtes arrêtés par une
triple faiblesse qui vous enivre de vous-même :
faiblesse d'esprit, faiblesse de cœur, faiblesse de
sens. » (1)

(1) *Confér. de Notre-Dame*, 26e confér.

ARTICLE V

LE CŒUR A SES RAISONS QUE LA RAISON NE CONNAIT PAS

Cette parole de Pascal, si souvent citée, serait une réponse à la théorie singulière que nous exposions tout à l'heure et dont nous avons tâché de faire voir l'inanité.

Elle montrerait que le cœur n'est pas incliné vers son objet sans des raisons appréciables, bien que ces raisons échappent à l'esprit. Mais, à son tour, elle pose entre la tête et le cœur une contradiction apparente, sinon réelle, qui demande des explications.

L'antithèse brillante de l'auteur des *Pensées* doit-elle être entendue dans le sens littéral ? Nous ne le pensons pas.

Elle conduirait à une double conséquence, qui nous semble inadmissible : d'abord, que le cœur est source de connaissance ; ensuite que la raison ne connaît pas, ne saurait connaître ni apprécier les raisons du cœur. Or nous avons précédemment établi que le cœur, à la vérité, est l'organe des passions, le symbole des sentiments, mais non pas le siège de la connaissance ; que ce dernier rôle appartient à des facultés d'un autre ordre, et que la raison, au moyen de la réflexion, est capable de savoir non seulement ce qui se passe en elle-même, mais encore ce qui se passe dans la volonté et dans le cœur.

Mais demandons à l'auteur de nous donner lui-même une explication personnelle de sa fameuse sentence, et nous verrons après ce qu'elle renferme de juste et les réserves qu'on peut y faire.

« Le cœur a son ordre, l'esprit a le sien, qui est par principes et par démonstrations : le cœur en a un autre. On ne prouve pas qu'on doit être aimé en exposant d'ordre les causes de l'amour; ce serait ridicule.

« Ne vous étonnez pas de voir des personnes simples croire sans raisonnement.... Dieu incline leur cœur à croire... La foi est différente de la preuve : l'une est humaine, l'autre est un don de Dieu... comme on se gâte l'esprit, on se gâte aussi le sentiment.

« Ceux qui sont accoutumés à juger par le sentiment ne comprennent rien aux choses du raisonnement; car ils veulent d'abord pénétrer d'une vue et ne sont point accoutumés à chercher les principes. Et les autres, au contraire, qui sont habitués à raisonner par principes, ne comprennent rien aux choses de sentiment, y cherchant des principes et ne pouvant voir d'une vue.

« La conduite de Dieu, qui dispose toutes choses avec douceur, est de mettre la religion dans l'esprit par les raisons et dans le cœur par la grâce... La raison agit avec lenteur et avec tant de vues sur tant de principes, lesquels il faut qu'ils soient toujours présents, qu'à toute heure elle s'assoupit et s'égare, manque d'avoir tous ses principes présents. Le sentiment n'agit pas ainsi ; il agit en un instant et toujours est prêt à agir. Il faut donc mettre notre foi dans le sentiment ; autrement elle sera toujours vacillante... C'est le cœur qui sent Dieu et non la raison. Voilà ce que c'est que la foi : Dieu sensible au cœur, non à la raison. » (1)

La page qu'on vient de lire contient en réalité une double théorie : l'une relative à la raison et au cœur, l'autre spéciale à la religion.

La première consiste en ceci : la raison et le cœur ont chacun leurs principes et leurs procédés : la raison est de nature raisonnante, elle remonte aux causes, il lui faut quelque chose de rigoureux et d'ordonné, de mathématique ; par cela même, elle agit par démonstration, avec lenteur, avec préoccupation ; et facilement « elle s'assoupit et s'égare, manque d'avoir tous ses principes présents. »

Tout autre est le cœur dans sa nature et dans sa marche : « Il agit en un instant et toujours est prêt à agir ; il ne saurait goûter l'ordre rigoureux et le raisonnement par les principes ; il voit, il sent, il juge aussitôt par sentiment et persuasion. »

De là cette conséquence inévitable : « Ceux qui sont accoutumés à juger par le sentiment ne comprennent rien aux choses du raisonnement,

(1) *Pensées*, ch. II et IV, a. 3, § 62, édit. Frantin.

et les autres, au contraire, qui sont accoutumés à
raisonner par principes, ne comprennent rien
aux choses du sentiment. »

Et maintenant, que penser des vues de Pascal
sur la raison et le cœur? Ce que nous avons dit
précédemment, surtout au sujet de la spontanéité
et de la réflexion, permet de prévoir notre
réponse. Nous sommes un peu moins absolus que
l'auteur, et nous ne tranchons pas d'une manière
si radicale entre le cœur et la raison. On l'a
prouvé, l'intelligence n'est pas toujours démons-
trative, elle n'agit pas toujours avec lenteur, à
tâtons, hésitant à avancer faute de voir ; elle ne
tient pas les yeux sans cesse fixés sur elle-même
et sur ses nombreux principes. Plus d'une fois
elle atteint la vérité par intuition, et le plus souvent elle agit spontanément en vertu de son énergie naturelle ; elle n'exige pas non plus, en toute
matière, des preuves de l'ordre algébrique ; toute
raison sérieuse, proportionnée à la nature du
sujet, suffit à la satisfaire.

D'un autre côté, le cœur n'est pas toujours
spontané, ni intuitif ; il est capable de réflexion,
de retour sur lui-même ; il ne cède pas toujours
à la première sollicitation, ni à la première impulsion, sans examen ni retenue ; et bien des idées
éminemment rationnelles l'exaltent ou le retiennent, l'éclairent ou le dirigent.

Voilà ce qui n'est point à notre gré dans la
thèse de Pascal. Mais nous sommes prêt à l'accep-

ter et à la faire nôtre, si on lui donne seulement
une étendue relative, si l'on veut dire que le
cœur est plus spontané et la raison plus discursive ; que celle-ci tend d'elle-même à l'abstrait,
recherche les principes des choses, aime une
marche bien régulière, un plan nettement tracé ;
que celui-là, pour être ému, veut qu'on lui présente des raisons de convenance, des vérités
humaines et morales, « *mentem mortalia tan-*
gunt, » qu'il goûte assez un certain désordre apparent, et qu'on réussit plus sûrement à le persuader qu'à le convaincre, enfin que, pour ce motif,
les personnes particulièrement appliquées aux
spéculations de la raison pure, sont moins aptes
à juger des choses du sentiment, tandis que celles
qui s'absorbent dans le culte du sentiment émous-
sent peu à peu dans leur âme le sens métaphysique et scientifique.

Pascal fait ensuite l'application de ses principes
à la religion, qui seule possède, à ses yeux, une
importance absolue. D'après lui, « la conduite de
Dieu, qui dispose toutes choses avec douceur, est
de mettre la religion dans l'esprit par les raisons
et dans le cœur par la grâce. Ceux à qui Dieu a
donné la religion par sentiment du cœur sont bienheureux et bien légitimement persuadés. » » Il
faut mettre notre foi dans le sentiment ; autrement
elle sera toujours vacillante. C'est le cœur qui
sent Dieu et non la raison. Voilà ce que c'est que
la foi : Dieu sensible au cœur, non à la raison. »

10.

Ici encore, au milieu de plusieurs vérités d'un grand prix, nous trouvons des exagérations et des inexactitudes regrettables. Et d'abord, sur cette terre, il n'est pas donné à l'homme de sentir Dieu par la raison ni par le cœur, soit dans l'ordre naturel, soit dans l'ordre surnaturel. Il ne faut donc pas dire: « Voilà ce que c'est que la foi : Dieu sensible au cœur. » La foi vive elle-même n'est pas toujours accompagnée du sentiment; elle réside tout entière dans la raison et dans la volonté pure ; heureuse encore si elle ne se voit pas enveloppée de profondes ténèbres, de rudes sécheresses, de désolantes froideurs. D'ailleurs, il n'y a nulle nécessité « à mettre notre foi dans le sentiment, de peur qu'elle ne soit toujours vacillante. » Elle repose sur des principes absolus, immuables, qui ne perdent rien de leur force, pour n'être pas soutenus par l'attrait du sentiment. A vrai dire, c'est l'intelligence qui croit et non pas le cœur ou la volonté. La foi est avant tout une adhésion de l'esprit, quoique sous le commandement de la volonté ; adhésion non moins raisonnable et plus ferme que celle donnée aux principes les plus clairs de l'ordre naturel.

Mais voici des vérités d'une haute importance morale : dans la foi, Dieu agit en même temps sur l'esprit et sur le cœur; il éclaire l'esprit par les raisons, il touche le cœur par la grâce, et la grâce peut aller jusqu'à produire le sentiment, un sentiment plus profond, plus exquis qu'aucun autre. Oui, « la foi est différente de la preuve : l'une est humaine, l'autre est un don de Dieu ». Voilà pourquoi bien des personnes d'esprit n'ont pas la foi ; c'est que chez elles il n'y a que l'humain, il n'y a que l'amour de la preuve, le cœur n'est pas incliné. On trouve, au contraire, des personnes simples et droites, qui semblent croire sans aucun raisonnement, mais non pas sans raison. « Dieu incline leur cœur à croire : » elles reçoivent de lui un supplément de dispositions et de grâces qui fortifient leur intelligence et comblent les lacunes du raisonnement.

« Ceux à qui Dieu a donné la religion par sentiment du cœur (sans exclure l'intelligence) sont donc bienheureux et bien légitimement persuadés. » Légitimement persuadés, parce qu'ils ne croient pas sans quelque raison aperçue dans une lumière confuse ; et bienheureux, parce qu'ils jouissent de Dieu, qu'ils approchent de Dieu presque autant que s'ils le sentaient en effet.

Concluons maintenant avec une entière assurance — tout ce que nous avons dit dans ce chapitre nous y autorise — que rien, absolument rien ne divise la tête et le cœur, et que leur union ne saurait souffrir aucune difficulté. Nous avons vu que cette union est possible ; il nous reste à savoir si elle est désirable ou même nécessaire.

CHAPITRE II

Union de la tête et du cœur

L'union de la tête et du cœur, c'est-à-dire de l'intelligence et de la volonté, symbolisées par ces deux organes, est donnée par la nature. Envisagé dans sa partie inférieure, l'homme pourrait se définir : un animal qui a des sensations et des passions ; considéré dans sa partie supérieure, c'est un esprit qui pense et qui veut ; en venant en ce monde, il n'apporte avec lui ni science, ni vertus infuses, mais il est né pour devenir savant et vertueux. Laissez-lui ces deux nobles facultés ; à lui ôter l'une ou l'autre, vous en feriez un être découronné, inintelligible, incapable d'atteindre sa fin.

Mais la science appartient en propre à la raison, et la vertu à la volonté. D'où la nécessité d'unir ensemble ces deux puissances maîtresses, si l'on ne veut, en les isolant l'une de l'autre, les laisser incomplètes, et pour ainsi dire inachevées.

D'ailleurs, pour que cette union soit plus intime,

plus indissoluble, Dieu a voulu qu'elles ne puissent remplir leur tâche, ni faire les actions qui leur conviennent, qu'en s'appuyant l'une sur l'autre : car l'amour intervient dans la pensée et la pensée dans l'amour.

La présente étude a pour unique objet de mettre en lumière ces assertions concordantes.

§ 1. — *La science est le fruit propre de la tête ou de la raison.*

Ici, trois sortes d'adversaires, quoique se plaçant à différents points de vue, s'unissent pour combattre notre thèse : les cartésiens, les sentimentalistes et les partisans de l'école critique. Il est dans notre sujet de les faire connaître et de défendre, contre eux, le domaine inviolable de la raison.

Descartes a fondé toute sa philosophie sur la prépondérance absolue de la volonté. En Dieu, il sacrifie la sagesse à la volonté purement arbitraire : la création, la vérité, l'essence même des choses, tout dépend du bon plaisir divin. Dans l'homme, il exalte de même la volonté au détriment de la raison, et cela en termes assez étranges. A l'en croire, la première de ces deux facultés jouirait d'une étendue sans limites : « Je l'expérimente si ample et si étendue qu'elle n'est renfermée dans aucunes bornes. Et ce qui me semble ici fort remarquable est que de toutes les autres choses qui sont en moi, il n'y en a aucune si parfaite et si grande que je ne reconnaisse bien qu'elle pourrait être plus grande et plus parfaite. Il n'y a que la volonté seule, ou la seule liberté ou franc arbitre que j'expérimente en moi être si grande, que je ne connais point l'idée d'aucun autre plus ample et plus étendue. » (1)

D'après le même philosophe, c'est la volonté qui juge, et non pas la raison : « Par l'entendement on conçoit seulement les idées des choses ; mais assurer, douter, nier, sont des façons différentes de vouloir. » (2)

L'école sentimentale ne dit pas d'une façon générale que le jugement appartienne à la volonté ; mais les singulières défiances qu'elle nourrit à l'égard de la raison, la portent à lui substituer le sens ou le sentiment, à peu près dans tous les ordres de la connaissance.

Pour ne point parler ici du pseudo-mysticisme professé par Plotin, Jamblique, Jacobi et Swedenborg, nous devons nous arrêter un peu à la doctrine de Thomassin (3), de Gratry, et de

(1) *Méditations touchant la philos. 1e*, médit. IVᵉ, n. 10.

(2) Ibid. n. 7. et 10. cf. *Principes de la philos.* I, 32.

(3) Thomassin a surtout appliqué ces principes à la connaissance de Dieu : « Ex contactu arcano quo unum et apex mentis Deum corporeo quodam tactu contrectat, sentitque magis quam intelligit. » (*Dogm. theol.* I, 20.) Et plus haut (c. 19) : « Inenarrabilis, inexcogitabilis, incomprehensibilisque sentitur Deus nec tamen intelligitur... Sentitur et præsagitur, et quasi clausis oculis *palpatur* ; non *cognoscitur*, non intelligitur, non cogitatur Utque Dei

quelques autres écrivains catholiques moins célèbres.

Gratry donne au sentiment la première place, et fonde sur lui principalement toute sa théorie de la connaissance. « L'âme sent tout ce qui est. De là résulte la division fondamentale, naturelle, certaine, des éléments de la sensibilité : il y en a autant que d'objets propres à agir sur notre âme... « L'âme, dit un physiologiste (1), touche son corps et elle se touche elle-même, et elle touche Dieu.... Ainsi, Dieu d'abord, puis notre âme et les autres âmes, puis la nature visible, sont les trois grands objets qui peuvent produire en nous des impressions. Les impressions produites par la nature physique sont nommées sensations ; on réserve aux autres le nom de sentiments... or cette triple capacité de sentir ces trois choses, le corps, l'âme elle-même et puis Dieu, reçoit trois noms, sens externe, sens interne, sens divin. » (2)

Et non seulement l'auteur veut qu'on admette le sens divin qui saisit Dieu par une sorte de contact immédiat, mais il croit encore que celui-ci enveloppe les autres sens, ou que du moins il les élève et les vivifie. « Ce ssne de Dieu implique le sens moral, le sens du beau, le sens du

maxime propria est hæc incomprehensibilitas, ita arcanus ille sensus illi uni consecratus est. »

(1) Bérard, de Montpellier.
(2) *La Connaissance de l'âme*, t. I, l. III, ch. 1.

vrai. C'est parce que l'âme sent Dieu qu'elle
sent ce qui est beau, ce qui est bien, ce qui est
vrai, c'est-à-dire ce qui ressemble à Dieu ; ce
sens doit diriger les autres. Quiconque en est
privé perd tout... Ce sens qui est le sens de l'infini,
peut seul nous faire conclure Dieu, voir Dieu,
aimer Dieu, à la vue de notre être borné. » (1)

Les premiers principes eux-mêmes sont objet
de foi, d'une foi naturelle, il est vrai, mais qui
vient réellement de Dieu, et qui s'environne
d'une certaine obscurité. « En philosophie,
comme en théologie, il est question d'une certaine foi qui n'est pas la foi chrétienne surna-
turelle, qui est donc naturelle, dont le principe
est la voix de Dieu dans la conscience et dans la
raison, foi par laquelle il est nécessaire d'adhé-
rer aux premiers principes théoriques et pratiques
de la raison... *Voir et croire ne sont pas opposés.*
Croire n'est pas opposé à voir, mais à démontrer
et à comprendre radicalement... La foi est essentielle à l'être qui reçoit la lumière ; la foi, c'est le
premier accueil à la lumière ; c'est l'adhésion à
celui qui la donne. » (2)

Quant aux partisans de la philosophie *critique*,
voici l'opinion de leur chef, Charles Renouvier :
Il faut distinguer trois éléments dans la certitude :
l'élément de la perception, sensible ou rationnelle, l'élément de la passion, et l'élément de la

(1) *La Connaissance de l'âme*, t. I, l. III, ch. 1, § 4.
(2) *La Connaissance de Dieu*, t. II, 2º part., ch. III, § 4.

volonté (1). « L'homme, par rapport à l'objet quelconque de sa pensée, est certain, s'il le comprend
de toute l'étendue de son intelligence et se sent
porté par un instinct puissant, animé d'une volonté immuable en l'affirmant et se complaît dans
cette affirmation, entièrement et sans réserve...
Ces trois éléments sont indissolubles ; ils peuvent être inégalement distribués, mais ils sont
partout présents ; l'homme est entier dans chacun de ses états et de ses actes réfléchis. » (2)

Les trois systèmes qu'on vient d'exposer, ont
un premier défaut assez grave : ils confondent
la cause matérielle ou simple condition avec la
cause formelle et véritable de la connaissance
intellectuelle. Parce que la volonté, le sentiment
et les passions peuvent intervenir et interviennent, en effet, plus d'une fois dans nos divers
jugements, on les donne comme étant le principe
effectif de ces derniers. Mais la conclusion n'est
pas renfermée dans les prémisses; et il suffit d'un
simple regard sur la nature du jugement, pour
voir que de lui-même il se rapporte à l'intelligence ; car juger, c'est affirmer ou nier quelque
chose, c'est se faire un avis sur un objet quelconque. Or, il est clair que la volonté, pas plus
que le sentiment et les passions, n'affirme rien.
Pourquoi ? Parce que, pour affirmer, il faut connaître, il faut même établir une comparaison entre

(1) *Essais de critique générale*, 2e essai, t. II, p. 135-137.
(2) Ibid., p. 152.

plusieurs termes; or, nous l'avons montré en son lieu, ni la volonté, ni les passions, ni le sentiment ne sont des facultés de discernement et d'appréciation. Qu'on leur attribue une influence réelle, notable en certains cas sur la connaissance et même sur la connaissance intellectuelle, rien de plus juste; mais à aucun titre on ne pourrait les tenir pour la cause effective de la connaissance.

Nous ferons au système de nos adversaires un autre reproche fort grave et malheureusement trop fondé, celui d'aboutir à des conséquences fâcheuses pour la valeur de nos idées. Il ne tend à rien moins qu'à faire de la vérité quelque chose de relatif, de subjectif et d'arbitraire, à lui ôter son caractère universel, absolu, immuable.

En effet, quoi de plus arbitraire et de plus relatif que la volonté? Et quoi de plus subjectif, de plus mobile que le sentiment? Que deviennent les principes fondamentaux de tout le savoir humain, si on les appuie sur une base aussi fragile? Professer une telle doctrine, ce n'est point fortifier la certitude, comme quelques-uns semblent le croire, c'est, au contraire, tendre la main au scepticisme objectif. Lui aussi, il admet la certitude, mais une certitude sans caractère absolu, que chacun fait à sa mesure, que personne n'a le droit d'imposer aux autres. Et qu'est-ce que cela, sinon la négation même de la certitude et de la vérité immuable? Laissons le jugement, laissons les idées à l'intelligence : ce sera leur donner un plus solide fondement, et un sommet mieux éclairé.

Si, maintenant, de ces généralités on descend dans le détail et qu'on soumette à un examen spécial les systèmes dont il est ici question, on ne tardera pas à remarquer en chacun, des défauts qui lui sont particuliers. Descartes, par exemple, place la simple conception dans l'esprit, et le jugement dans la volonté. Or concevoir et juger sont choses du même ordre ; il y a là, nous en convenons, deux actes distincts et même successifs, mais deux actes qui se rapportent à un seul et même objet, la vérité. Le jugement ne fait qu'unir ou séparer les idées qui ont été introduites isolément dans l'âme par la conception.

Comment Descartes a-t-il pu tomber dans une pareille méprise psychologique ? Le voici : croyant reconnaître dans le jugement un certain consentement qui ne se trouve pas dans la conception, voyant d'autre part que le consentement est un acte propre de la volonté, il s'est cru autorisé à donner le jugement à la volonté, et à laisser à l'esprit la simple conception.

Mais ce philosophe a confondu deux choses éminemment distinctes dans le langage scientifique et même dans le langage ordinaire, nous voulons dire l'*assentiment* et le *consentement*. Le second appartient, en effet, à la volonté, mais le

premier relève de l'intelligence. Or, tout jugement est bien un assentiment, mais non pas un
consentement. Il y a même beaucoup plus de
distance entre l'assentiment de l'esprit et le consentement de la volonté, qu'entre le jugement et
la conception ; car l'assentiment se rapporte au
vrai, et le consentement au bien (1).

D'ailleurs, que de vérités auxquelles adhère la
raison en vertu de son énergie naturelle, par une
vue soudaine et sans que la volonté ait à intervenir ! Les premiers principes, les axiomes ont-
ils autre chose à faire pour enlever l'adhésion de
l'intelligence, que de se montrer à elle, et
essayent-ils seulement de frapper à la porte
de la volonté (2) ?

(1) « Determinatio cognitionis ad aliquid dicitur assensus,
quia aliquid non praecedit ; determinatio autem voluntatis ad
unum dicitur consensus, quia cognitionem praesupponit, cum
quâ simul sentit, dum in illud tendit, quod ratio bonum esse
considerat. Et ideo consentire dicitur voluntatis, sed assentire intellectûs. » (S. Thomas, *in lib.* III *Sent.* dist. XXIII,
q. 2, a. 2.)

(2) S. Thomas demande si l'acte de la raison peut dépendre du commandement ou du libre consentement de la volonté, et il fait cette réponse : « Objecti respectu, duo actus
rationis attenduntur : primo quidem, ut veritatem circà aliquid apprehendat, et hoc non est in potestate nostrâ ; hoc
enim contingit per virtutem alicujus luminis vel naturalis, vel
supernaturalis. Et ideo quantum ad hoc, actus rationis non
est in potestate nostrâ, nec potest imperari. — Alius autem
actus rationis est, dum his quæ apprehendit assentit. Si igitur fuerint talia apprehensa, quibus naturaliter intellectus
assentiat, sicut prima principia, assensus talium vel dissensus non est in potestate nostrâ, sed in ordine naturæ ; et
ideo, proprie loquendo, naturæ imperio subjacet. » (1a 2æ,
q 17, a. 6, c.)

Il est un autre ordre de vérités qui non seulement n'offrent à la volonté aucun charme séducteur capable de ravir son suffrage, mais qui lui déplaisent et lui répugnent, et qu'elle s'efforce de repousser. Les démons croient, et frémissent de rage, dit l'apôtre saint Jacques. Bien des hommes, sans avoir toute la malice des démons, tremblent comme eux devant la vérité connue.

Le libertin croit à la vertu ; sa raison ne peut lui refuser son estime, mais son cœur corrompu la poursuit de ses haines secrètes. Le pécheur, même le pécheur endurci et vieilli dans le crime, croit encore à la justice divine, mais il souhaiterait bien qu'elle ne fût pas.

Rien n'est donc plus certain : la volonté ne fait point la vérité, pas plus qu'elle ne l'affirme ou ne prononce sur elle. Une chose n'est pas véritable parce qu'elle a pour moi des avantages ou des charmes, ni fausse parce qu'elle choque mon goût et contrarie mes instincts. Quand elle brille aux yeux de mon esprit, ma volonté reste maîtresse de lui donner ou de lui refuser son approbation : elle n'ajoute rien, n'ôte rien à la force du jugement.

L'opinion du P. Gratry sur les premiers principes et sur la connaissance de Dieu ne semble pas s'harmoniser davantage avec une observation attentive des faits de l'âme. Les vérités premières ne reposent ni sur le sentiment, ni sur la foi même naturelle, mais sur la lumière de l'évi-

dence, sur la claire vue de l'esprit. Quel pourrait bien être le rôle du sentiment ou de la foi
dans des principes comme ceux-ci et d'autres
semblables : *Le tout est plus grand qu'une de
ses parties, tout ce qui commence a une cause, la
même chose ne peut pas être et n'être pas en
même temps ?*

Il ne sert de rien d'ajouter que dans les vérités
premières la vision et la foi se rencontrent
ensemble, « que voir et croire ne sont pas opposés, croire étant opposé non à voir, mais à
démontrer et à comprendre radicalement. » Le
Docteur Angélique professse une tout autre doctrine. A ses yeux, la vision et la foi s'excluent
mutuellement, et ne peuvent en aucune manière
se réunir dans le même sujet et pour le même
objet. Dans la vision, l'objet propre de la faculté
de connaissance suffit à la mettre en mouvement, sans aucune intervention de la volonté ;
dans la foi, au contraire, l'impression produite
par l'objet se trouvant insuffisante, il faut que
la volonté ajoute son appoint et détermine
l'adhésion (1).

(1) « Omnis scientia habetur per aliqua principia *per se
nota*, et per consequens *visa*. Non est autem possibile quod
idem ab eodem sit visum et creditum... Unde etiam impossibile est quod ab eodem idem sit scitum et creditum... Assentit
intellectus alicui dupliciter : uno modo, quia ad hoc movetur
ab objecto ipso, quod est vel per seipsum cognitum, sicut
patet in principiis primis, quorum est *intellectus* ; vel per
aliud cognitum, sicut patet de conclusionibus, quarum est
scientia. Alio modo, intellectus assentit alicui, non quia suf-

Cette remarque nous paraît mériter une haute considération, de nos jours surtout, où l'on est si disposé à jeter le discrédit sur les principes. Au fond, les principes portent avec eux les destinées de la science, puisqu'elle repose sur eux uniquement ; d'où il résulte que diminuer l'autorité des principes, c'est diminuer dans la même mesure l'autorité de la science ; et c'est diminuer, en effet, l'autorité des principes que de les couvrir du voile de la foi ou du sentiment, au lieu de les environner de la pure lumière de l'évidence.

De même, nous voyons d'abord une erreur psychologique, ensuite de réels dangers, dans l'opinion qui attribue la connaissance de Dieu à je ne sais quel sens mystérieux, supérieur à l'intelligence, atteignant l'infini par une sorte de contact immédiat et de toucher sensible. Lorsque Thomassin déclare qu'on ne connaît pas Dieu, mais qu'on le sent, qu'on le touche, pour ainsi dire, les yeux fermés ; « *Sentitur* (Deus) *et præsagitur, et quasi clausis oculis, palpatur ; non cognoscitur, non cogitatur* ; » nous avouons ne pas comprendre grand'chose à ces métaphores sentimentales ; et s'il fallait leur attacher une signification précise, le psychologue n'hésiterait pas à les repousser. L'expérience témoigne

ficienter moveatur ab objecto proprio, sed per quamdam electionem voluntarè declinans in unam partem, magis quam in aliam... Et si hoc sit cum certitudine, erit fides. » (2ª 2ᵒᵉ, q. 1, 4 et 5, c.)

hautement en faveur de ce double fait : nous avons de Dieu une connaissance réelle, positive, obtenue par des procédés scientifiques indiscutables ; mais cette connaissance est médiate et discursive seulement ; elle ne relève ni du sentiment, ni de l'intuition, ni d'aucune inspiration quelconque.

L'opinion de Ch. Renouvier a pareillement contre elle les faits de l'âme les mieux établis. Il n'est pas nécessaire, il n'est pas exact que la passion intervienne dans toutes nos connaissances, et que « l'homme soit tout entier dans chacun de ses états et de ses actes réfléchis. » J'ai beau m'interroger, descendre au fond de ma conscience, je me sens absolument libre de toute passion douce ou violente, quand j'affirme l'existence du monde extérieur, des vérités mathématiques, de plusieurs faits historiques sans importance, et généralement de toutes les idées qui n'intéressent pas la morale.

Et alors même que la passion agit sur notre esprit avec le plus de force, elle peut bien peser sur nos jugements, mais jamais décider elle-même.

§ 2. — *La volonté a dans nos jugements une part très grande.*

Nous avions à cœur de défendre les prérogatives de la raison contre tout empiètement des

sens, de l'instinct, des passions et même de la
volonté. Il nous a semblé juste et souverainement important de la présenter comme l'ou-
vrière de nos idées, comme la cause véritable de
nos jugements.

Mais il n'entre pas dans notre pensée de l'isoler
des autres facultés de l'âme, ni de la réduire à
ses seules forces. Joubert a dit excellemment
qu'il faut « éviter dans les opérations intellectuelles tout ce qui sépare l'esprit de l'âme. »

Et Gratry faisait « consister le rationalisme
dans un abus de la faculté de connaître, qui
s'isole artificiellement, d'une manière totale ou
partielle, de la faculté de sentir.» (1)

Sans doute on a remarqué déjà que telle est
précisément notre manière de voir. Avec saint
Thomas d'Aquin, nous avons dit que la sensibilité fournit à la raison les matériaux, et dans
une certaine mesure l'étoffe même de ses idées.
A son tour, la volonté vient en aide à l'esprit et
lui prête un concours précieux et assidu, sans
toutefois intervenir absolument dans toutes les
opérations intellectuelles, ni se trouver partout
où l'âme entend et commande.

L'intelligence, on ne l'a pas oublié, jouit d'une
énergie propre, d'une activité spontanée qui se
porte d'elle-même vers son objet. D'un autre
côté, quand la lumière brille à ses yeux, c'est

(1) *La Connaissance de l'âme*, l. III, ch. 2.

elle qui voit, prononce, décide enfin de ce qui
est et de ce qu'il faut croire.

« *Quod veritatem circà aliquid apprehendat,
hoc non est in potestate nostrâ; hoc enim contingit per virtutem alicujus luminis naturalis vel
supernaturalis.* »(1) Que l'arrêt de la raison soit ou
non de notre goût, il importe peu : ce qui est, est,
nul moyen de nier ce que l'on aperçoit clairement.

Si 'donc toutes les vérités qu'il est donné à
l'homme de connaître l'inondaient de la ra-
dieuse lumière de l'évidence, l'intelligence se
suffirait à elle-même et l'intervention de la
volonté demeurerait sans objet. A mesure que le
monde des corps frappe mes sens, mes yeux s'ouvrent d'eux-mêmes et ne peuvent pas ne pas
voir : la volonté n'a rien à faire ici. Il en est
ainsi pour toutes les vérités primitives de l'ordre
rationnel, soit spéculatives, soit pratiques : elles
s'imposent et enlèvent notre assentiment. «*Invenitur aliquando verum, in quo nulla falsitatis
apparentia admisceri potest, ut patet in dignita-
tibus (axiomatibus): unde intellectus non potest
subterfugere, quin illis assentiat.* » (2)

Mais, qui ne le sait par sa propre expérience?
la raison humaine n'a point été faite pour l'intuition, l'inspiration n'est chez elle qu'un accident
heureux. Dieu l'a condamnée à la connaissance
discursive, ne lui laissant apercevoir du pre-

(1) 1ª 2æ, q. 17, a. 6, c.
(2) S. Thomas, *in* II *Sent.* dist. 25, q. 1, a. 2, c.

mier coup que les vérités sans lesquelles tout
mouvement de l'âme, tout raisonnement serait
rendu impossible, faute d'un point d'appui immobile et stable. Si elle ne peut s'enrichir qu'à force
de travail, il faut d'abord qu'on lui détermine le
champ de ses études. La volonté seule est capable
de faire ce choix et de lui assigner sa tâche, ainsi
que de l'appliquer à une science de préférence à
toute autre, par exemple à la littérature plutôt
qu'aux mathématiques, à la philosophie plutôt
qu'à l'histoire.

Le choix de l'objet une fois arrêté, il faut que
l'esprit s'enchaîne à lui par un contrat volontaire
et durable, et qu'il repousse avec résolution les
avances que peuvent lui faire d'autres objets non
moins agréables, plus faciles, plus séduisants
peut-être.

Pas de pensées étrangères, ni riantes ni impor-
tunes, pas de distraction, pas de division, mais
que l'attention soit livrée tout entière au seul
objet préféré. Que d'esprits qui n'aboutissent pas,
de nos jours surtout, faute de se soumettre à cette
discipline sévère, mais nécessaire et féconde,
faute aussi de savoir vaincre la tentation qui
nous pousse de l'unité vers ce qui est multiple ou
divers, tentation bien séduisante qui nous
enivre presque à notre insu et nous rend trop
pareils à ces papillons légers, emportés de fleur
en fleur par le souffle du vent, incapables de
s'arrêter, de se fixer jamais!

Voilà déjà une double excursion de la volonté
dans le domaine de l'intelligence. Mais c'est trop
peu de bien choisir l'objet de ses études et de lui
demeurer obstinément fidèle en fermant l'oreille
à toute suggestion contraire de l'imagination : il
faut s'appliquer, ramasser ses forces et peiner,
si l'on veut aller jusqu'au fond des choses, surtout
si les théorèmes se compliquent et si les raisonnements se multiplient. Alors il faut regarder pour
voir, écouter pour entendre, et au besoin pousser
l'effort jusqu'à la tension. Socrate comptait au
nombre de nos privilèges le noble labeur que
nous devons nous imposer pour arriver à la
vérité : ἐκπονῆσαι πρὸς μάθησιν (1).

Qui soutiendra la raison aux prises avec le travail, avec l'effort, avec la peine ? Qui l'empê-
chera de défaillir et de succomber à la double
tentation de la paresse et du découragement ? Qui
saura suppléer au défaut d'attrait sensible et
maintenir l'esprit face à face avec un problème
qui semble se rire de nos efforts ? Une grande
force, une force opiniâtre, la volonté doublée, au
besoin, de la passion (1).

Cependant, il reste une dernière tâche à remplir, et non pas la plus aisée : vous connaissez
enfin la vérité, c'est bien ; mais il faut la creuser,
il faut entrer en elle et réciproquement la faire
entrer au fond de votre être par une assimilation

(1) Xénophon, *Mémorables*, t. IV, 13.
(2) Supra, p. 120.

lente et complète. « Quand une fois l'esprit a vu où est la vérité, il faut, selon une figure énergique de Pascal, nous abreuver et nous teindre de cette créance, qui nous échappe à toute heure. »

Maine de Biran a parfaitement commenté le mot de Pascal : « Il faut que les vérités s'incorporent à nous et nous pénètrent longtemps, comme la teinture s'imbibe peu à peu dans la laine qu'on veut teindre. Il y a une pénétration lente de chaque jour, une intussusception de la vérité qui doit nous conduire dans toute la vie, qui fait que cette vérité devient à notre âme ce que la lumière du soleil est à nos yeux, qu'elle éclaire sans qu'ils la cherchent... Quand nous creusons dans la vérité pour la pénétrer, elle creuse aussi en nous pour entrer dans la substance de notre âme. Alors seulement elle devient pratique et nous est comme une partie de nous-mêmes. » (1)

Les observations qui précèdent se rapportent à toute vérité, de quelque ordre qu'elle soit. Mais elles acquièrent une nouvelle force, et le concours de la partie affective et volontaire de l'âme devient bien autrement nécessaire, s'il s'agit des vérités relatives à la morale. Celles-ci demandent de notre part une parfaite impartialité, beaucoup de désintéressement et une grande pureté de cœur.

---

(1) *Journal intime,* 17 nov. 1820 et octobre 1823.

Bossuet a dit de la connaissance de Dieu ces mémorables paroles : « Autant nous sommes purs, autant pouvons-nous imaginer Dieu ; autant que nous nous le représentons, autant devons-nous l'aimer ; autant que nous l'aimons, autant ensuite nous l'entendons. » (1)

Cette maxime de Bossuet nous rappelle une juste et fière réponse du grand évêque saint Pothin. Le président lui ayant demandé quel était le Dieu des Chrétiens : « Tu le connaîtras, répondit le martyr, si tu en es digne. »

La raison de cette doctrine n'est pas difficile à trouver. Les anciens voulaient que le semblable fût connu par son semblable : « *Simile simili gaudet*, » donnant à entendre qu'il doit y avoir une certaine affinité entre le sujet connaissant et l'objet à connaître. Un œil malade ne semble guère disposé à supporter l'éclat de la lumière, et un cœur étranger à la pureté ne saurait goûter ni même comprendre les délicatesses d'une vérité chaste, à plus forte raison religieuse et divine.

Au sujet de ces dernières vérités, Pascal a fait une remarque bonne à méditer et féconde en conséquences pratiques : « Je sais qu'il (Dieu) a voulu qu'elles entrassent du cœur dans l'esprit, et non pas de l'esprit dans le cœur, pour humilier cette superbe puissance du raisonnement,

---

(1) *Pensées chrétiennes et morales*, t. XV, édition de Lebel.

qui prétend devoir être juge des choses que la volonté choisit ; et pour guérir cette volonté infirme, qui s'est toute corrompue par ses sales attachements. Et de là vient qu'au lieu qu'en parlant des choses humaines, on dit qu'il faut les connaître avant de les aimer, ce qui a passé même en proverbe ; les saints au contraire, en parlant des choses divines, disent qu'il faut les aimer, pour les connaître, et qu'on n'entre dans la vérité que par la charité ; dont ils ont fait une de leurs plus utiles sentences. » (1)

L'histoire des âmes a toujours jusqu'ici donné raison à la maxime des saints. Que de noms viendraient d'eux-mêmes sous notre plume, s'il fallait citer tous ceux qui sont arrivés à la vérité par la charité ! Et d'un autre côté, qu'il est grand, non aux yeux des hommes, mais aux yeux de Dieu, qui « sonde les reins et les cœurs, » le nombre de ceux qui sont demeurés en dehors de la vérité, non pas faute d'esprit, mais faute de pureté et d'amour !

Il est un autre domaine, dans les jugements des hommes, où la volonté ne fait pas moins sentir son influence que dans les vérités de l'ordre moral ; nous voulons parler des *opinions*, qui tiennent une si grande place dans nos connaissances. Descartes a érigé en principe qu'il ne faut affirmer que quand on voit clair. Ce précepte

(1) *Pensées, de l'Art de persuader.*

en apparence si spécieux, ne s'accorde guère
avec l'impatience inhérente à l'esprit humain,
et, si l'on nous permet de dire toute notre pensée, trouve nous lons plus sévère que juste. Au
reste, il n'a sans doute été pratiqué par personne, et il a peu de chance de devenir jamais
populaire. Nous croyons même qu'il est impossible et inutile de défendre aux hommes d'avoir
des opinions, pourvu qu'ils ne veuillent pas les
rendre obligatoires à autrui. Jugez certain ce
qui est certain, et douteux ce qui est douteux, de
l'aveu de Bossuet, vous serez un bon juge.

Dans l'opinion, on affirme ou l'on nie quelque
chose, mais on prononce avec modestie et réserve, parce qu'il pourrait se faire qu'on fût
victime d'une illusion secrète. Plus ou moins
tous les hommes ont des opinions, et qui ferait
la liste de ce que chacun appelle ses connaissances, trouverait peut-être les jugements pro-
bables en plus grand nombre que les jugements
certains. Du reste, ils satisfont notre esprit, si
avide de connaître, et peuvent quelquefois conduire à la science véritable. Jusque-là tout est
fort acceptable.

Mais ce serait mal connaître les hommes que
de supposer que la raison seule préside à leurs
opinions. Il y entre plusieurs autres éléments,
parmi lesquels la volonté et même la passion
occupent un assez bon rang. Dans ces rencontres, dit saint Thomas, les motifs ne sont pas

convaincants au point que l'esprit ne demeure
libre de donner son assentiment ou de le refuser,
tout au moins de suspendre son jugement, à
cause de certaines raisons particulières. D'où
il suit que l'adhésion reste effectivement en notre
pouvoir et que la volonté peut la déterminer en
faveur d'un parti (1).

A ce point de vue, saint Thomas, avec cette
profondeur d'observation dont il a le secret,
signale une analogie remarquable entre la foi et
l'opinion. Sans doute, dans la foi les motifs portent avec eux une certitude proprement dite,
tandis que, dans l'opinion, ils ne donnent rien
de plus qu'une simple probabilité. Mais dans
l'un comme dans l'autre cas, l'objet lui-même
demeure enveloppé d'une certaine obscurité,
grâce à laquelle l'esprit ne se voit point obligé
de donner son assentiment ; la volonté vient
donc jeter dans la balance le poids de ses préférences et suppléer par l'inclination du cœur à ce
qui manque à la lumière de l'esprit. En effet, du
moment que l'objet n'a pas assez de force pour
ébranler la raison, il faut bien que la volonté
vienne en aide à celle-ci et l'incline à un parti
plutôt qu'à tout autre (2).

(1) « Sunt autem quædam apprehensa, quæ non adeo con-
vincunt intellectum, quin possit assentire vel dissentire, vel
saltem assensum vel dissensum suspendere, propter aliquam
causam ; et in talibus, assensus vel dissensus in nostra potestate es', et sub imperio cadit. » (2ᵃ 2ᵉ, q. 17, a. 6, c.)

(2) « Alio modo intellectus assentit alicui, non quia suffi-

Un exemple rendra plus sensible encore cette influence de la volonté. Comme la rhétorique, l'opinion a pour objet propre le contingent. Mais en matière contingente l'hypothèse contraire est toujours possible, sinon également probable. Aussi ne demande-t-on pas à l'orateur de démontrer, mais seulement de *persuader*. Or, dans un orateur, qui ne sait la merveilleuse puissance de persuasion attachée à sa personne ? s'il nous est sympathique, si nous l'aimons, sa parole, ses gestes, le moindre de ses mouvements trouve un écho dans notre âme et s'harmonise aussitôt avec tout notre être. Nous le comprenons à demi-mot; ses arguments ont je ne sais quoi d'insinuant et de fort tout ensemble; en un mot, ses opinions, ses croyances sont les nôtres.

Et quocumque volent animum auditoris agunto.

A la place de l'orateur, mettez vos penchants et vos instincts et permettez-leur de vous parler en toute liberté. Vous trouverez en chacun d'eux un orateur non moins entraînant, un irrésistible charmeur, qui saura teindre le sentiment préféré des couleurs de la plus spécieuse vraisemblance. Votre esprit ne demandera pas des raisons bien fortes, ou plutôt il découvrira je ne sais quoi d'ingénieux et de plausible dans

cienter moveatur ab objecto proprio, sed per quamdam electionem, voluntariè declinans in unam partem magis quàm in aliam ; et si quidem hoc sit cum dubitatione et formidine alterius partis, erit opinio ; si autem sit cum certitudine, absque tali formidine, erit fides. » (2ª 2ᵃᵉ, a. 1, q. 4, c.)

l'opinion qu'embellissent et défendent nos penchants, tandis que l'avis contraire se présentera à vos yeux sous un jour moins flatteur, dépouillé de son prestige, bien faible et bien chétif auprès de celui qui a vos préférences. C'est en ce sens que Pascal a pu dire : « La volonté est un des principaux organes de la créance. »

Cette condition psychologique des hommes lui a suggéré un précepte de rhétorique, qui se rapporte manifestement à notre sujet. « Il paraît de là, que, quoi que ce soit qu'on veuille persuader, il faut avoir égard à la personne à qui on en veut, dont il faut connaître l'esprit et le cœur, quels principes il accorde, quelles choses il aime ; et ensuite remarquer, dans la chose dont il s'agit, quel rapport elle a avec les principes avoués, ou avec les objets délicieux, par les charmes qu'on lui donne. » (1)

§ 3. — *La vertu appartient en propre à la volonté.*

Bien des fois déjà nous avons essayé de relever le cœur de l'état d'infériorité où le place généralement l'opinion moderne. C'est en lui que nous avons mis l'organe des passions et salué à bon droit le symbole du sentiment. Faisons un pas de plus, et accordons-lui cet honneur insigne d'être le principe véritable de la vertu ; il sera

(1) *Pensées, de l'Art de persuader.*

d'autant plus apte à soutenir le parallèle avec la tête, à qui appartient la gloire de présider à la connaissance sensible et intellectuelle, et de tenir en son pouvoir les destinées de la science.

Mais voici une nombreuse école qui s'oppose à notre dessein. Elle se vante de compter dans l'antiquité de puissants protecteurs, tels que Socrate et Platon ; dans les temps modernes, elle s'autorise du nom de Descartes ; aujourd'hui enfin ses partisans s'appellent légion.

A la suite de Socrate son maître, Platon érigea en principe que la vertu consiste dans la science, que le méchant n'est qu'un ignorant, que le vice vient uniquement d'une mauvaise disposition des organes, ou d'une éducation défectueuse ; car qui serait assez fou pour oser comparer le mal au bien et préférer le premier au second? « Personne n'est méchant parce qu'il le veut ; on le devient à cause d'une mauvaise disposition du corps ou d'une mauvaise éducation. » (1) « Tous les méchants, sans exception, sont tels involontairement dans tout ce qu'ils font. » (3)

Descartes reprit la théorie platonicienne à peu près dans les mêmes termes : « *Tous* les vices ne viennent *que* de l'incertitude et de la faiblesse qui suit l'ignorance. » « Si nous voyions clairement que ce que nous faisons est mauvais, il nous

---

(2) *Timée*, Trad. Cousin, p. 232.
(3) *Les Lois*, IX, p. 162, et V, p. 264.

serait impossible de pécher pendant tout le temps que nous le verrions de la sorte. » (1)

Nous n'éprouverions pas d'embarras à opposer à ces philosophes d'autre philosophes non moins connus ; entre tant de grands noms le choix serait facile ; pour nous borner à des suffrages peu suspects, nous citerons seulement, à l'appui de notre thèse, l'avis de trois personnages célèbres et de tendances d'ailleurs fort différentes : Aristote, Sénèque et Montaigne. D'après la belle doctrine du Stagirite, pour qu'un homme soit vertueux, « la première condition c'est qu'il sache ce qu'il fait ; la seconde, qu'il le veuille par un choix réfléchi, et qu'il veuille les actes qu'il produit à cause de ces actes eux-mêmes ; enfin, la troisième, c'est qu'en agissant il agisse avec une résolution ferme et inébranlable de ne jamais faire autrement. Dans les autres arts, on ne tient aucun compte de toutes ces conditions, si ce n'est de bien savoir ce qu'on fait. *Au contraire, en ce qui concerne les vertus, savoir est un point de peu de valeur ou même sans valeur ;* tandis que les deux autres conditions y sont non pas de peu d'importance, mais de toute importance. » (2) « Pour savoir toutes les règles, nous n'en sommes pas plus habiles à les pratiquer, s'il est vrai, comme nous l'avons dit, que les vertus soient de simples aptitudes morales. C'est

(1) Lettres 7° et 48° à madame Elisabeth.
(2) *Morale à Nicomaque*, l. II, ch., IV, 3.

comme pour les exercices et les remèdes qui
assurent au corps la santé et la vigueur ; ils ne
sont rien tant qu'on ne les fait pas réellement...
car nous ne sommes pas en réalité mieux portants
ni plus forts parce que nous possédons simplement la science de la médecine ou de la gym-
nastique. » (1)

Au témoignage de Sénèque, il ne faut pas être
fort instruit pour être homme de bien : « *Paucis
opus est litteris ad bonam mentem.* »

Montaigne fait observer qu'on peut se servir de
la science pour le mal comme pour le bien, et
que les plus savants ne sont pas toujours les
meilleurs : « Le raisonnement est un vase à deux
anses, qu'on peut saisir également à gauche et à
dextre. » — « Je ne crois pas ce que d'autres ont
dit que la science est mère de toute vertu et que
tout vice est produit par l'ignorance. Qui nous
comptera par nos actions et déportements, il en
trouvera plus grand nombre d'excellents entre
les ignorants qu'entre les savants ; je dis en toutes
sortes de vertus. » (2)

Si maintenant nous envisageons la théorie
platonicienne en elle-même, il nous sera aisé de
voir qu'elle part d'un principe absolument faux
et qu'elle est en contradiction ouverte avec
l'expérience.

Elle repose tout entière sur la négation de la

(1) *Morale à Nicomaque,* l. VI, ch. x, § 1.
(2) *Essais,* l. II, ch. xii.

volonté ou du moins de la liberté, car elle tient que le vice dépend uniquement « d'une mauvaise disposition du corps ou d'une mauvaise éducation, malheur qui peut arriver à tout le monde, malgré qu'on en ait. » (1) Mais dans une très judicieuse remarque, Aristote montre que si l'homme est véritablement le père de ses actions, au point que nous ne puissions pas les rapporter à des principes étrangers à ceux qui sont en nous, le vice dépend de nous aussi bien que la vertu; « et là où il ne tient qu'à nous de faire, il ne tient qu'à nous également de ne pas faire, et là où nous pouvons dire *non*, nous pouvons aussi dire *oui*... Il n'est pas moins déraisonnable de prétendre que celui qui fait le mal n'a pas la volonté de devenir méchant, et que celui qui se livre à la débauche n'a pas l'intention de devenir débauché. Quand on fait sans pouvoir arguer de son ignorance les actes qui doivent rendre méchant, c'est bien volontairement qu'on devient méchant. » (2)

Oui, l'histoire des âmes l'atteste tous les jours, la passion et la lâcheté ou du moins la mollesse en présence de l'effort à accomplir, voilà, bien plus que l'ignorance, les véritables sources du vice. Nous manquons de science mais bien plus encore de courage. Si l'on ne peut être vertueux sans être sage, on peut être instruit et même

(1) *Protagoras.*
(2) *Morale à Nicomaque,* liv. III, chap. VI, § 2, 5, 12.

savant sans être vertueux. La science toute seule
n'engendre pas la vertu : elle se rapporte au vrai,
et non au bien.

Nous n'admettons même pas que la science par
elle-même donne à l'âme plus d'élévation, plus
de véritable grandeur : elle ajoute uniquement à
l'étendue de l'esprit, ce qui est chose bien différente ; ou si vous voulez qu'elle contribue à élever
l'homme, dites, en même temps, qu'elle élève en
lui une faculté seulement, mais point celle qui
nous occupe ici ; qu'elle développe la raison pure,
mais point la raison pratique, encore moins la
volonté. Je vous le demande, en quoi la science
me rendra-t-elle plus vaillant dans le danger,
plus fort contre l'obstacle, plus tempérant ou
plus retenu en face du plaisir, plus constant
dans l'adversité ? La science du bien elle-même
n'en est pas la pratique. On n'est pas vertueux
pour connaître le bien, mais pour l'aimer, pour
l'embrasser, pour lui consacrer enfin ses forces
et sa vie.

Apprenez, disait Cicéron, à maîtriser vos passions et à vous gouverner vous-même : c'est ici la
vertu. « *Totum in eo est ut tibi imperes.* » (1) Or
le savoir ne donne pas cela.

Entre la science et la conscience quelles barrières
et parfois quel abîme ! N'arrive-t-il pas trop
souvent que la première se tourne contre la

_____

(1) *Tuscul.* l. II, ch. 49.

seconde et conspire contre la vertu : « Science
sans conscience n'est que ruine de l'âme. » (1)
C'est que la science enfle, « *scientia inflat,* » ainsi
que nous l'apprend saint Paul ; c'est aussi que rien
ne contribue plus que l'orgueil au renversement
de l'âme. Le génie sublime de Lucifer a-t-il arrêté sa chute ; celle-ci ne vint-elle pas surtout de la
folle ambition qui le dévorait? Combien d'anges,
combien de grands esprits ont été précipités des
mêmes hauteurs dans la même ruine !

Notre âge s'est donc trompé en mettant dans
l'instruction tout espoir de salut. Ne l'attendons
pas de là.

Certes, on n'accusera pas Cousin, qui fut un mi-
nistre justement célèbre de l'Instruction publique,
d'avoir nourri et exagéré la défiance envers elle.
Eh bien ! lui-même, en termes aussi formels qu'on
pouvait les attendre, a déclaré qu'il n'y a rien à
espérer de ce côté pour le progrès de la morale.
« L'augmentation de l'instruction n'amène pas
du tout une augmentation de moralité ; il faut
tourner l'instruction en éducation, ou l'on n'a
rien fait. Ce n'est pas l'instruction qui mora-
lise, c'est l'éducation, chose bien différente, *et
surtout l'éducation religieuse.* Dans tous les pays
où une forte éducation religieuse accompagne
l'instruction primaire, celle-ci est féconde en
résultats ; sinon, non. »

(1) Rabelais, l. ii, ch. 8.

12

C'est encore une plume bien uni versitaire qui, tout récemment, écrivait ces mémorables paroles : « Un peuple soucieux de son avenir et respectueux de la science doit écrire le nom de Dieu en tête des lois qu'il impose aux citoyens et des alphabets qu'il donne aux enfants. Une nation qui cesse à la fois d'être illettrée et d'être croyante n'avance pas, elle recule. Il faut à la science un principe ; aux hommes, une foi ; aux peuples, un idéal. » (1)

(1) Jules Simon, *Eloge de Guizot*, 1883.

On ne lira pas sans plaisir une page du *Cours de littérature* de la Harpe, qu'on dirait écrite pour notre temps. Après avoir cité le préambule que Diderot a mis en tête de son traité de *l'Education publique*, et qui se termine par les lignes suivantes : « Il faut adorer Dieu, aimer les hommes et travailler à son bonheur pour le temps et pour l'éternité : religion, morale, physique, se représentent sans cesse, ne se séparent jamais; » la Harpe ajoute : « Lisez ce morceau chez tous les peuples policés, quels qu'ils soient, à Constantinople, à Ispahan, à Dehli, à Pékin, partout on trouvera un assentiment universel. Mais, au lieu de cet exposé si sage, allez présenter à quelque peuple que ce soit les inconcevables amphigouris qui servent de préambule à tous ces prétendus plans d'éducation qui se succèdent sans cesse parmi nous, et qui ne sont que des plans d'extravagance, tous ces volumineux fatras, où l'on fait des efforts visiblement hypocrites pour paraître ne pas renoncer à la morale, en mettant de côté Dieu et la religion, et partout on demandera de quel *hôpital de fous* sont sorties ces scandaleuses rêveries et quel est le peuple assez insensé, assez malheureux, assez abject pour qu'une pareille doctrine y puisse être publiée et soit même celle du gouvernement. Portez où vous voudrez l'arrêté tout récent (1797) du corps administratif d'une de nos provinces qui déclare, en termes exprès, que, *fidèle aux principes républicains*, il a soigneusement défendu *aux instituteurs qu'il a nommés* pour les écoles publiques, de mêler à leurs leçons rien qui puisse rappeler l'idée d'un culte

Notre génération plus qu'aucune autre a besoin qu'on lui rappelle ces leçons d'éternelle sagesse, qu'on lui dise bien haut de ne pas faire de la science une divinité exclusive, la seule qui soit digne sans partage de nos adorations, enfin de ne pas mettre ceux qui savent parler avant ceux qui savent agir. Un poète dont la tombe est à peine fermée, terminait ses vers par cette recommandation solennelle :

> « Il faut de plus mâles sauveurs
> « Dans l'affreux orage où nous sommes ;
> « Nous avons eu trop de rêveurs :
>   « Soyons des hommes. »

§ 4. — *La volonté est bonne dans la mesure où elle s'inspire de la droite raison.*

Nous ne serions guère surpris que certains admirateurs de la science nous accusassent d'avoir fait la part trop belle à la volonté. Cependant, malgré notre respect pour le savoir et pour la raison, dont il découle, il nous semble que la volonté peut faire valoir ses droits sur tout ce que nous lui avons accordé.

Et d'abord, il est juste de considérer que nous avons parlé de la volonté à un point de vue tout à fait spécial, au point de vue de la vertu seulement. Ensuite, même en la prenant sous cet

religieux ; partout on se demandera quel peut être l'état d'un peuple dont les magistrats parlent ce langage au nom de la loi, et ce que peut être une république dont ce sont là les principes. »

aspect restreint, il nous reste à donner des explications qui suffiront peut-être, du moins nous en avons l'espoir, à faire disparaître toute trace de malentendus. Une première et importante remarque, de nature à nous rapprocher beaucoup des partisans de la raison, c'est que la doctrine de saint Thomas reconnaît ouvertement certaines vertus intellectuelles, telles que la sagesse, l'intelligence, la science et la prudence. Non pas que ces heureuses dispositions, considérées uniquement en elles-mêmes et séparées de toute relation avec la volonté, suffisent à constituer la vertu, mais plutôt parce qu'elles se rapportent certainement à la vertu et qu'elles en contiennent le principe et le germe. Sans doute le fruit est plus beau que la fleur, la fleur plus belle que la tige, et la tige plus belle que la racine enfoncée dans la terre et cachée aux regards. Et cependant, la tige, la fleur et le fruit, ne reçoivent-ils pas la vie de la racine? Le fleuve majestueux ne doit pas faire oublier la source d'où il sort, l'élégant édifice, les fondements sur lesquels il repose.

Du côté de la vertu, la volonté se montre infiniment plus riche que l'intelligence. La première la procure en acte et entraîne après elle la réalisation, l'épanouissement actuel du bien; la seconde, au contraire, donne seulement la faculté d'agir comme il faut; elle s'arrête à la promesse, à l'espérance du bien, promesse incertaine, car on peut malheureusement abuser de l'intelligence, tandis qu'on ne saurait abuser de la bonne volonté. Cependant, si l'acte vaut mieux que la simple puissance, celle-ci se rapporte à l'acte et fournit les moyens de le réaliser. Que la faculté de bien faire ne soit pas, du moins d'une manière rigoureuse, assimilée à la vertu ; mais qu'on lui reconnaisse avec celle-ci des attaches très étroites, puisqu'elle en renferme l'esquisse et comme les premiers linéaments.

Ainsi l'intelligence, considérée en elle-même et indépendamment de tout rapport avec la volonté, est déjà, quoique dans un sens incomplet et partiel, le sujet de la vertu. Mais elle peut aussi bien que les autres facultés de l'âme, subir l'influence de l'appétit rationnel, être mue par lui et appliquée au bien ; à ce point de vue elle acquiert un titre nouveau à la vertu, elle en devient actuellement le sujet et l'organe, dans la plus rigoureuse acception du terme (1).

(1) « Virtus est habitus quo aliquis bene utitur. Dupliciter autem habitus aliquis ordinatur ad bonum actum : uno modo, in quantum per hujusmodi habitum acquiritur homini facultas ad bonum actum, sicut per habitum grammaticæ habet homo facultatem recte loquendi, non tamen grammatica facit ut homo semper loquatur. Potest autem grammaticus barbarizare aut solœcismum facere, et eadem ratio est in aliis scientiis et artibus. Alio modo, habitus non solùm facit facultatem bene agendi ; sed etiam facit quod aliquis facultate recté utatur, sicut justitia non solum facit quod homo sit promptæ voluntatis ad justa operandum, sed etiam facit ut juste operetur.... Et quia virtus est « quæ bonum facit habentem, et opus ejus reddit bonum, « hujusmodi habitus *simpliciter* dicuntur virtutes, quia reddunt bonum opus in actu, et simpliciter faciunt bonum habentem.

Pour nous résumer, la raison réduite à ses propres forces, contient seulement l'initiation à la vertu ; à la volonté de l'arracher ensuite à son indétermination et de la fixer dans le bien actuel.

Mais la raison est trop grande pour être égoïste et pour rester en arrière ; elle prend plutôt les devants et rend à l'appétit rationnel les services les plus signalés. Sans elle, non seulement ce dernier ne saurait accomplir son acte propre, mais il serait encore impuissant à le commencer. Qu'est-il, en effet ? L'amour du bien, le désir du bien. Or, l'amour ne suppose-t-il pas la connais-

Primi vero habitus non simpliciter dicuntur virtutes, quia non reddunt bonum opus nisi in quâdam facultate, nec simpliciter bonum faciunt habentem. Non enim dicitur simpliciter aliquis homo bonus ex hoc quod est sciens vel artifex ; sed dicitur bonus solum secundùm quid, puta bonus grammaticus aut bonus faber.... subjectum igitur habitus qui secundùm quid dicitur virtus potest esse intellectus non solum practicus sed etiam speculativus absque omni ordine ad voluntatem ; sic enim Philosophus (*Eth.* l. III. ch. VI.) scientiam, sapientiam et intellectum et etiam artem ponit esse intellectuales virtutes. Subjectum vero habitus qui simpliciter dicitur virtus, non potest esse nisi voluntas, vel aliqua potentia secundum quod est mota à voluntate...... Et ideo, quod homo actu benè agat, contingit ex hoc quod homo habet bonam voluntatem. Undè virtus quæ bene facit agere in actu, non solum in facultate, oportet quod vel sit in ipsa voluntate, vel in aliqua potentia secundum quod est a voluntate mota. Contingit autem intellectum a voluntate moveri ; considerat enim aliquis aliquid actu eo quod vult. Et ideo intellectus, secundum quod ordinem habet ad voluntatem, potest esse subjectum virtutis simpliciter dictæ. Et hoc modo intellectus speculativus vel ratio est subjectum fidei ; movetur enim intellectus ad assentiendum eis quæ sunt fidei, ex imperio voluntatis ; nullus enim credit nisi volens. Intellectus vero practicus est subjectum prudentiæ. » (1ª 2æ, q. 56, a. 3, c.)

sance, et peut-on désirer ce qu'on ignore ? Mais
il y a le bien sensible et le bien suprasensible ;
lequel des deux convient-il de donner à la
volonté ? Le second, c'est-à-dire le plus noble. Or
la raison seule connaît le bien suprasensible ;
seule donc elle pourra le présenter à la volonté
et tenir le flambeau qui doit éclairer sa route. La
seconde de ces facultés dépend donc essentiellement de la première, qui lui fournit son objet.
Et, comme la volonté est bonne de la bonté de cet
objet, et que, d'ailleurs, celui-ci relève entièrement de la raison, il suit qu'en dernière analyse,
la bonté de la volonté dépend de la raison (1).

De là vient cette répugnance invincible que
nous avons de concevoir la volonté comme déraisonnable ou simplement arbitraire. Pourtant elle
est déraisonnable quand elle va contre la raison
et arbitraire quand elle agit sans motif suffisant ;
ce qui est encore une manière d'être déraisonnable. Le mot de Montaigne vient à l'appui de
notre thèse : « Le jugement est un outil à tous
les sujets et se mêle partout. » (2)

Il découle de là une autre conséquence digne
d'être recueillie avec le plus grand soin : c'est
que la raison est la règle même ou la mesure de

(1) « Bonitas voluntatis propriè ex objecto dependet. Objectum autem voluntatis proponitur ei per rationem : nam bonum intellectus est objectum voluntatis, proportionatum ei...
Et ideo bonitas voluntatis dependet a ratione, eo modo quo
dependet ab objecto. » (1ᵃ 2ᵃᵉ, q. 19, a. 3, c.)

(2) *Essais*, l. I, ch. 50.

la volonté. En effet, cette dernière ne peut jamais aller contre la raison ou sans son appui; nous la trouvons d'autant plus juste et plus droite, qu'elle se soumet plus fidèlement, plus aveuglément à toutes ses décisions. La volonté, n'ayant point sa lumière en elle-même, doit s'éclairer au flambeau de l'intelligence, sous peine de se voir réduite aux ténèbres de l'ignorance ou ravalée à la passion, qui n'a d'autre règle que la connaissance sensible.

Pour la volonté, elle est conçue, en quelque sorte, et enfantée par la raison, elle s'élève et s'abaisse avec elle. Donnez-moi une intelligence accomplie et une volonté qui lui soit soumise, vous aurez trouvé la volonté idéale. Voilà pourquoi le Docteur Angélique ayant à définir la vertu morale, décide qu'elle « n'est pas autre chose qu'une certaine participation de la droite raison dans la partie appétitive : *Nihil est aliud quam quædam participatio rationis rectæ in parte appetitiva.* » (1)

Ne dites point que c'est là déroger à la dignité de la volonté humaine. C'est, au contraire, la sauvegarder, la relever, l'exalter. Quelle est la volonté qui vous paraît la meilleure, et sur laquelle vous fixeriez votre choix ? sera-ce celle d'un enfant, gouvernée par les mille fantaisies de l'imagination et flottant à tous les vents de

(1) *Qp. dispp. de Virt.*, q. 1, a. 2., c.

l'insconstance ? Celle qui se règle d'après un caprice et, au mépris de la sagesse, fait du bon plaisir, sa seule et unique loi ;

Sic volo, sic jubeo, sit pro ratione voluntas?

Non, certes, une telle volonté nous paraît bien plutôt indigne d'un homme.

Deux qualités maîtresses distinguent avant toutes choses une grande volonté : l'élévation de l'idéal auquel elle s'arrête, et la fermeté, la constance avec laquelle elle le poursuit, malgré tous les obstacles de la route. Or, c'est la raison, la seule raison, qui conçoit l'idéal, et l'idéal est d'autant plus élevé que celle-ci a plus denoblesse et de grandeur. A elle aussi on devra demander la constance dans la fermeté, parce que son objet est solide, nécessaire, immuable, tandis que ce qui repose sur la sensibilité et même sur le sentiment n'a jamais ni durée, ni fixité.

Balmès a mis ces faits importants dans toute leur lumière :

« Livrer l'âme à la merci du sentiment sans contre-poids, et sans contrôle, c'est lancer un vaisseau sans pilote sur les flots soulevés.... c'est dépouiller l'homme de son intelligence et de son libre arbitre ; c'est le convertir en un instrument passif de la sensibilité...

« L'homme qui n'a pas d'autre guide que son cœur est le jouet des inclinations les plus contradictoires ; comme la paille sèche qu'emporte la tempête, il va, vient, tourne, s'élève et retombe sans trêve ni repos. Comptez les sentiments qui peuvent en quelques heures se presser dans son âme : moins nombreux sont les sables de la mer. L'homme passe, à l'improviste, et sans en connaître la cause, de la sympathie à la répulsion, de l'amour à la haine ; maintenant plein de courage et d'ardeur ; l'instant d'après, hésitant, abattu, timide...... De là vient l'inconstance de ceux qui s'abandonnent à leurs passions ; de là cette mobilité des organisations trop sensibles, qui n'ont pas su veiller sur elles-mêmes, réagir courageusement contre elles-mêmes et se maîtriser......

« Dans les actes ayant pour objet l'utile sous le rapport matériel, comme dans les actes moraux et de conscience, l'homme doit se gouverner non selon ses impressions, mais selon des règles sûres et constantes ; dans ses actes moraux, par les maximes éternelles de la vérité ; dans ce qui touche aux intérêts matériels, par les conseils d'une raison saine et prévoyante. » (1)

(1) *Art d'arriver au vrai*, ch. XXII, § 52, 53.

CHAPITRE III

Place et situation respective de la tête et du cœur

Nous sommes arrivés à la partie la plus délicate de notre sujet. Il est possible, il est désirable et même nécessaire d'unir ensemble la tête et le cœur ; mais l'union, entre choses différentes, suppose la hiérarchie, et la hiérarchie ne va pas sans une certaine subordination. Et celle-ci, à son tour, fait au subordonné une situation inférieure, humiliée.

Dans le cas présent, à qui confier la direction, et comment sauvegarder les droits et la dignité de celle des deux puissances qu'on aura placée après l'autre ? Pour trancher la question en pleine connaissance de cause, il nous faut établir une comparaison exacte entre le cœur et la tête, au triple point de vue de l'excellence, de la valeur et du bonheur attachés à leurs actes. Et nous terminerons notre étude par la description des qulités de l'esprit et du cœur et des suprêmes aspirations de l'un et de l'autre.

§ 1. —*Excellence absolue et relative de la tête et du cœur.*

L'excellence d'une chose ne se mesure pas aux résultats qu'on en peut espérer, mais seulement à son degré de noblesse ou de perfection métaphysique. Or, à envisager la question dans le sens absolu, la tête l'emporte sur le cœur par la supériorité de sa nature.

Et d'abord l'objet de l'intelligence est plus étendu que celui de la volonté ; c'est l'être dans sa plus grande universalité et sans aucune restriction ; l'être concret et abstrait, particulier et général, contingent et nécessaire, réel et possible. La volonté a un moins vaste domaine, le regard découvre plus vite les bornes de son horizon, quoique déjà reculé. Sans doute, elle a pour objet le bien universel, le bien sous sa forme la plus pure ; mais elle ne va pas au delà : pour elle, les êtres n'ont qu'un caractère, la bonté.

Il y a plus, sa manière d'agir est moins noble que celle de l'intelligence. Par la connaissance, l'âme attire les choses à soi, elle les introduit au dedans d'elle-même, non pas sans doute dans leur entité matérielle, mais dans leur forme idéale ; elle les dépouille de leur être physique, pour leur donner un être nouveau et meilleur, l'être intelligible.

L'amour procède tout différemment. Il fait sortir l'âme d'elle-même, et l'entraîne vers le monde extérieur ; il l'attache aux choses, loin d'attacher les choses à elle, et tandis que le connu tend à s'identifier avec le sujet connaissant, celui qui aime tend à s'identifier avec l'objet aimé. Dans la connaissance, l'esprit élève les choses jusqu'à lui et leur donne sa propre forme; dans l'amour, le cœur se penche vers les choses, prend leur forme et se façonne à leur image.

Or, selon la remarque de saint Thomas, il est bien plus parfait, en thèse générale, d'attirer à soi ce qu'il y a de bon et de noble dans les êtres extérieurs, que de se voir contraint à aller au-devant d'eux et à les rechercher. Le premier de ces actes est d'un être actif et puissant, doué d'une merveilleuse faculté de transformation et d'assimilation ; le second convient plutôt à un être faible et passif, qu'attire le monde extérieur, et qui abandonne plus ou moins sa propre forme, en se mêlant aux choses, en laissant absorber par elles sa substance, son individualité (1).

---

(1) « Perfectius est, simpliciter et absolutè loquendo, habere in se nobilitatem alterius rei, quam ad rem nobilem comparari, extra se existentem... » (Qq. dispp., XXII de Volunt. a. 11, c.)

Le cardinal de Bérulle a très bien exploité la belle philosophie de saint Thomas sur la connaissance et l'amour. « C'est le propre de toute sorte de cognoissance, sensitive, intellectuelle et divine, de transformer et eslever les choses cogneües en la qualité et dignité de la puissance qui les cognoit. Ainsi les choses matérielles ont un estre aucunement immatériel, en l'espèce qui les rend visibles et perceptibles des sens extérieurs et intérieurs, selon l'éminence et la qualité de la facul-

Une troisième excellence de la raison, c'est qu'elle a sur l'appétit rationnel un rang certain de priorité et qu'elle contribue à la génération de cette puissance. L'intelligence, en effet, tire immédiatement son origine de l'essence de l'âme, tandis que la volonté n'en vient que médiatement et puise dans la connaissance la raison prochaine de son être.

Bien plus, outre cette dépendance logique, la volonté contracte à l'égard de l'intellect une dépendance nouvelle; car c'est de lui qu'elle reçoit son objet propre, c'est grâce à lui qu'elle sort de l'inaction et passe de la puissance à l'acte. » *Intellectus est prior voluntate, sicut motivum mobili, et activum passivo; bonum enim intellectum movet voluntatem.* » (1)

Sans doute, la volonté peut à son tour agir sur la raison, la mettre en mouvement, l'appliquer à

té sensitive qui les reçoit et les apperçoit, et elles ont un estre intellectuel en l'esprit de l'ange et de l'homme qui les contemple. Et c'est une des excellences qu'on remarque dans l'entendement par dessus la volonté, que l'entendement transforme son object en soi-même et la volonté se transforme en son object. Et c'est aussi un des points qui rend la cognoissance différente de l'amour, que la cognoissance tire l'object à soi et n'abbaisse pas celui qui cognoit dans les objects cogneus, mais élève et proporcionne les choses cogneües, à la proportion et à la dignité de celui qui les cognoit. Et l'amour au contraire porte l'âme en l'object qu'elle aime, et par une douce puissance abbaisse et incline l'amant en la chose aimée. Cette différence générale entre l'amour et la connaissance, est fort considérable. » (*Discours de l'Estat et des Grandeurs de Jésus,* discours 9me, édition de l'abbé Piquand.)

(1) 1ª 2æ, q. LXXXII, a. 3, ad 2.

la considération de tel ou tel objet. Mais la raison n'a pas absolument besoin d'un pareil secours; elle peut agir spontanément, par la seule vertu qui lui est propre, tandis que la volonté ne peut absolument rien par elle-même, et ne produit aucun acte, aucun mouvement, si petit qu'on le suppose, sans l'aide et les lumières de la raison.

Au point de vue esthétique, saint Thomas donne encore la palme à l'intelligence; par suite, il met les vertus intellectuelles avant les vertus morales, et la vie contemplative avant la vie active. Voici comment il raisonne : « La beauté consiste principalement dans l'éclat et dans la proportion ; mais ces deux qualités ont leur source dans la raison même ;. car elle est tout ensemble la lumière qui éclaire et la sagesse qui met de l'ordre dans les choses. Aussi la vie contemplative, qui réside tout entière dans un acte de la raison, est-elle belle par elle-même et essentiellement. Au contraire, les vertus morales ne possèdent la beauté que par participation, et dans la mesure où elles réalisent l'ordre qui resplendit dans la raison comme dans son foyer. » (1)

(1) « Pulchritudo, sicut supra dictum est, (q. 145, a. 2) consistit in quadam claritate et debitâ proportione. Utrumque autem horum radicaliter in ratione invenitur ; ad quam pertinet et lumen manifestans, et proportionem debitam in aliis ordinare. Et ideo in vitâ contemplativâ, quæ consistit in actu rationis, per se et essentialiter invenitur pulchritudo ; unde (Sap. viii, 2) de contemplatione sapientiæ dicitur : *Amator factus sum formæ illius.* In virtutibus autem mo-

Du point de vue absolu où nous nous sommes placés jusqu'ici, arrivons au côté relatif; de ce qui est par soi descendons vers ce qui est par accident : nous trouverons aussitôt que la situation respective de l'intelligence et de la volonté ne demeure plus identique. Tantôt la première l'emporte sur la seconde, tantôt, à l'opposé, la seconde sur la première.

La connaissance a-t-elle pour terme des choses inférieures à l'esprit humain ? elle vaut mieux que l'amour. Pour donner un exemple, il y a plus de perfection à connaître une pierre, fût-ce une pierre précieuse, qu'à s'attacher à elle par l'amour. S'agit-il au contraire d'un être qui nous soit de beaucoup supérieur ? il y a plus de perfection dans l'amour que dans la simple connaissance ; l'amour qui nous unit à Dieu est plus noble que la science acquise de lui en ce monde. C'est que, dans le premier cas, l'objet reçoit de l'intelligence une plus noble forme que celle qu'il possède en lui-même et qui attire la volonté, et que, dans le second, l'objet, se trouvant supérieur à notre intelligence, existe en lui-même d'une existence meilleure que dans notre esprit.

L'être idéal que la pierre peut acquérir dans notre esprit vaut mieux que son être propre et

ralibus invenitur pulchritudo *participative*, in quantum scilicet participant ordinem rationis, et præcipuè in temperantiâ, quæ reprimit concupiscentias, maxime lumen rationis obscurantes. » (2ª 2æ, q. 180, a. 2, ad 3.)

matériel, et la bonté de Dieu, objet de notre amour, existe bien plus parfaitement dans l'essence divine que dans notre raison qui la conçoit (1).

Pour nous résumer, l'intelligence a plus de grandeur que la volonté, *altior quam voluntas*,

(1) « Per respectum ad res naturales sensibiles, intellectus est simpliciter nobilior voluntate, utpote intelligere lapidem, quam velle lapidem, eo quod forma lapidis nobiliori modo est in intellectu quam sit in seipsâ, secundum quod a voluntate consideratur.... In respectu (autem) ad res divinas, quæ sunt animâ superiores, velle est eminentius quam intelligere, sicut velle Deum et amare, quam cognoscere : quia scilicet divina bonitas perfectius est in ipso Deo ; prout à voluntate desideratur, quam sit participata in nobis, prout ab intellectu concipitur. » (*Qq. dispp.* XXII, *de Volunt.* a. 11, c.)

Donnons encore l'admirable commentaire du cardinal de Bérulle :

« A bon droit, et avec raison, en l'échole des chrestiens, la béatitude de la terre est principalement attribuée à l'Amour et à la Charité, et celledu ciel est principalement attribuée à la cognoissance et vision de Dieu. Car dès la terre, l'Amour nous joinct à Dieu tel qu'il en est luy-même, nous transportant hors de nous-mêmes en Dieu ; et la cognoissance que nous avons de Dieu en la terre, nous unit à Dieu, non tel qu'il est en soy, mais tel qu'il est en nous ; c'est à dire qu'il est en notre esprit et en l'intelligence que nous formons de luy, lequel nous ne connaissons qu'en énigme et ombrage « *in ænigmate* », ce dit celui qui l'a cogneu dans le troisième ciel.

« Au lieu que la cognoissance de Dieu que nous avons au ciel, a ce privilège et ce pouvoir pardessus la cognoissance et la lumière de Dieu qui se donne en la terre, qu'elle nous unit et nous conjoint à Dieu tel qu'il est en luy-même : d'autant que, dans le ciel, son Essence s'unit à notre esprit, et l'actuë bien plus noblement de sa lumière, que le corps diaphane n'est actué du rayon qui le pénètre, et l'élève à cognoistre. Dieu tel qu'il est en soy, nous establissant en un estat de vie propre à Dieu mesme : puisque c'est la vie de Dieu dont l'estre et la nature est intellectuelle, de se cognoistre et de se voir soy-même. » (*Op. et loc. cit. suprà.*)

dit saint Thomas ; elle est donc la plus noble faculté de l'âme humaine. Mais, selon une juste remarque du P. Gratry, la volonté est plus centrale et plus intime, elle a quelque chose de plus *profond*, par là même de plus secret, de plus mystérieux, que l'intelligence. De là ces mots plus ou moins répandus dans toutes les langues : *le fond du cœur* ; je vous aime du *fond* de mon cœur ; le ciel n'est pas plus pur que le *fond* de mon cœur. Il y a aussi les *replis* du cœur, qui servent à le concentrer en lui-même, à le soustraire aux regards des hommes, au point que l'œil perçant de Dieu peut seul pénétrer cet abîme insondable comme l'Océan : « *Abyssum et cor hominis investigabit.* » (1)

Connaître l'esprit des hommes, c'est chose relativement aisée ; connaître leur cœur, voilà qui offre plus de difficulté ; ils le cachent, en effet, avec plus de soin qu'ils ne feraient un trésor ; tandis que d'elle-même leur intelligence se découvre et se révèle.

D'après une maxime de Larochefoucauld, « Tous ceux qui connaissent leur esprit, ne connaissent pas leur cœur. » C'est encore à ce dernier qu'il faut appliquer ces paroles du P. Lacordaire : « Il est difficile de se rencontrer en un lieu aussi lointain que l'âme, aussi caché derrière l'océan qui l'entoure et sous la nue qui le couvre.

---

(1) Eccli. ch. XLII, v. 18.

L'Ecriture dit de Dieu qu'il habite une lumière inaccessible ; on peut dire de l'âme qu'elle habite une ombre impénétrable. On croit y toucher, et c'est à peine si la main qui la cherche a saisi la frange de son vêtement. Elle se contracte et se retire au moment où l'on se croit sûr de la posséder, tantôt serpent, tantôt colombe craintive, flamme ou glace, torrent ou lac paisible, et toujours, quelle que soit sa forme ou son image, l'écueil où l'on se brise le plus et le port où l'on entre le moins. C'est donc une rare et divine chose que l'amitié, le signe assuré d'une grande âme et la plus haute des récompenses visibles attachées à la vertu. » (1)

§ 2. — *Valeur comparative de la tête et du cœur.*

L'excellence d'un être se tire avant tout de l'élévation de sa nature considérée en elle-même, indépendamment de ses œuvres ; sa valeur est, au contraire, en rapport plus étroit avec l'action qu'avec la théorie ; l'une dit ce qu'il est, l'autre ce qu'il fait et surtout ce qu'il donne. Chez les êtres privés de raison, la valeur se mesure à l'utilité qu'il procurent ou qu'on en espère ; dans l'homme, elle revêt un caractère plus élevé et s'estime d'après les règles de la morale.

Nous disions tout à l'heure que l'homme est plus noble par la tête que par le cœur ; nous dirons

---

(1) *Sainte Marie Madeleine*, ch. I.

maintenant qu'il est bon plutôt par le cœur que par la tête. Loin de nous la pensée de diminuer l'importance et même le mérite des œuvres intellectuelles ; les productions de l'esprit et à plus forte raison du génie brilleront d'un éternel éclat et se verront toujours entourées du respect et de l'admiration de tous,

Au moral comme au physique, le cœur est moins en vue que la tête ; son action frappe moins les regards, et par là même excite moins nos louanges. « *Caput habet manifestam eminentiam respectu cæterorum exteriorum membrorum ; sed cor habet quamdam influentiam occultam.* » (1)

Mais, si la mémoire des savants, des artistes, des poètes, des grands capitaines, est plus retentissante, celle des hommes de cœur est entourée de plus de bénédictions. L'opinion commune sait faire le discernement entre les hommes illustres et les hommes de bien ; aux uns l'admiration, aux autres l'estime profonde et l'amour fidèle. Il n'y a pas de brillant écrivain ou de glorieux soldat, dont le nom soit en possession d'autant de vénération et d'amour que celui de l'humble Vincent de Paul.

Le sentiment des penseurs et des moralistes vient fortifier la croyance universelle. Parmi les autorités les plus diverses qui déposent en faveur de notre thèse, bornons-nous ici à quel-

(1) 3, q. VIII, a. 1, ad 3.

ques-unes des plus considérables. « Dans la bonté de l'âme, dit saint Thomas, la meilleure part appartient à la volonté; c'est par la bonne volonté, en effet, que l'homme use bien de tout ce qu'il peut y avoir de bon en lui. » (1) — « L'estimation et le prix d'un homme consiste au cœur; oui, c'est là que gît son vrai honneur.» (Montaigne.) — « C'est par le cœur que l'homme vaut, s'il vaut quelque chose. (Larochefoucauld.) — « S'il fallait dresser des autels à quelque chose d'humain, j'aimerais mieux adorer la poussière du cœur que la poussière du génie. » (2)

D'ailleurs, les motifs d'estimer un homme sur-tout d'après sa volonté sont nombreux autant que décisifs. Nous trouvons le premier dans la doc-trine et les paroles déjà citées de saint Thomas : Les autres dispositions de l'âme, si excellentes qu'on les suppose, ne sont bonnes qu'en puis-sance, on peut en user bien ou mal, c'est par la volonté que l'homme fait bon usage de tout ce qu'il y a de bon en lui, « *ex qua aliquis homo bene utitur qualibet alià bonitate.* »

Kant a bien développé cette importante consi-ration : « De tout ce qu'il est possible de conce-voir dans le monde, et même en général en de-hors du monde, il n'y a qu'une chose qu'on puisse

(1) « In bonitate animœ prima pars est bonitas voluntatis, ex qua aliquis homo bene utitur qualibet alia bonitate. » (1ᵃ 2ᵉ, q. 122, a. 2, c.)

(2) Lacordaire, *Conf. de N. D.*, 26ᵉ confér., *de la Religion comme passion et vertu de l'humanité.*

tenir pour bonne sans restriction : c'est une
bonne volonté. L'intelligence, la finesse, le jugement et tous les talents de l'esprit, ou le courage,
la résolution, la persévérance, comme qualités de
tempérament, sont sans doute choses bonnes et
désirables à beaucoup d'égards ; mais ces dons
de la nature peuvent aussi être extrêmement
mauvais et pernicieux, lorsque la volonté qui en
doit faire usage et qui constitue ainsi essentiellement ce qu'on appelle le caractère, n'est pas
bonne. Il en est de même des dons de la fortune. » (1) — La Rochefoucauld exprime plus
brièvement la même pensée : « On ne doit pas juger du mérite d'un homme par ses grandes qualités, mais par l'usage qu'il en sait faire. »

De là une seconde prérogative de la volonté ;
c'est que, dans l'homme, elle a le gouvernement
de tout l'être, la direction de toutes les facultés
et que, sous sa puissante influence, la plus étonnante variété se voit réduite à l'unité. Saint
François de Sales le dit excellemment dans son
gracieux langage : « Parmi l'innumérable multitude et variété d'actions, mouvements, sentiments, inclinations, habitudes, passions, facultés
et puissances qui sont en l'homme, Dieu a établi
une naturelle monarchie en la volonté, qui commande et domine sur tout ce qui se trouve en ce
petit monde ; et semble que Dieu ayt dit à la vo-

_____

(1) *Les Fondements de la métaphysique des mœurs*
1ʳᵉ section.

lonté, ce que Pharaon dit à Joseph : Tu seras sur ma maison, tout le peuple obéyra au commandement de ta bouche ; sans ton commandement, nul ne remuera. » (1)

Par elle l'homme devient maître de tout ce qui est en lui et de lui-même ; il peut triompher et remporter à l'intérieur de son être ces victoires admirables, peu bruyantes, il est vrai, mais qui révèlent infiniment plus la force du vainqueur que celles des conquérants les plus vantés.

Écoutez ce fier langage d'Auguste dans Corneille :

> Je suis maître de moi, comme de l'univers,
> Je le suis, je veux l'être ; ô siècles, ô mémoire,
> Conservez à jamais ma dernière victoire,
> Je triomphe aujourd'hui du plus juste courroux
> De qui le souvenir puisse aller jusqu'à vous.
> Soyons amis, Cinna, c'est moi qui t'en convie ;
> Comme à mon ennemi, je t'ai donné la vie,
> Et malgré la noirceur de ton lâche dessein,
> Je te la donne encor comme à mon assassin.

Ajoutez que si la tête fait les hommes de méditation, le cœur fait les hommes d'action. N'avons-nous pas dit que le cœur physique préside à toutes les fonctions de l'organisme, met en mouvement et stimule toute l'activité, en répandant partout, grâce au sang, la chaleur et la force, sans lesquelles nulle activité n'est possible (2) ?

Il en est de même du cœur moral. L'amour

(1) *Traité de l'amour de Dieu*, l. I, ch. i.
(2) Supra, p. 123.

vient de lui, et l'amour — recueillons avec soin cette belle parole de saint Thomas — est le principe de toutes les actions de n'importe quel agent, et à plus forte raison de l'homme. « *Manifestum est quod omne agens, quodcumque sit, agit quamcumque actionem ex aliquo amore* » (1) Dans toutes nos actions nous cédons à une impulsion maîtresse qui nous pousse vers un but déterminé; à un poids qui fait pencher notre âme tout entière, et ce poids, c'est notre amour, comme parle saint Augustin : « *Amor meus, pondus meum; quocumque feror, amore feror.* » (2)

L'amour est une impulsion et une force; on peut le dire, l'homme tient sa force de ce qu'il aime, et du degré où il l'aime. Aucun danger n'effraye l'amour, aucun obstacle ne l'arrête, il peut aller jusqu'à la mort. « *Fortis ut mors dilectio.* » — « *Aquæ multæ non potuerunt extinguere charitatem, nec flumina obruent illam* (3).

Est-ce que l'amour d'une mère, fût-elle d'ailleurs la plus pauvre des femmes, n'enfante pas des prodiges de courage et de dévouement? Est-ce que la timide vierge, enflammée de l'amour du Christ, ne méprise pas toutes les séductions, ne brave pas tous les supplices et ne se rit pas de la mort?

Enfin le cœur est le lien social par excellence,

(1) 1ª 2ᵃᵉ, q. 28, a. 6.
(2) *Confess.* XIII, 10.
(3) *Cantic. canticor.* c. VIII, v. 6, 7.

l'esprit attire à soi plutôt qu'il ne sort de lui-même, car, on s'en souvient, la connaissance par sa nature attire et fait passer l'objet dans le sujet. Mais le cœur se répand au dehors et se penche vers les personnes aimées, quelquefois, il est vrai, pour en jouir, et alors ce peut être un amour égoïste et profane, mais souvent aussi, sans aucun retour sur lui-même, pour se livrer par une soif ardente de sacrifice : « *Amor, virtus unitiva, virtus diffusiva.* »

Et c'est de lui que naît la bonté, cette vertu généreuse, cette vertu exquise qui sied si bien à la grandeur, « sans laquelle même, au dire de Sénèque, il ne saurait y avoir de majesté véritable. » (1)

En résumé, la valeur d'un être procède non pas autant de ce qu'il est, ou de ce qu'il a reçu de Dieu, de la nature et des circonstances, que de ce qu'il prend à son propre fonds pour l'ajouter à ce qui lui a été confié, de ce qu'il met dans la balance de sa personnalité et de ses œuvres, en un mot, de ce qu'il fait et de ce qu'il donne. Or tout cela est le fruit de la bonne volonté. Si haut qu'il s'élève, si grand qu'il devienne, l'homme doit ce progrès à Dieu d'abord, mais ensuite au bon usage qu'il fait de son intelligence, de sa sensibilité, de toutes ses puissances, de toutes ses ressources, de tout son

_____

(1) *Epist.* 95, n. 43.

temps. Et s'il mérite que la postérité lui décerne
un jour le titre de grand, l'hommage s'adressera
à sa volonté bien plus qu'à son intelligence.

« Voilà un personnage qui a composé des poésies merveilleuses, qu'on ne se lasse pas de relire
et qui enchanteront encore nos derniers neveux ;
mais ses actions n'ont pas été à la hauteur de
ses écrits : ce n'est qu'un grand poète. En voilà
un autre qui durant vingt ans a tenu suspendues
à ses lèvres les multitudes frémissantes et ravies ;
mais il n'a rien fait pour les élever et les enno-
blir : ce n'est qu'un grand orateur. En voilà un
troisième qui est sorti vainqueur de dix batailles
et qui a étonné l'Europe par ses exploits ; mais
il n'a jamais songé à mettre son épée au service
d'une idée généreuse : ce n'est qu'un grand général. Le seul et vrai grand homme est le personnage, d'ailleurs éminent, chez qui l'élément
essentiellement humain, c'est-à-dire la moralité,
la volonté droite, domine tous les autres. Là où
ce bel ordre est interverti, où la grandeur
poétique, oratoire, militaire prime la grandeur
morale, au lieu de lui être subordonnée, je ne
reconnais pas la réalisation de l'idéal humain,
je ne vois qu'une grandeur apparente, ou tout
au moins d'un ordre inférieur. » (1)

Le plus humble d'entre nous, l'artisan le plus
vulgaire, qui veut le bien et le réalise selon son

(1) Ferraz, *Nos devoirs et nos droits*, l. I, ch. II, n. 1.

pouvoir, qui ne se borne pas à concevoir la vertu, mais qui en retrace les nobles images, au sein même de l'obscurité d'une vie modeste, a plus de valeur réelle, plus de vrai mérite, qu'un esprit orné et cultivé, possédant tous nos arts et toutes nos sciences, discernant même toutes les nuances du bien et du mal, mais oublieux de conformer ses œuvres à la règle du devoir.

Consolante doctrine, bien faite pour donner du courage à plusieurs. Grand est le nombre de ceux à qui la nature n'accorde pas le don d'une haute intelligence; mais à personne elle ne refuse les moyens d'acquérir une bonne volonté, puisque celle-ci dépend tout entière de l'usage que chacun fait de son libre arbitre.

D'ailleurs, la culture des autres facultés rencontre bien souvent des obstacles qu'il n'est pas au pouvoir de tous de surmonter; combien à qui les nécessités de la vie interdisent à tout jamais les abords des sciences et des arts, quand elles ne les condamnent pas à une ignorance presque totale!

La volonté n'a pas à craindre de semblables difficultés; car, pour devenir bonne, excellente même, elle n'a besoin ni des présents de la fortune, ni de la culture littéraire et scientifique; il lui suffit d'être droite et courageuse. Sous ce rapport, l'humble pâtre se trouve dans des conditions presque aussi favorables que le professeur le plus distingué ou même qu'un membre de l'Institut.

Bien plus, l'adversité, le malheur, la souffrance peuvent contribuer à merveille au développement de la bonne volonté, en écartant d'elle la coupe si dangereuse du plaisir, en l'obligeant de déployer toute son énergie, de dominer la tourmente, d'ajouter enfin la patience au courage; que d'hommes qui auraient été moins hommes s'ils n'avaient reçu les austères leçons de l'adversité!

Il est vrai que notre thèse générale peut subir quelques modifications dans le détail; on peut dresser des embûches à la vertu; on peut séduire l'enfance, corrompre la jeunesse par des exemples détestables et une éducation vicieuse. Mais alors même Dieu proportionne son secours à la tentation, il vient en aide à la bonne volonté, et fait plus d'une fois fleurir le lis au milieu des épines. En tout cas, il accepte autant qu'il est nécessaire, les excuses légitimes, et il ne demande à chacun que ce qu'il peut donner.

Mais il est indispensable que la volonté s'accoutume à l'effort pour arriver à être bonne, et si elle le devient, qu'elle travaille et lutte encore pour conserver le don qu'elle a reçu.

Nous sommes libres, nous sommes faibles, chaque jour apporte son épreuve et sa tentation, les bons eux-mêmes peuvent se démentir et perdre en un instant, le fruit de toute une vie de vertus. Toujours veiller, et toujours travailler, voilà la tâche qui nous incombe, si nous voulons éviter les surprises et nous assurer contre les chutes de l'avenir. Cependant, à force de bien faire, la volonté prend de la consistance, le cœur s'affectionne au devoir, la vertu devient un besoin.

Si à la vigilance et au travail, on ajoute la prière, on a raison d'attendre de Dieu le don précieux de la persévérance.

§ 3. — *Bonheur comparatif que procurent à l'homme les joies de l'esprit et celles du cœur.*

Quand bien même la culture de l'esprit et du cœur n'apporterait à l'homme aucune jouissance, il ne devrait point la négliger pour cela. Ne lui suffirait-il pas de savoir qu'elle lui donne sa véritable noblesse et sa juste valeur?

Mais ici, par une délicate attention de notre Père du ciel, bien faite pour nous encourager au travail, voici que le bonheur se montre le fidèle compagnon du devoir. Il n'est pas douteux, en effet, que l'homme ne trouve dans le bon état et l'harmonie de l'esprit et du cœur la source des jouissances les plus pures et les plus vraies. Qu'est-ce que les plaisirs des sens à côté des plaisirs de l'âme? Saint Augustin dit quelque part que la beauté physique a des charmes tant qu'on ignore l'immatérielle beauté, mais que cette dernière, par la seule vertu de son apparition, fait rentrer la première dans l'ombre. Il en est du bonheur comme de la beauté : plus on monte vers

les hautes régions, plus il s'agrandit et s'élève ;
Epicure lui-même l'avait reconnu.

Mais, de l'esprit ou du cœur, qui rend l'homme
le plus heureux ? Aristote a mis le bonheur dans
l'acte le plus parfait de la faculté la plus haute,
c'est-à dire dans l'acte de la raison appliquée au
suprême intelligible (1). Or le suprême intelligible n'est autre que Dieu ; et la vertu qui a le
pouvoir de l'atteindre, c'est la sagesse. Et si dès
ici-bas il appartenait à celle-ci de s'emparer
pleinement de son objet, nous aurions le parfait
bonheur. Mais il en va bien autrement ; dans la
vie présente, l'humaine sagesse n'a de son objet
qu'une très imparfaite possession : aussi ne pro-
cure-t-elle que de faibles avances sur la félicité
à venir. Pourtant elle est le commencement du
souverain bonheur que nous attendons (2).

La doctrine de l'Angélique Docteur s'accorde
entièrement avec tous les principes. Le bonheur

(1) « L'homme doit trouver le bien dans son œuvre propre...
Son œuvre propre est la vie active de l'être doué de raison...
Ainsi la fonction propre de l'homme serait l'acte de l'âme
conforme à la raison, ou du moins l'acte de l'âme qui ne peu
s'accomplir sans la raison... Par suite, le bien propre de
l'homme est l'activité de l'âme dirigée par la vertu, et s'il y
a plusieurs vertus, dirigée par la plus haute et la plus parfait
de toutes. » (*Morale à Nicomaque*, l. I, ch. 4.)

(2) « Sapientia considerat ipsum objectum felicitatis, quod
est altissimum intelligibile. Et siquidem esset perfecta con-
sideratio sapientiæ respectu sui objecti, esset perfecta felici-
tas in actu sapientiæ. Sed quia actus sapientiæ in hac vita est
imperfectus respectu principalis objecti, quod est Deus,
ideo actus sapientiæ est quædam inchoatio seu participatio
futuræ felicitatis. » (1ª 2æ, q. 66, a. 5, ad 2.)

d'un être doit consister dans le parfait épanouissement de sa faculté dominante, et dans l'homme,
on l'a vu déjà, la faculté dominante, c'est la
raison. De son usage découlent les satisfactions
les plus nobles et les plus durables ; de là ces tres-
saillements inconnus, ces joies douces mais
austères du savant, de l'artiste, du poète en présence de la vérité découverte, quand elle s'est
laissé une fois voir, embrasser, ou qu'elle a seulement daigné faire une promesse ou donner un
sourire.

Et pourtant ce bonheur n'est qu'une ombre,
comparé à celui du sage, du théologien, du con-
templatif, qui sur les ailes de la foi s'élève jusqu'à Dieu — l'objet principal de l'intelligence —
et s'oublie, se perd dans son sein.

Mais ici-bas la science est si laborieuse : « *qui
addit scientiam, addit et laborem,* » (1) si mêlée
de ténèbres et d'incertitudes, le partage d'un si
petit nombre d'élus ! Ne semble-t-il pas que, par
une étrange ironie, la faculté humaine la plus
noble soit aussi, chez la plupart, la moins développée en même temps que la moins remplie?

Voilà pourquoi, dans notre sentiment, la source
la plus abondante du bonheur humain ici-bas,
jaillit avant tout du cœur. La félicité qu'il procure est plus accessible au grand nombre : nous
l'avons dit, la volonté, pour être vraiment

_____
(1) *Ecclesiast.* 1, 18.

bonne, pour fournir à l'homme les joies si pures
de la vertu, ne demande ni art, ni instruction. Il
en est ainsi pour les satisfactions du cœur; Dieu
les a mises à la portée de tous.

Il est sans doute peu d'hommes qui aient rencontré sur leur chemin une amitié parfaitement
pure, désintéressée, généreuse, fidèle, l'amitié
idéale en un mot; mais, à défaut de cette amitié
céleste, un bien grand nombre trouvent dès ici-
bas, dans la famille et autour d'elle, une affection au moins proportionnée à leurs besoins,
sinon à tous leurs désirs.

Et si les amis de la terre viennent à nous faire
défaut, que notre cœur ne désespère pas : Dieu
nous reste, c'est-à-dire le Père, l'ami de tous les
hommes, et par-dessus tout des abandonnés et
des délaissés. Se sentir aimé de lui, et pouvoir
l'aimer à son tour, quel bonheur pour un être
chétif, tel que l'homme! « *Quis sum ego, ut
amari te jubeas me,* » a droit de dire le plus
humble d'entre nous avec le grand saint Augustin! Sans doute, nous ne le voyons pas de nos
yeux, il ne fait pas arriver sa douce voix jusqu'à
notre oreille, nous le connaissons bien imparfai-
tement et bien mal; mais nous pouvons l'aimer
plus que nous ne le connaissons, le cœur ne rencontre pas les obstacles qui arrêtent la pauvre
raison, tout entier il peut s'unir à Dieu tel qu'il
est en lui-même.

Cependant, au ciel, la plus noble faculté aura

son tour: élevée à la vision de Dieu, fortifiée par la lumière de la gloire, c'est elle qui nous rendra parfaitement heureux, car c'est elle qui nous mettra en possession du parfait intelligible, du souverain désirable.

En attendant cette ineffable félicité, demandons-lui toutes les joies qu'elle peut nous donner: elles ont de quoi tenter une âme généreuse.

Et surtout gardons-nous bien de cette opinion erronée, désolante, aujourd'hui si commune, qui fait de la raison une déesse malfaisante, habile à soulever d'importuns problèmes, à répandre d'épais nuages, mais impuissante à ramener le jour et à rendre la paix qu'elle a dérobée. Certains esprits mélancoliques en viennent jusqu'à se plaindre du don de penser et de vouloir, à porter envie à la nature privée de connaissance et de sentiment.

Un poète contemporain parle ainsi à un grand chêne :

> Salut ! un charme agit et s'échange entre nous.
> Arbre, je suis peu fier de l'humaine nature ;
> Un esprit revêtu d'écorce et de verdure
> Me semble aussi puissant que le nôtre et plus doux.
> Verse à flot sur mon front ton ombre qui m'apaise,
> Puisse mon sang dormir et mon corps s'affaisser ;
> Que j'existe un moment sans vouloir ni penser ;
> La volonté me trouble et la raison me pèse.
> Je souffre du désir, orage intérieur ;
> Mais tu ne connais, toi, ni l'espoir, ni le doute,
> Et tu n'as jamais su ce que le plaisir coûte :
> Tu ne l'achètes pas au prix de la douleur ! » (1)

(1) Laprade, *a un grand arbre.* — Au reste, l'auteur

Etrange discours, qui abaisse la dignité de la
nature humaine jusqu'au rang inférieur de la matière insensible, et, pour quelques ombre, soublie
toutes les lumières, pour quelques souffrances,
toutes les joies de la pensée et de l'amour! La
plus petite étincelle d'intelligence ne descend-
elle pas de la face de Dieu? La moindre impulsion
de la volonté ne suffit-elle pas à faire de l'homme
le maître de ses passions, le roi de la nature,
l'arbitre de ses destinées? Nous pouvons bien
dire de la raison ce que l'Ecriture a dit de la
sagesse : « Elle est la vapeur de la vertu de
Dieu, et l'effusion toute pure de la clarté du Tout-
Puissant. » (1)

§ 4. — *L'esprit dirige le cœur et le cœur échauffe l'esprit.*

Il est dans la théologie catholique un dogme
admirable entre tous : nous voulons parler de
la *circumincession* des personnes de l'auguste
Trinité. Les trois personnes divines sont absolument inséparables, elles s'accompagnent dans
toutes leurs œuvres, elles se pénètrent mutuellement.

Quelque chose de semblable s'accomplit dans
la vie de l'esprit et du cœur. Au moral comme
au physique, la tête ne peut rien sans le cœur,

mieux inspiré se reprochera plus tard « son idolâtrie pour
les bois, » et deviendra un de nos poètes les plus profondément chrétiens.
(1) *Sagesse*, ch. VII, v. 25.

et le cœur ne peut rien sans la tête. Partout où il y a mouvement et progrès, il y a une idée et une force, une force qui imprime, soutient, stimule le mouvement, une idée qui lui prépare son chemin, le dirige, écarte de lui les obstacles, ou lui apprend à les tourner. Dans l'homme, on le sait, l'idée vient de la tête, la puissance législative réside au cerveau ; mais le commandement vient de la volonté, et le pouvoir exécutif appartient au cœur.

Le cœur ne perd rien à se mettre sous la conduite de l'esprit, car ce n'est un déshonneur pour personne d'accepter la tutelle de la raison et de suivre les enseignements de la sagesse (1). « L'esprit est l'atmosphère de l'âme, » a dit Joubert. C'est l'esprit qui affranchit le cœur du joug des passions, c'est lui qui élève l'amour de l'âme au-dessus de l'amour du corps. Tout seul, et livré à lui-même, l'amour descend ou monte indifféremment ; le poète a pu dire qu'il s'allie mal avec la majesté.

> Non bene conveniunt nec in unâ sede morantur
> Majestas et amor.

Il est beau de se donner, mais il faut savoir à qui on se donne. Il est beau de se dévouer, mais il faut savoir pour qui on se dévoue. Ce n'est pas la peine qui fait le martyr, a dit saint

---

(1) « *Lucerna corporis tui est oculus tuus.* » (Matth., c. VI, v. 22. Aristote a dit aussi : ὡς ὄψις ἐν ὀφθαλμῷ, νοῦς ἐν ψυχῇ.

Augustin, c'est la cause. « *Martyrem facit non pœna, sed causa.* »

« La perfection d'une pendule n'est pas d'aller vite, mais d'être réglée. » (Vauvenargues.)

— Vous partez pour un lointain voyage, la mer est orageuse : choisissez un bon pilote. La vie humaine est ce voyage au long cours rempli de traverses et de tempêtes. Or, « la volonté n'est pas le pilote, elle est le gouvernail. Le pilote, c'est la raison. N'accusez que le pilote des oscillations du navire, et de sa marche déréglée. Le secret des caractères énergiques, c'est l'énergie des convictions. Là où les principes ne commandent plus, la volonté tourne au gré de l'intérêt. » (1)

Si l'on désire une preuve expérimentale, une preuve actuelle et vivante, de cette vérité, il suffit d'ouvrir les yeux. Où sont-ils, aujourd'hui, les hommes de caractère ? Où sont les volontés ? Où sont les braves qui résistent au torrent? Combien peu qui savent se tenir debout ! Le vaisseau flotte au gré des vents et reçoit tour à tour les directions les plus contraires. Et qu'y-a-t-il là détonnant ? N'a-t-on pas rompu avec tous les principes ? Le pilote nécessaire n'a-il pas reçu son congé ? Sans doute, à lui seul le pilote ne saurait entraîner le vaisseau; il faut qu'une force étrangère imprime le mouvement et que le vent

(1) Caro, *Etudes morales sur le temps présent*, 1ʳᵉ étude, n. 3.

enfle les voiles. Une bonne vue ne suffit pas pour faire avancer. « La raison pure, c'est le cerveau séparé du cœur : c'est une tête coupée ; il n'y vient plus de sang ; l'organe est mort. » (1)

La raison la plus éclairée ne donne pas la force de vouloir, encore moins celle d'agir. La conviction de l'esprit n'entraîne pas toujours celle du cœur.

La connaissance sensible n'est jamais plus active ni plus vive que lorsque le sang, chassé par le cœur, arrive au cerveau avec plus de force et d'abondance. De même, « rien n'augmente autant la vraie capacité de l'esprit qu'un cœur ardent. L'esprit grandit quand il fait chaud dans l'âme. Les pensées sont grandes quand le cœur se dilate. Il y a des esprits où il fait clair, et il y en a où il fait chaud, disait excellemment Joubert : oui, parfois la chaleur et la clarté se séparent, mais la chaleur et la grandeur jamais. Les esprits les plus grands sont toujours ceux où il fait chaud. » (2)

« La force de volonté exige deux conditions, ou plutôt résulte de l'action combinée de deux causes ; ces deux causes sont : une idée et un sentiment. Une idée claire, vive, arrêtée, puissante, qui absorbe l'entendement, qui l'envahisse tout entier ; un sentiment fort, énergique, maître exclusif du cœur, et *complètement subordonné à*

(1) Gratry, *la Connaissance de l'âme*, l. III, ch. 2.
(2) Gratry, *Les Sources*, VII.

l'idée. Si l'une de ces conditions vient à manquer, la volonté fléchit et vacille. Lorsque l'idée n'est point soutenue par le sentiment, la volonté est nulle; que si le sentiment ne s'appuie pas sur une idée, la volonté flotte; elle est inconstante. L'idée est la lumière qui indique le chemin; elle est le point lumineux qui fascine, qui attire, qui entraîne; le sentiment est l'impulsion, la force qui met en mouvement et lance la volonté.

« Lorsque l'idée manque de vivacité, l'attraction diminue, l'incertitude commence, la volonté reste en suspens; lorsque l'idée n'est point arrêtée, permanente, lorsque le point lumineux change de place, la volonté flotte incertaine; que si l'idée se laisse offusquer ou remplacer, la volonté change d'objets, elle est inconstante, et lorsque le sentiment n'est pas suffisamment fort, lorsqu'il n'est point dans une juste proportion avec l'idée, l'entendement contemple cette idée avec plaisir, avec amour, avec enthousiasme peut-être, mais l'âme n'ose point se mesurer avec elle et se trouve inférieure; son vol ne peut s'élever jusque-là; la volonté ne tente rien, ou se décourage au premier essor et retombe.

Ce que peuvent ces deux forces unies est incroyable; et, chose étrange! leur influence ne se fait point sentir seulement en ceux qui les possèdent: elle est surtout expansive et sympathique. Quel merveilleux ascendant les hommes qui en sont doués n'exercent-ils point sur les autres hommes ! La force de la volonté, soutenue par la puissance d'une idée, a quelque chose de mystérieux qui semble investir l'homme d'un droit supérieur et lui donner le commandement.

« C'est elle qui inspire la confiance sans limites, l'obéissance aveugle aux héros que le génie a marqués de ce signe... « Il sait bien ce qu'il fait, » disaient les soldats de Napoléon, et ils couraient à la mort. » (1)

§ 5. — *Qualités de l'esprit.*

Un esprit qui voudrait approcher de l'idéal devrait réunir bien des qualités excellentes : l'universalité et l'étendue, l'élévation et la profondeur et par-dessus tout l'unité.

Etre universel, c'est, selon la belle définition d'Aristote, être capable d'embrasser toutes choses et de ne faire qu'un avec elles, « *potens omnia fieri.* »

L'étendue n'a pas le même objet que l'universalité ; elle consiste dans une vue des choses les plus lointaines, dans un regard jeté avec fermeté sur les principes et sur leurs conséquences.

Un esprit élevé ne s'arrête pas au monde sensible, il prend son essor vers les régions supérieures, cherche en tout la raison dernière, et voit tout dans la cause suprême, « *per altiores causas, per altissimam causam.* »

(1) Balmès, *Art d'arriver au vrai,* ch. XXII, § 59.

Au contraire, l'esprit profond veut pénétrer dans les entrailles de la nature; il descend jusqu'à la racine des choses, jusqu'au centre de lui-même.

S'il est un, il se plaît dans les vastes synthèses, il considère les êtres dans leurs rapprochements mutuels, saisit d'un coup d'œil plusieurs aspects différents, réunit et rassemble tout dans un milieu commun, où il répand la lumière; enfin il enferme toutes les conclusions dans quelques principes généraux et enlace l'univers dans un petit nombre de lois aussi simples, aussi fécondes que la nature.

On pense bien que peu d'hommes savent se hausser jusqu'à cet idéal sublime. En approcher seulement, c'est le fait du génie, et le génie, qui l'ignore? ne se montre ici-bas que dans de rares et trop soudaines apparitions, et il laisse ordinairement la place à des individualités qui ne sortent guère de la moyenne.

Cependant chacun de nous apporte en venant en ce monde le germe de ces précieuses dispositions intellectuelles. A chacun de féconder ce germe divin, de l'entourer des précautions nécessaires, de le placer dans les conditions les plus propres à la naissance, à la floraison, à la fructification.

Ces conditions nécessaires paraissent être l'amour de la vérité, l'humilité, l'attention, la réflexion, l'ouverture, l'ordre et la patience.

Quelques mots seulement sur ces diverses qualités de l'esprit.

L'homme en naissant se trouve placé à une grande distance de la vérité; de lui à elle la route est longue, les obstacles extérieurs nombreux, sans compter les obstacles intérieurs et personnels qui viendront encore grossir la difficulté; la paresse de l'esprit, plus grande que celle du corps (1), présente l'effort sous les plus sombres couleurs. Que faire et par où commencer? Ranimer dans l'âme le désir de la vérité, le premier besoin de l'homme, au témoignage de saint Augustin. « *Quid enim fortius desiderat anima quam veritatem?* » Cet amour passionné soutiendra notre courage et nous fera trouver toute peine légère. « On ne peut surmonter tant de difficultés qui nous empêchent de bien juger, c'est-à-dire de connaître la vérité, que par un amour extrême qu'on aura pour elle et un grand désir de l'entendre. » (2)

Mais la vérité veut un amour digne d'elle, un amour pur, qui ne fait pas enquête « *de commodo et incommodo,* » comme s'il s'agissait d'un marché; un amour désintéressé, qui ne cherche pas en elle sa propre satisfaction, mais désire uniquement de la voir telle qu'elle est en elle-même,

(1) « Nous avons plus de paresse dans l'esprit que dans le corps. » (La Rochefoucauld.)

(2) Bossuet, *Connaissance de Dieu et de soi-même,* ch. I, § 16.

riante ou austère, agréable ou importune; car
« le plus grand dérèglement de l'esprit, c'est de
croire les choses parce qu'on veut qu'elles
soient. » (1)

Sa beauté renferme d'ailleurs une compensation
suffisante (2); bien avare qui voudrait quelque
chose de plus. « Lorsque j'étais encore jeune, dit
le fils de Sirach, j'ai cherché la sagesse dans ma
prière avec grande instance. Je l'ai demandée à
Dieu dans le temple, et j'ai dit en moi-même : Je
la rechercherai jusqu'à la fin de ma vie. Aussi
elle a fleuri en moi dès ma plus tendre jeunesse,
comme un raisin mûr avant le temps. Et mon
cœur a trouvé sa joie en elle. » (3)

L'humilité est une vertu de l'esprit avant d'être
une vertu du cœur, et n'importe pas moins à la
connaissance de la vérité qu'à la pratique du bien.
Saint Augustin la regardait comme la première
condition à remplir pour quiconque veut savoir:
« *Conditio prima, humilitas, secunda, humilitas,
tertia, humilitas, et si amplius me interrogares,
semper eodem modo responderem.* » (4) Elle nous
inspire une juste défiance de nos propres forces,
nous apprend à douter quand il faut, à nous arrêter
à la contemplation de la vérité, à recourir aux
lumières des autres et par-dessus tout à lever les

---

(1) Bossuet, *Connaissance de Dieu et de soi-même*, c. I, § 16.
(2) « La Vérité est le soleil de l'intelligence. » (Vauvenargues.)
(3) *Ecclésiastique*, ch. LI, v. 18-20.
(4) *Epist.* 118. *Dioscoro*, c. 3.

yeux vers le ciel, à demander à Dieu la grâce de voir : « *Domine, ut videam, ut aperiantur oculi mei,* » comme dit si bien l'aveugle de l'Evangile.

La présomption fait tout le contraire. Le présomptueux ne songe point à demander au Père des lumières d'éclairer son intelligence ; ne voit-il donc pas de ses yeux, sa raison ne brille-t-elle pas assez de son propre éclat ? Il croirait s'abaisser plus encore à chercher auprès des autres ce qu'il ne sait pas lui-même, à s'aider de leurs travaux, à s'inspirer de leurs découvertes ; il croit à son génie, travaille peu, décide vite et ne peut convenir qu'il se soit trompé.

« L'orgueil nous fait présumer que nous connaissons aisément les choses les plus difficiles, et presque sans examen. Ainsi nous jugeons rop vite, et nous nous attachons à notre sens, sans jamais vouloir revenir, de peur d'être forcés à reconnaître que nous nous sommes trompés. »(1) Saint Thomas n'exagère donc rien quand il signale la présomption comme la mère de l'erreur : «*Præsumptio est mater erroris.* » (2) La foi qu'il a en ses lumières rend l'orgueilleux injuste envers les autres. Plus ou moins à son insu, il admet ce principe que tout ce qui lui paraît vrai l'est en réalité, et que tout ce qu'il n'entend pas est faux par là-même. « *Sunt enim quidam,* dit saint Thomas, *de suo ingenio præsumentes.....*

(1) Bossuet, *Connaissance de Dieu et de soi-même*, ch. 1, §16.
(2) *Contra Gent.* l. 1, c. 5.

*œstimantes totum esse verum quod eis videtur,
et falsum quod eis non videtur.* » (1)

De là à s'attribuer le monopole de la vérité, il
n'y a qu'un pas, et ce pas, il le fera volontiers.

Aux présomptueux s'appliquent à la lettre les
reproches à la fois si justes et si graves du
P. Gratry : « Les hommes s'aiment peu les uns les
autres ; mais les esprits, et surtout les esprits
qui pensent, s'aiment moins encore. Pour peu
qu'un homme ait de lumière, ce peu de lumière
qu'il a lui cache toute autre lumière, celle du présent, celle du passé, et celle de tous les autres
hommes. Les esprits qui commencent à penser,
croient que ce commencement dont ils sont auteurs
et témoins, est la naissance de la pensée au sein du
genre humain. Oui, les autres, au loin, sont pour
nous des étoiles, des astres de nuit à peine visibles.
Nous, nous sommes le soleil en face duquel disparaissent les étoiles. » (2)

L'amour de la vérité et l'humilité ne sont que
d'indispensables préliminaires. Avançons encore,
voici l'attention si nécessaire à l'étude.

Généralement les différentes puissances de
notre âme sont dispersées à la surface des choses,
divisées, répandues au dehors, retenues par mille
objets divers.

Dans un tel état, l'esprit n'est capable de rien.
Il faut donc avant tout rappeler en nous-mêmes

(1) Id., ibid.
(2) *Logique*, tome I, liv. 1, ch. 6.

les sens, l'imagination, la mémoire, la raison, les réunir, les concentrer sur un seul point, les *appliquer* à un même objet.

Laissons parler Bossuet :

« Considérer une chose, c'est arrêter son esprit à la regarder en elle-même, en peser toutes les raisons, toutes les difficultés et tous les inconvénients.

« C'est ce qui s'appelle attention. C'est elle qui rend les hommes graves, sérieux, prudents, capables de grandes affaires et de hautes spéculations. Être attentif à un objet, c'est l'envisager de tous côtés; et celui qui ne le regarde que du côté qui le flatte, quelque long que soit le temps qu'il emploie à le considérer, n'est pas vraiment attentif.

« C'est autre chose d'être attaché à un objet, autre chose d'y être attentif. Y être attaché, c'est vouloir, à quelque prix que ce soit, lui donner ses pensées et ses désirs, ce qui fait qu'on ne le regarde que du côté agréable; mais y être attentif, c'est vouloir le considérer pour en bien juger, et, pour cela, connaître le pour et le contre. » (1)

Un homme qui étudie ainsi est bien fort : ce respect qu'il témoigne à la vérité est une sorte de prière naturelle, qui a pour récompense la lumière (2).

(1) *Connaissance de Dieu et de soi-même*, ch. I, § 16.
(2) « L'attention est la prière naturelle que nous faisons à la vérité; elle a pour récompense la lumière. » (Malebranche.)

L'attention double les force de l'esprit, et la *réflexion* double les forces de l'attention. Réfléchir, c'est revenir sur l'objet et sur soi-même. Une première vue, si attentive qu'on la suppose, n'embrasse jamais l'objet dans sa totalité; certains aspects absorbent le regard et ne permettent pas de remarquer les autres; avant donc de porter un jugement absolu et définitif, il faut examiner une seconde fois, en s'attachant de préférence à ce qui d'abord avait échappé à l'analyse.

A cette première réflexion, il convient d'en ajouter une autre, encore plus importante : c'est trop peu de revenir sur l'objet, il faut aussi, il faut surtout revenir sur soi-même et sur son acte. A-t-on réellement rempli toutes les conditions exigées par la perception ou par le raisonnement? La spontanéité, force vive et rapide, n'aurait-elle pas été accompagnée d'une certaine précipitation ? L'imagination a-t-elle gardé la retenue nécessaire ? N'a-t-elle pas eu trop de part dans la synthèse et dans la reconstitution de l'objet? L'esprit s'était-il affranchi de toute idée préconçue, le cœur débarrassé de toute passion? Voilà ce qu'il appartient à la réflexion de découvrir et de montrer, et c'est pourquoi il est toujours prudent de se défier des premières impressions, toujours téméraire de s'en tenir à un premier examen.

Boileau a donné à ceux qui écrivent un conseil bien austère :

Vingt fois sur le métier remettez votre ouvrage.

Ne pourrait-on pas faire une pareille recommandation à quiconque désire sincèrement arriver à la vérité et se préserver de toute erreur ? C'est là aussi une œuvre de patience et de temps. L'idéal poursuivi se dérobe obstinément à vos recherches ? Ne désespérez pas, attendez, *exspecta*. Il commence à se montrer, et déjà vous en découvrez une partie ? Courage ! mais surtout point de fol empressement ne vous hâtez pas d'affirmer, attendez encore, *exspecta, reexspecta*. Gardez-vous bien d'écouter les suggestions de la paresse, sinon vous allez tout compromettre. « La paresse qui craint la peine de considérer, est le plus grand obstacle à bien juger. Ce défaut se rapporte à l'impatience, car la paresse, toujours impatiente quand il faut penser tant soit peu, fait qu'on aime mieux croire qu'examiner, parce que le premier est bientôt fait, et que le second demande une recherche plus longue et plus pénible.

« Les conseils semblent toujours trop longs au paresseux ; c'est pourquoi il abandonne tout, et s'accoutume à croire quelqu'un qui le mène comme un enfant et comme un aveugle. » (1)

Sans une bonne méthode, vainement on s'applique, vainement on se remet vingt fois à l'œuvre avec une nouvelle ardeur, le succès ne vient pas

---

(1) Bossuet, *Connaiss. de Dieu et de soi-même*, ch. i, § 16.

couronner la vivacité de nos désirs ou l'opiniâ-
treté de nos efforts. Il est nécessaire de se mettre
d'abord dans la voie droite, et de la suivre ensuite
à petits pas ; les rapides étapes exposent à mé-
connaître bien des choses qui méritent l'attention. Pour parler sans figure, cherchez, surtout
dans les commencements, la direction d'un
guide éclairé, qui connaisse bien la route et son
terme, les obstacles avec les moyens de les tourner ou de les vaincre, les embûches du chemin
qui exposent le novice à des faux pas où il use
en vain la meilleure partie de ses forces. Puisque vous avez bien placé votre confiance, com-
mencez par croire ; chose admirable ! c'est de la
foi que jaillit la lumière. « *Credo ut intelligam,* »
disait le grand saint Augustin.

Qu'on ailleau début vers ce qui est mieux connu
et mieux éclairé ; ensuite, à la faveur de ces premières lumières, bien faibles encoe, on franchira
successivement toutes les frontières de l'inconnu,
qui se révèle peu à peu.

Dans l'étude, ainsi que dans une marche, il ne
faut rien laisser passer ; comme chaque pas doit
être rattaché au précédent, ainsi chaque conséquence veut être rapportée au principe dont
elle dérive.

Il faut encore se défier beaucoup de l'avidité
qui porte à trop embrasser à la fois ; la digestion
intellectuelle a ses lois, comme la digestion cor-
porelle ; tout ce que l'on consomme ne nourrit

pas, mais seulement ce qu'on digère. « *Non in-gestum, sed digestum.* »

Enfin, une bonne méthode n'est point exclu-sive ; un esprit juste est toujours un esprit sou-ple, ouvert, accueillant. Rien de plus ridicule et en même temps de plus funeste, que de vouloir partout les mêmes moyens, les mêmes preuves, la même certitude. Descartes prétend tout rame-ner à la méthode algébrique : « *Apud me omnia mathematicè fiunt;* » tel autre ne se rend qu'à l'expérience physique ; celui-ci ne voit que les procédés littéraires ; celui-là, tout entier à la mé-thode historique, rejette également toute espèce de dogmatisme.

« Les fausses méthodes consistent donc dans l'exclusion de quelque source ou de quelque moyen de connaître ; la vraie méthode consiste dans la réunion de toutes les sources et de tous les moyens. Il est trop clair que le principal ca-ractère de la méthode philosophique véritable est d'être entière et non pas mutilée, et d'em-brasser toutes nos facultés, et tous nos moyens de connaître. » (1)

L'exclusivisme suppose d'abord un esprit in-complet, étroit ; il engendre les conséquences les plus regrettables pour l'âme, dans laquelle il annihile toutes les précieuses qualités de pro-portion et d'équilibre, en exposant à faire pren-

(1) Gratry, *Logique,* t. I, l. I, ch. 6.

dre la partie pour le tout, l'accessoire pour le principal.

Or, selon une remarque du P. Gratry, « nul doute que la vraie cause des méthodes exclusives ne soit la manière même dont vivent les hommes. Presque tous vivent d'une vie partielle. C'est pourquoi leur intelligence n'embrasse que des fractions. Les uns n'ont qu'une vie sensuelle, et ne croient qu'à la sensation. D'autres se font une existence factice de réflexion et d'abstraction ; ils s'isolent artificiellement de la totalité de la vie humaine ; ils travaillent à rendre leur esprit vide et froid, croyant le rendre exact et rigoureux..... Enfin la plupart des hommes oublient Dieu, et ne tiennent aucun compte de sa présence réelle et de son action permanente sur notre intelligence et notre volonté.

« Il en est, d'un autre côté, mais bien rarement, qu'un faux enthousiasme religieux rend exclusifs, et qui condamnent, ou tout au moins négligent, comme source de science, les sens et l'observation extérieure, pour se réfugier dans la foi et dans ce qu'ils nomment l'inspiration. De là les méthodes exclusives et les philosophies partielles. » (1)

Mais il est bien difficile de vivre de la vie totale, de donner à l'âme tout son essor, de puiser à toutes les sources du vrai et du bien.

(1) Gratry, *Logique,* t. I, l. 1, ch. 6.

Nous le reconnaissons sans peine. Aussi, en pareille matière, est-il plus aisé de faire des vœux que d'en assurer la réalisation. On peut néanmoins donner des conseils propres à nous prémunir contre les dangers des méthodes exclusives et à nous assurer l'inappréciable avantage de l'ouverture d'esprit.

Le premier se rapporte à la formation de l'homme par l'éducation. Qu'une haute culture s'attache avant tout à développer, à mettre en jeu les facultés maîtresses : c'est le vœu même de la nature ; mais qu'elle se garde avec soin de délaisser et à plus forte raison d'étouffer les facultés inférieures ; que les facultés supérieures elles-mêmes ne soient pas appliquées à un objet unique, et poussées dans une direction invariable.

« Ne craignez pas de changer plusieurs fois de culture, dit un auteur souvent cité dans cet ouvrage. Rien n'est plus favorable à la terre. Le changement de culture repose.

> Sic quoque mutatis requiescunt fœtibus arva.

Il y a plus : telle et telle production brûle et dessèche la terre, si on la continue ; mais que les moissons se succèdent sans se ressembler, et la terre les porte gaiement.

> Urit enim lini campum seges, urit avenæ,
> Urunt lethæo perfusa papavera somno.
> Sed tamen alternis facilis labor.

C'est ainsi, par exemple, que les mathématiques

isolées brûlent et déssèchent l'esprit : la philosophie le boursoufle ; la physique l'obstrue ; la
littérature l'exténue, le met tout en surface, et
la théologie parfois le stupéfie. Croisez ces
influences, superposez ces cultures diverses ; rien
de bon ne se perd, beaucoup de mal est évité.....
Je vous excite à la science comparée. » (1)

Que si des circonstances plus fortes que la
volonté ne permettent pas de suivre pleinement
ce conseil, on devra en conserver au moins la
portion praticable, et s'inspirer de son esprit.
Lorsqu'on se voit obligé de concentrer et
d'utiliser toutes ses forces dans une spécialité, il
faudrait se répéter souvent que les autres spécia-
lités ne méritent pas nos dédains, qu'elles ont
aussi des points de vue excellents, et enfin qu'on
ne possède soi-même qu'une vérité partielle et
non la vérité totale. On a pu réussir avec tels
moyens, dans telle science particulière : cela est
acquis ; mais suit-il de là que les mêmes procédés
conduiront partout aux mêmes résultats ? Ailleurs
d'autres aboutissent en suivant une marche
différente de la nôtre. Disons-le encore une fois,
l'art consiste non pas à se mettre à la place des
choses, mais à plier son esprit à la diversité de
leur nature, à prendre de préférence les procédés
qui conviennent le mieux à chacune d'elles.

Ici encore l'Ange de l'Ecole nous montre le

(1) Gratry, *les Sources*, ch. x.

chemin. « Dans les ouvrages qui se font avec la main, il n'y a pas qu'une manière de faire pour tous les genres; mais chaque artisan travaille de la façon la mieux adaptée à la matière qu'il emploie; c'est ainsi qu'il procède différemment selon qu'il fait servir à son art, de la terre, de l'argile ou du fer. De même en doit-il être pour les choses de l'esprit; car la différence de leur nature ne permet pas d'exiger de toutes le même genre de certitude. Un esprit bien fait et éclairé ne demande en chaque chose que l'espèce de certitude qui lui est propre. » (1)

§ 6. — *Qualités du cœur.*

Parmi les vertus ou dispositions auxquelles doit aspirer le cœur avide de perfection, il y en a cinq qui semblent mériter une mention spéciale : la pureté, la bonté, la grandeur, la délicatesse et la force. La pureté, par son essence, se range au nombre des qualités négatives. Mais il est des négations qui valent des affirmations, en

(1) « In his quæ per artem fluunt non est similis modus operandi in omnibus, sed unusquisque artifex operatur in materiâ secundum modum ei convenientem, aliter quidem ex terrâ, aliter ex luto, aliter ex ferro. Ergo, à pari, quum alia sit rerum quæ sciri possunt natura, certitudo non potest inveniri, nec est requirenda similiter in omnibus sermonibus, quibus de aliquâ re ratiocinamur. Nam ad hominem benè disciplinatum, id est benè instructum, pertinet, ut tantum certitudinis quærat in unâquaque materia, quantum natura rei patitur. » (*In lib.* 1 *Ethicor*. lect. 3ᵃ.)

ce sens qu'elles nient une imperfection ou un défaut.

Or tel est précisément le caractère de la pureté. Elle exclut toute souillure qui ternirait la beauté de l'âme ou l'abaisserait en la mêlant à certains éléments d'une nature inférieure et grossière.

Outre l'éclat dont elle brille en vertu de sa nature, la pureté se recommande encore par l'influence précieuse qu'elle exerce en même temps sur la connaissance du vrai et sur l'amour du bien. Sans elle l'intelligence ne peut atteindre la vérité, ni le cœur aimer le bien comme il faut : elle est donc nécessaire pour écarter ce que nous appellerions volontiers les empêchements de l'âme, et, à ce point de vue, elle mérite d'être mise au premier rang. Avant de jeter la semence dans sa terre, le laboureur a soin d'en ôter les mauvaises herbes (1).

Déjà nous avons montré l'influence du sentiment sur nos idées, particulièrement sur celles de l'ordre moral (2). Elle est si grande qu'un écrivain célèbre regarde « un cœur pur comme le premier organe de la vérité. » Malebranche a dit dans le même sens « que le premier précepte de la logique, c'est de vivre en homme de bien. »

D'après saint Jean Chrysostome, « celui qui fait le mal ne peut pas arriver à la lumière. Une

---

(1) « In ordine generationis primò contraria et impedimenta tolluntur ; sicut agricola primò purgat agrum, et posteà projicit semina. » (1ª 2ᵃᵉ, q. 122, a. 2, c.)

(2) Suprà, p. 122.

vie impure obscurcit le regard de la pensée et
l'empêche de s'élever par la contemplation jusqu'à la sublimité de nos dogmes. Il faut donc se
purifier préalablement de toutes ses passions, si
l'on veut être capable de poursuivre et d'atteindre
la vérité. En celui qui la cherche et la veut
trouver tout doit conspirer vers ce noble
labeur. » (1)

La pureté a dans l'amour et la pratique du bien
un rôle encore plus important. L'amour jaillit du
cœur, mais le cœur se porte de préférence vers
les objets qui lui ressemblent; pur, il aime ce
qui est pur; impur, il aime ce que lui présentent
les diverses passions. Il n'y a que les yeux purs
qui puissent voir Dieu, et il n'y a que les cœurs
purs qui puissent s'échauffer aux flammes du bel
amour (2).

Mais quels sont les objets dont le contact ternit
le miroir de notre âme, et où doit-elle se tourner
pour se purifier davantage? L'Ange de l'Ecole
nous le dira mieux que tout autre; jamais il ne
parla un plus magnifique langage. « L'impureté
d'un être vient de ce qu'il se mêle avec des choses
basses; l'argent, par exemple, ne devient point

---

(1) Homélie 8ᵉ sur la 1ʳᵉ Epître aux Romains.

2 « Impossibile est quod est impurum sit promptum ad
charitatem, quia unicuique est diligibile quod sibi est conforme:
cor impurum diligit illud quod competit ei secundum passionem; ergo necesse est quod sit expeditum a passionibus. » (*Cantic.* I, v. 3) *Recti diligunt te.* » (S. Thomas,
Comment. in Epist. 1ᵃᵐ *ad Timoth,* c. 1, lect. 2ᵃ, v. 5.)

impur pour être mêlé avec de l'or qui l'ennoblit,
mais pour être mêlé avec du plomb ou de l'étain.
Or, manifestement la créature raisonnable est
plus noble que toutes les créatures corporelles,
si mobiles, d'ailleurs, et si éphémères. Elle contracte donc une véritable impureté quand elle
s'oublie au point de se soumettre à ces êtres
inférieurs par l'amour. Et elle réussit heureusement à se laver de cette tache par un mouvement contraire, en s'élevant vers ce qui est au-
dessus d'elle, c'est-à-dire vers Dieu. » (1)

La *bonté* a reçu dans le langage philosophique
une signification très haute : elle est synonyme
de perfection.

Un être est bon parce qu'il est parfait et dans
la mesure où il est parfait ; il est bon quand il
possède toute la perfection due à son espèce. Le
cheval est bon quand il a toute la force, la hardiesse, le courage qui lui font un rang élevé parmi
les animaux, et la rose est bonne quand, par la
perfection de son dessin, la beauté de sa robe
fragile, et la grâce incomparable de ses cou-

---

(1) « Impuritas uniuscujusque rei consistit in hoc quòd rebus
vilioribus immiscetur ; non enim dicitur argentum esse impurum ex permixtione auri, per quam melius redditur, sed
ex permixtione plumbi vel stanni. Manifestum est autem
quòd rationalis creatura dignior est omnibus temporalibus et
corporalibus creaturis ; et ideò impura redditur ex hoc quòd
temporalibus se subjicit per amorem. A quâ quidem impu-
ritate purificatur per contrarium motum, dum scilicet tendit
in id quod est suprà se, scilicet in Deum. » (2ᵃ 2ᵃᵉ, q. 7, a. 2,
c. ; et q. 81, a. 8, c.)

leurs si délicates et si vives, elle se découvre à tous les regards comme la reine des fleurs.

Mais tous les êtres de la nature ne sont bons que d'une bonté empruntée; il n'y a qu'une bonté absolue et parfaite, source de toute perfection et de toute bonté: « *Nemo bonus, nisi solus Deus.* » (1)

L'attribut le plus noble de la bonté, celui qui la caractérise aux yeux du vulgaire aussi bien que du philosophe, c'est d'être expansive et communicative. Or être se communique précisément davantage lorsqu'il a plus de perfection. Que peut donner celui qui n'a rien ? Quelles largesses faut-il attendre d'un pauvre quelle chaleur d'une flamme vacillante? Dans le vrai, il n'y a que la perfection qui puisse donner quelque chose de son abondance.

Les faits les mieux établis viennent confirmer ces principes. Un être est d'autant plus expansif qu'il appartient à une espèce plus parfaite: l'homme est plus expansif que l'animal, l'animal que la plante, et la plante que le minéral. La plante reçoit du dehors les aliments nécessaires à sa subsistance, et elle se donne elle-même dans la génération. La vie de relation se trouve donc réellement en elle, bien qu'à un degré inférieur ; tandis que le minéral, renfermé en lui-même, ne quitte pour ainsi dire jamais sa solitude.

(1) S. Luc, XVIII, 19.

On voit de même dans la plante, dans l'animal et dans l'homme la période suprême d'expansion coïncider avec la période de son plus haut développement.

L'être vivant songe d'abord à progresser suivant la loi de son espèce, et quand il se voit parvenu au faîte de sa grandeur, il pense aux autres et se sent pressé du besoin de se donner. Faire du bien, être bon, c'est répandre les faveurs et les grâces sursespas ; c'est, après avoir rempli les devoirs de justice, donner libre carrière à cette vertu plus noble qu'on nomme charité. Heureux les grands, à qui leur condition permet de donner davantage, et d'associer les autres à leur bonheur (1)! Mais honte aux égoïstes qui gardent pour eux seuls tous leurs trésors, dérogent ainsi à leur propre dignité et frustrent ouvertement les intentions de la Providence!

En effet, c'est ici un ordre admirable, établi de Dieu lui-même. Lui, il est le parfait et le bon, qui, par pure libéralité, répand à pleines mains ses trésors, sur toute la nature ; mais sa munificence distribue inégalement ses faveurs. Librement et à dessein, elle discerne certaines créatures, et, sans aucun mérite de leur part, les fait plus grandes et plus riches que les autres, leur enjoignant d'imiter Celui de qui elles tiennent

(1) « Ex abundantià perfectionis est quòd perfectionem quam aliquid habet, possit alteri communicare. » (*Cont. Gent.* l. III, c. 69.)

tout, et de donner comme elles ont reçu, gratui-
tement : « *Gratis accepistis, gratis date.* » (1)
C'est ainsi que, souverain libéral, non content
de faire participer tous les êtres à sa plénitude,
il permet et ordonne à quelques-uns de s'élever
jusqu'à sa ressemblance, en donnant les marques
d'une éclatante bonté.

Un homme vraiment bon fait tout le bien qu'il
peut faire, et il le fait volontairement, spontanément, par besoin plus encore que par devoir.
Il a pour le bien une telle passion que non seulement il le veut pour lui-même, mais encore pour
tous ceux qui l'entourent ; il se réjouit également
de le voir en lui et en eux ; il travaille à leur
procurer ce qui est en lui, regrette de ne pouvoir
faire davantage, et compatit à toutes les souffrances. Il est tendre, il est bienveillant, il est
miséricordieux.

Ainsi entendue, ainsi pratiquée, quelle grande,
quelle excellente vertu que la bonté ! Que de
perfection elle suppose (2), et que de bénédictions
elle verse après elle ! Aussi rien de moins étonnant et de plus légitime si, bénie entre toutes les
vertus, elle est encore chargée de faire les hommes justement populaires et ne laisse rien ici-bas
qui résiste à son invincible attrait.

(1) S. Matth., x, 18.
(2) Voilà aussi pourquoi, d'après Larochefoucauld, « rien
n'est plus rare que la véritable bonté ; ceux mêmes qui
croient en avoir, n'ont d'ordinaire que de la complaisance ou
de la faiblesse. »

Eh bien ! cette admirable vertu appartient au cœur tout entière ; car elle est fille de l'amour, et l'amour est le premier-né du cœur.

Disons-le bien haut, on est bon dans la mesure où l'on aime. Celui qui n'aime point n'est pas bon, parce qu'il ne donne pas : celui qui aime peu donne peu, et celui qui aime beaucoup donne beaucoup.

Aussi Bossuet a-t-il obéi à une admirable inspiration quand il a fait de la bonté le premier attribut et comme le fond même du cœur humain. « Lorsque Dieu forma le cœur de l'homme, il y mit premièrement la bonté, comme le caractère propre de la nature divine, et pour être comme la marque de cette main bienfaisante dont nous sortons... La bonté devait donc faire comme le fond de notre cœur, et elle devait être en même temps le premier attrait que nous aurions en nous-mêmes pour gagner les hommes. La grandeur qui vient par-dessus, loin d'affaiblir la bonté, n'est faite que pour l'aider à se communiquer davantage, comme une fontaine publique qu'on élève pour la répandre. » (1)

De la bonté à la magnanimité il n'y a qu'un pas. Etre magnanime, c'est, selon saint Thomas d'Aquin, avoir l'âme portée aux grandes choses (2), ou, comme dit saint François de Sales, tendre au grand, de quelque nature qu'il soit.

(1) Oraison funèbre de Louis de Bourbon.
(2) « Magnanimitas, ex suo nomine, importat quamdam ani-

Mais à celui qui ne peut faire de grandes choses, non pas faute de volonté et d'amour, mais seulement faute de puissance, sera-t-il interdit en toute rigueur d'aspirer à la magnanimité ? Non, s'il fait grandement les petites choses, et si l'étendue de l'amour ajoute ce qui manque à l'étendue des œuvres. Voilà pourquoi la pauvre veuve de l'Evangile qui n'a donné qu'une obole, se voit placée, par Jésus-Christ lui-même, avant les riches qui ont versé d'abondantes aumônes dans la gazophylacium ; car ceux-ci n'ont donné que de leur abondance, et elle a donné de sa pénurie, sans rien garder pour sa nourriture (1).

Consolante décision du juge infaillible qui abaisse la magnanimité jusqu'à la portée des

---

mi extensionem ad magna.... Et quia habitus virtutis principaliter ex actu determinatur, ex hoc principaliter dicitur aliquis magnanimus, quia habet animum ad aliquem magnum actum. Aliquis autem actus potest dici dupliciter magnus : uno modo, secundum proportionem ; alio modo, absolutè Magnus quidem potest dici actus secundum proportionem, etiam qui consistit in usu alicujus rei parvæ, vel mediocris, puta si quis illà re optimè utatur ; sed simpliciter et absolute magnus actus est qui consistit in optimo usu rei maximæ. » (2ª 2ᵘᵉ, q. 129, a. 1, c.)

(1) « Et sedens Jesus contrà gazophylacium aspiciebat quomodo turba jactaret æs in gazophylacium, et multi divites jactabant multa. Quum venisset autem vidua una pauper, misit duo minuta, quod est quadrans. Et convocans discipulos suos, ait illis : Amen dico vobis, quoniam vidua hæc pauper plus omnibus misit, qui miserunt in gazophylacium. Omnes enim ex eo quod abundabat illis, miserunt : hæc verò de penuriâ suâ omnia quæ habuit misit totum victum suum. » (S. Marc, XII, 41-44.)

petits et qui les excite à se faire grands par la seule grandeur de leur amour.

Au reste, les grandes âmes ne le deviennent pas tout d'un coup : ici comme partout, il faut de l'exercice et une longue habitude des petites choses. Saint Augustin l'a dit dans une de ses plus éloquentes pages, plus l'édifice doit être élevé, plus le fondement doit être creusé avant dans la terre. « *Magnus esse vis ?* à minimo incipe. Cogitas magnam fabricam construere celsitudinis ? de fundamento prius cogita humilitatis. Et quantam quisque vult, et disponit super imponere molem ædificii, quanto erit majus ædificium, tanto altius *fodit fundamentum.* » (1)

Entre la pureté et la grandeur, nous plaçons la *délicatesse,* une des plus touchantes vertus de l'âme. La délicatesse est au cœur ce que la finesse est à l'esprit, ce que la grâce est à la beauté. Un esprit fin peut n'être ni étendu, ni profond, ni sublime ; mais il discerne avec une sûreté infaillible les plus inperceptibles nuances, il a dans un degré supérieur le sens de la mesure, et la moindre dissonance, le plus léger défaut de proportion, d'harmonie, le choque, de même qu'une fausse note déchire l'oreille exercée d'un musicien. Il faut en dire autant de la grâce : elle n'ajoute rien ou presque rien à la grandeur de la beauté, mais elle accuse une proportion plus

(2) Serm. x *de Verbis Domini.*

exquise, elle introduit une parfaite justesse dans toutes les attitudes, une souplesse merveilleuse dans tous les mouvements ; elle est, en un mot, selon l'heureuse expression de saint François de Sales, « comme l'âme et la vie de la beauté des choses vivantes. »

Appliquez aux choses du cœur ce qui vient d'être dit des choses de l'esprit, et vous aurez la délicatesse. Dans la conscience, elle a horreur des fautes les plus légères, et ne saurait souffrir que la plus petite tache vînt ternir la blancheur de la robe d'innocence. Dans la charité, elle donne d'une main si aimable et si discrète, que l'aumône disparaît sous la forme du plus gracieux présent.

Mais c'est surtout dans l'amitié qu'elle se révèle tout entière, attentive, ingénieuse, d'un tact exquis. Rien de tout ce qui peut être agréable à la personne aimée ne lui échappe, elle entend à demi-mot ; elle prévient les désirs ; tout en se prodiguant, elle a bien soin de ne jamais paraître. Entre ses mains, les choses les plus insignifiantes acquièrent une telle valeur que la qualité transforme et idéalise la quantité. Quand elle se voit contrainte à faire peu, elle fait si bien et avec tant de grâces que vous ne changeriez pas ce peu contre un trésor.

S'il était permis de définir une chose aussi indéfinissable, nous dirions que la délicatesse est la fleur de l'amour.

Mais voici une vertu plus austère et qui ne se
rattache pas moins au cœur : nous voulons parler
de la *force*. C'est une des merveilles de l'amour
de prendre les formes en apparence les plus contraires et de se trouver aussi à l'aise dans la force
que dans la tendresse. S'il n'était que tendre, il
aurait plus de charmes que de vertu ; mais il est
fort et courageux, et c'est ce qui en fait une chose
si grande et si noble. N'avons-nous pas dit que le
cœur physique jouit d'une force extraordinaire,
et qu'à lui seul il égale, s'il ne surpasse en énergie,
tous les autres organes du corps humain ? Or le
cœur moral ne le cède en rien au cœur physique :
un de ses attributs les plus essentiels, c'est la
force.

Force est synonyme de puissance, mais surtout
de fermeté, d'une fermeté constante, égale, prête
à se déployer à toute occasion et dans toute rencontre. Ainsi envisagée, la force est une vertu générale, ou pour mieux dire avec saint Thomas (1),
la condition générale de toute vertu, car toute

(1) « Nomen fortitudinis dupliciter accipi potest : uno
modo, secundùm quòd importat quamlibet animi fortitudi-
nem, et secundùm hoc est generalis virtus, vel potiùs conditio
cujuslibet virtutis, quia, ut Philosophus dicit, ad virtutem
requiritur firmiter et immobiliter operari. — Alio modo, potest accipi fortitudo, secundùm quòd importat firmitatem
tantùm in sustinendis et repellendis his in quibus maximè
difficile est firmitatem habere, scilicet in aliquibus periculis
gravioribus... ut Tullius dicit, est considerata periculorum
susceptio et laborum perpessio. Et sic ponitur specialis virtus..
cohibet timores et audacias moderatur. » (2a 2æ, q. 123,
a. 2, et a. 3)

vertu demande à se traduire dans une action constante et ferme.

A un point de vue plus rigoureux, la force désigne non plus la fermeté en général, mais cette fermeté particulière et particulièrement difficile dont il faut faire preuve dans certaines occasions, pour supporter de grands maux ou repousser de graves périls.

Dans ces rencontres, la première chose, c'est le sang-froid qui permet à la réflexion de mesurer l'étendue du danger ; la seconde, c'est la bravoure, qui se jette au milieu de la mêlée et endure sans faiblir les plus grandes fatigues.

Faire taire la crainte et retenir l'impétuosité de l'audace, voilà le propre de cette noble vertu. Elle ne se confond ni avec l'insensibilité, ni avec la rudesse ; elle ne supprime ni l'émotion, ni la peine ; mais elle élève l'âme au-dessus des troubles, et des désordres que la vue des grands dangers pourrait exciter en elle ; elle arme le bras et maintient la sérénité du regard au milieu des nuages qui viennent envelopper la partie inférieure de l'être.

Portée à sa plus haute puissance, elle fait les héros, ces hommes extraordinaires qu'on voit inaccessibles à la peur parmi les accidents les plus terribles, et qui s'appellent Bayard, Turenne, Condé.

La force, d'après la magnifique doctrine de saint Thomas, est une arme à la fois offensive et défensive : dans le premier cas, elle attaque et se plaît à porter des coups hardis, quoique mesurés ; dans le second, elle soutient sans crainte le choc de l'ennemi, et repousse avec calme les plus difficiles assauts. Mais il est bien plus difficile d'imposer silence à la peur, que de retenir l'audace, et généralement de supporter que d'attaquer. Celui qui doit soutenir un assaut peut se croire aux prises avec un ennemi plus fort que lui ; le péril est imminent, et la lutte s'annonce longue et laborieuse.

Au contraire, celui qui attaque joue le rôle du plus fort ; le danger, s'il le voit, ne lui apparaît jamais que sous le voile mystérieux de l'avenir, et il peut engager la bataille par un mouvement irréfléchi, instantané. Autant de raisons qui font éclater plus de véritable force dans la défense que dans l'attaque (1).

Au reste, l'homme a plus souvent besoin de se tenir sur la défensive que de prendre l'offensive, de repousser les coups de l'ennemi que de le

(1) « Sustinere difficilius est quàm aggredi, et hoc triplici ratione: primò quidem, quia sustinere videtur aliquis ab aliquo fortiori invadente ; qui autem aggreditur invadit per modum fortioris. Difficilius autem est pugnare cum fortiori quàm cum debiliori. — Secundò, quia ille qui sustinet, jam sentit pericula imminentia ; ille autem qui aggreditur, habet ea ut futura. Difficilius est autem non moveri a præsentibus quàm a futuris. — Tertiò, quia sustinere importat diuturnitatem temporis ; sed aggredi potest aliquis ex subito motu. Difficilius est autem diù manere immobilem quàm subito motu moveri ad aliquod arduum. » (2ª 2ᵃᵉ, q. 123, a. 6, ad 1.)

provoquer au combat ; à chaque instant, il lui faut résister à des assaillants redoutables.

Voilà pourquoi la morale stoïcienne mettait au premier rang de ses préceptes son fameux *sustine*, tiens bon.

Mais où le cœur trouvera-t-il la source de toutes ces vertus sérieuses et difficiles dont nous venons de lui attribuer le glorieux apanage ? Dans l'amour et dans l'oubli de soi.

L'amour, nous l'avons déjà dit bien des fois, semble avoir reçu la force en partage, il peut tout supporter et tout entreprendre, l'impossible n'a pas de prise sur lui ; beaucoup souffrir, et beaucoup faire pour la personne aimée, voilà son ambition, voilà son rêve (1).

Le seul obstacle à l'amour, surnaturel ou profane, c'est l'égoïsme. L'égoïsme resserre le cœur, et le renferme en lui-même, tandis que pour aimer il faut sortir de soi et s'oublier.

La vertu n'est pas le fait d'un homme qui se repose dans un soi-même inutile, mais bien celui d'un homme qui se dégage, s'arrache à sa personnalité solitaire et s'élance au dehors (2).

« Otez vos cœurs de vos poitrines, disait sainte

(1) « Amor modum sæpe nescit, sed super omnem modum fervescit. Amor onus non sentit, labores non reputat, plus affectat quàm valet, de impossibilitate non causatur, quia cuncta sibi posse et licere arbitratur. Valet igitur ad omnia et multa implet et effectui mancipat, ubi non amans deficit et jacet. » (*De Imit. Christi*, l. III, c. 5, n. 4.)

(2) « Virtutes non in se requiescentis, sed extrà se prosilientis, animæ eruptiones sunt. » (Thomassin.)

Hildegarde dans son magnifique langage, et donnez-les à celui qui vous parle, et il les remplira de splendeurs *déifiques*, et vous serez fils de lumière et anges de Dieu. » Sortir de soi est le pas difficile ; qui ne l'a pas fait, ne connaît que de nom la vertu et l'amour ; mais qui l'a fait hardiment et généreusement, a écarté l'obstacle principal ; il est déjà bien loin dans la voie, et ne tardera pas à entrevoir le sommet. Bossuet a pris pour devise de la vie la plus parfaite ces trois mots : « Sortez, sortez, sortez. » (1)

§ 7 — *Dieu, objet et besoin suprême de la tête et du cœur.*

Pour peu qu'on observe les hommes, on est bientôt frappé d'un fait qui se rapporte à tous les temps et à tous les lieux : jamais nous ne sommes entièrement tranquilles, jamais pleinement satisfaits et apaisés ; nous ne possédons pas, non plus, l'objet de nos pensées et de nos désirs, nous voyons plus loin, nous aspirons plus haut, nous allons au delà.

Et il en est ainsi de toutes les puissances de notre âme, sans exception ; aucune ne se trouve remplie par son objet.

I

L'intelligence est, à ce point de vue, une des facultés les plus curieuses, car elle est des plus

---

(1) *Panégyrique de S. Benoît.* — Cf. S. Fr. de Sales, *Traité de l'amour de Dieu*, l. 1, ch. 10.

avides et des plus insatiables ; elle regarde de tous côtés, interroge tous les horizons, cherchant partout un être qu'elle ne voit et n'entend nulle part, mais dont elle éprouve le besoin impérieux et absolu : elle appelle Dieu à grands cris.

Autour d'elle, tout se meut, tout s'agite, tout change ; n'y a-t-il rien d'éternel en qui le temps cherche son origine et sa constante direction, rien d'immuable en qui le mouvement trouve un point d'appui solide, rien d'absolu enfin qui serve à étayer, à affermir la certitude ?

On voit partout les choses se faire et se défaire, les événements apparaître, se succéder sans trêve, pour s'achever et disparaître à leur tour. Où rencontrer la cause de ce monde immense et mobile d'effets ? Tôt ou tard l'esprit humain en aura découvert la raison prochaine ; mais celle-ci rentre encore dans la classe des effets et découle, elle aussi, d'une autre raison plus éloignée ; n'y a-t-il donc pas une cause dernière et finale qui soit cause sans être effet, et qui explique le point de départ non seulement d'une série, mais de toutes les séries ? Un invincible attrait nous pousse jusqu'à elle ; nous n'aurons pas de repos qu'elle n'ait répondu à notre appel (1).

(1) « Inest homini naturale desiderium cognoscendi causam cùm intuetur effectum ; et ex hoc admiratio in hominibus consurgit. Si igitur intellectus rationalis creaturæ pertingere non possit ad primam causam rerum, remanebit inane desiderium naturæ. » (1ᵃ, q. 12, a. 1, c.)

L'unité est un autre besoin insatiable de la raison humaine.

La multiplicité frappe tous les regards; de toutes parts la variété étale ses séductions, répandant avec profusion l'inépuisable trésor de ses formes, de ses nuances diversifiées à l'infini. Délicieuse pour l'enfant, c'est une nourriture trop légère pour un esprit d'homme. Que manque-t-il au banquet? Un mets nécessaire, sans lequel tous les autres n'ont aucune saveur, l'unité !

« O multiplicité créée, que tu es pauvre dans ton abondance apparente ! Tout nombre est bientôt épuisé, toute composition a des bornes étroites... En divisant toujours, on cherche toujours l'être qui est l'unité, et on le cherche sans le trouver jamais. La composition n'est qu'une représentation et une image trompeuse de l'être. C'est un je ne sais quoi qui fond dans mes pensées dès que je le presse... Les compositions ne sont que des assemblages de bornes... ce sont des nombres magnifiques, et qui semblent promettre les unités qui les composent; mais ces unités ne se trouvent point. Plus on presse pour les saisir, plus elles s'évanouissent. La multitude augmente toujours, et les unités, seuls fondements de la multitude, semblent fuir et se jouer de notre recherche. » (1)

(1) Fénelon, *de l'Existence et des attributs de Dieu*, 2ᵉ part, ch. v, art. 2.

Mais vous avez passé, dites-vous, de la variété à l'espèce, de l'espèce au genre, du genre à la famille, de la famille à l'ordre, de l'ordre à la classe, de la classe à l'embranchement, de l'embranchement au règne ; vous avez trouvé les genres *suprêmes* sous lesquels viennent se grouper tous les êtres de la nature ; vous avez tout réduit à un très petit nombre de lois générales ; mesurez vos conquêtes d'un regard satisfait ; jouissez enfin de votre bonheur.

Eh bien, non ; ce n'est pas ici l'unité que je cherche, ce n'est qu'une ombre grossière d'unité. Espèces, genres, lois, c'est encore le nombre, et un nombre abstrait, sans réalité et sans vie. Et il me faut une unité réelle, une unité substantielle, une unité vivante, principe et fin des espèces aussi bien que des individus, des genres aussi bien que des lois. Unité infinie, je vous entrevois. O Dieu ! il n'y a que vous.

Cependant, une dernière passion travaille notre esprit, passion des plus étranges et des plus violentes. Tout ce qui nous entoure est imparfait, et nous sommes imparfaits comme tout le reste ; de quelque côté que se tournent nos regards, ils trouvent des bornes, et les bornes nous pèsent ; nous les écarterons résolûment ; l'imparfait nous fait penser au parfait, le réel à l'idéal, le fini à l'infini. Le parfait, l'idéal, l'infini, voilà bien l'objet de nos pensées et l'ambition de nos rêves. Et tous ces noms, que sont-ils autre

chose que les noms divers du Dieu unique et
vivant ?

Mais qui pousse cet esprit fini et petit à tenter
de se hausser jusqu'à l'infini ? Pourra-t-il seulement en recueillir un faible parcelle ? N'importe :
à ses yeux, cette parcelle a plus de prix que tout
le reste ; sans elle il ne saurait vivre ni penser.
« Jamais notre entendement n'a tant de plaisir
qu'en cette pensée de la divinité, de laquelle la
moindre cognaissance, comme le dit le prince
des philosophes, vaut mieux que la plus grande
des autres choses, comme le moindre rayon du
soleil est plus clair que le plus grand de la lune
ou des étoiles, ains est plus lumineux que la lune
ou les estoiles ensemble. » (1)

De nos jours, il est vrai, quelques esprits forts
ou se croyant tels, veulent chasser l'idéal et l'infini du monde et d'eux-mêmes. Tentative infruc-
tueuse et insensée ! « Cette idée (de Dieu) est au
monde ; le spectre en est dressé devant lui ; il a
des yeux, des mains, une bouche ; on peut bien
lui dire : Non ; on peut bien lui dire : Va-t'en ;
mais en lui disant : Non, on répond à sa parole ;
en lui disant : Va-t'en, on répond à sa présence...
On ne prend la peine de nier qu'une chose qui
vit ; on ne repousse que ce qui ouvre notre porte
à pleins battants ou à demi-battants, et qui trouble notre repos par un visage importun. On ne

_____

(1) *Traité de l'amour de Dieu*, l. ı, ch. 15.

chasse que ce qui est entré. Et si l'on nie Dieu, c'est qu'il vit dans le monde ; si on le repousse, c'est qu'il est présent ; si on le chasse, c'est qu'il est entré... L'idée de Dieu n'a ni commencement ni fin ; quand on la chasse par l'orient elle revient par l'occident, ou plutôt elle ne cesse d'habiter à la fois tous les points du temps et de l'espace ; aussi puissante par la négation que par l'affirmation, vivant de ses ennemis comme de ses adorateurs. » (1)

D'ailleurs, l'idée de l'infini a une manière qui lui est propre de se venger de ses ennemis ; c'est de jeter le trouble au fond de leur intelligence, et de leur arracher à eux-mêmes cet aveu :

Je ne puis, malgré moi l'infini me tourmente.

Trop heureux encore, lorsque la négation de la réalité suprême ne les entraîne pas jusqu'à la négation de toute réalité, et, de doute en doute, jusqu'au plus désolant scepticisme et au désespoir d'une raison affolée !

Pour nous, qui de toutes nos forces aspirons à l'infini, il nous faut bien reconnaître que l'idée que s'en forme ici-bas la pauvre raison est bien loin de nous satisfaire. Nous savons qu'il est ; nous le distinguons sans peine de tout ce qui n'est pas lui ; le monde, qui est son œuvre, notre âme, qui est faite à son image, nous découvrent

(1) Lacordaire, *Conf. de Notre-Dame,* 26° conf.

quelques rayons de sa face auguste, mais qu'est-
il en lui-même et dans son intime essence? Voilà
l'objet suprême de l'intelligence, ce qu'à tout
prix elle voudrait savoir, et ce qui, dans la vie
présente, se dérobe à tous ses efforts, comme à
toutes ses recherches.

Toutefois, l'ardeur même de ce désir, non pas
superficiel et passager, mais naturel, constant et
irrésistible, nous est un gage assuré qu'un jour
il sera satisfait et que le souverain intelligible
se révèlera un jour face à face, à la raison
éblouie et confondue, tout entier et tel qu'il est,
« *facie ad faciem, sicuti est* » (1).

II

Ainsi l'esprit cherche Dieu, il croit à Dieu, il
a besoin de s'unir à Dieu ; autant il soupire après
la vérité, autant il soupire après Dieu, vérité
première, vérité universelle, vérité subsistante,
principe et foyer de toute vérité.

Mais le cœur tend à Dieu d'une ardeur encore

---

(1) « Objectum intellectûs est essentia rei... undè in
tantum procedit perfectio intellectûs, in quantum cognoscit
essentiam alicujus rei... Si igitur intellectus humanus,
cognoscens essentiam alicujus effectûs creati, non cognoscat
de Deo nisi an est, nondùm perfectio ejus attingit simpliciter
ad causam primam, sed remanet ei adhuc naturale desiderium
cognoscendi causam ; undè nondùm est perfectè beatus. Ad
perfectam igitur beatitudinem requiritur quod intellectus attin-
gat ad essentiam primæ causæ. Et sic perfectionnem suam
habebit per unionem ad Deum, sicut ad objectum. » (1 a. 2æ
q. 3, a. 8, c.)

plus impétueuse il monte vers lui d'un seul
essor, il y court, il y vole.

Le cœur est épris du bien et du bonheur ; ce
double attrait le ravit et le transporte. Mais par
une ironie cruelle, les biens et la félicité terrestres, ombres fuyantes des vrais biens et du parfait bonheur, au lieu d'apaiser sa soif ne font que
l'irriter davantage.

Honneurs, gloire, richesses, plaisirs, brillants
fantômes qui se montrent seulement aux yeux du
petit nombre et causent à leurs rares possesseurs
plus de soucis ou de dégoût que de repos. Le
cœur humain a une capacité infinie, des biens
finis ne sauraient le remplir.

> Si mon cœur fatigué du rêve qui l'obsède
> A la réalité revient pour s'assouvir,
> Au fond des vains plaisirs que j'appelle à mon aide
> Je trouve un tel dégoût que je me sens mourir.
> Aux jours même où parfois la pensée est impie,
> Où l'on voudrait nier pour cesser de douter,
> Quand je posséderais tout ce qu'en cette vie,
> Dans ses vastes désirs l'homme peut convoiter.
>
> . . . .
>
> Quand Horace, Lucrèce et le vieil Epicure,
> Assis à mes côtés, m'appelleraient heureux ;
> Quand tous ces grands amans de l'antique nature
> Me chanteraient la joie et le mépris des dieux ;
> Je leur dirais à tous : Quoi que vous puissiez faire,
> Je souffre, il est trop tard ; le monde s'est fait vieux ;
> Une immense espérance a traversé la terre,
> Malgré nous, vers le ciel il faut lever les yeux. (1)

Lucrèce, « un de ces grands amants de l'antique

(1) Alfred de Musset, *Poésies nouvelles*, l'Espoir en Dieu.

nature, » n'avait-il pas dit lui-même bien avant Alfred de Musset :

> « Pocula crebra, unguenta, coronæ, serta parantur;
> Nequidquam ; medio quoniam de fonte leporum
> Surgit amari aliquid, quod in ipsis floribus angat. » (1)

Que faut-il donc à ce cœur affamé ? L'idéal peut-être ? Oh non ! à moins que sous l'idéal ne se cache aussi le réel. Si l'idéal ne suffit pas à l'intelligence, qui trouve néanmoins tant de charmes à en rêver, comment suffirait-il au cœur, bien plus avide et plus insatiable que l'intelligence ? Le cœur a besoin d'une réalité parfaite, mais vivante, qu'il puisse non pas entrevoir de loin, mais posséder, mais embrasser. Hors de là, il se sent plongé dans le vide.

« C'est que notre âme est plus grande que la nature, c'est qu'elle est plus grande que l'humanité, c'est qu'elle épuise en quelques quarts d'heure de vie tout le monde qui n'est pas Dieu ; et, comme l'âme a horreur du vide, quand le vide se fait en elle, quand un jour ou l'autre l'esprit du savant s'ennuie de ramasser des coquillages pour en faire des systèmes, quand la femme se lasse d'infidélités, quand le peuple regarde ses bras flétris dans un travail qui périt chaque soir, quand pour tous le néant de l'uni-

(1) Juvénal a représenté Alexandre malheureux et trop à l'étroit dans le monde conquis par ses armes glorieuses :

> « Unus Pellæo juveni non sufficit orbis;
> Œstuat infelix angusto in limine mundi. »

vers est à l'état palpable, quand l'âme enfin
n'est plus qu'un océan sans eau, son hôte naturel
y vient, et c'est Dieu.

« Notre grandeur fait en nous le vide, et le vide
nous donne la faim de Dieu, de la même manière
que, par le mouvement de la vie, nos entrailles
étant arrivées à ce même sentiment que nous
appelons le vide, elles ont besoin d'un commerce
positif et efficace avec la nature, qui répare leur
inanité. C'est le même phénomène, mais dans
une région plus haute ; et, en définitive, de même
que nous communiquons avec la nature et l'humanité par la faim et par la soif, de même nous
communiquons avec Dieu par une faim et une
soif sacrées, non pas, comme l'a dit Virgile, *auri
sacra fames*, mais *Dei sacra fames.* »(1)

Dès cette vie la religion catholique donne à
l'esprit et au cœur de l'homme un commencement de satisfaction, une sorte de possession
anticipée de l'infini.

Par ses dogmes sublimes, elle nous révèle ce
que Dieu est en lui-même, dans son intime
essence ; mais cette révélation, c'est la foi, c'est
le contraire de la vision, c'est le plus insondable
mystère.

Elle parle aussi à notre cœur d'une façon
bien touchante ; elle nous apprend que Dieu
nous connaît, nous entend et nous aime ; que par

(1) Lacordaire, *Conférences de Notre-Dame*, 26e conf.

16.

amour il s'est approché de nous jusqu'à s'unir à
notre faible nature, en unité de personne, que
nous pouvons, que nous devons aussi nous unir
à lui, nous revêtir à notre tour de sa ressemblance, de sa nature, par la grâce, par l'Eucharistie, par l'imitation. Ces choses sont sublimes,
ineffables et pourtant réelles.

Mais ce n'est pas encore la possession de Dieu
sentie et goûtée, et qui seule fait le bonheur
parfait et présent. Nous vivons encore d'espérance : « *spe gaudentes,* » et l'espérance ne
donne de bonheur que parce qu'elle annonce la
joie d'une possession certaine.

Cette possession bienheureuse, il faut l'attendre avec une ferme confiance, mais il faut surtout la désirer, la chercher, nous porter vers elle de
toutes nos forces.

Le P. Gratry a développé cette pensée dans
une page de la plus haute éloquence, qu'on nous
saura gré de transcrire ici : « Les tendances aboutissent. Cette formule est pour moi comme
l'axe d'un faisceau multiple et serré de vérités
en toute nature. J'y vois le point capital de la
logique et l'essentiel de la métaphysique. Mais
elle me dit surtout ceci : tout ce qui marche
arrive ; tout ce qui cherche trouve ; le mouvement n'est pas stérile ; l'espérance est logique ;
la poésie est vraie ; la prière a raison ; l'idéal
est en vérité.

Le monde marche, et il arrivera. Et moi aussi

j'arriverai. Les irrésistibles tendances de ma nature réelle ne peuvent pas ne pas aboutir. La vie veut vivre et elle vivra... Mes regards et mes aspirations, mes mouvements, mes pensées, tout cela n'est-ce point encore un faisceau de tendances? Ma pensée, pauvre, chercheuse, inquiète et dispersée, tend à se rassembler, et à se posséder, et à posséder son objet. Pourquoi donc cette tendance n'aboutirait-elle pas? La soif de la justice, n'est-ce pas une tendance aussi? Pourquoi donc serait-elle frustrée? L'amour, le désir, l'espérance, toute la vie de mon cœur, n'est-ce pas la tendance essentielle de mon être? Comment n'aboutirait-elle pas?....

« Je ne dis pas que celui qui ne marche pas, doit arriver, que celui qui ne cherche pas doit trouver, et que l'on ouvre à celui qui n'a pas frappé. J'ai dit : les *tendances aboutissent*, c'est-à-dire : celui qui marche arrive, celui qui cherche trouve, et l'on ouvre à celui qui frappe. Ce sont des lois divines, universelles...

« Tout ce que le cœur veut et cherche sera trouvé. Tout ce que l'on espère, si l'on y croit, si l'on y tend, sera donné. Tout ce que la nature, l'instinct, l'effort, le travail, la prière, la religion, l'élan vers Dieu, vers la vérité, la justice, la beauté, le bonheur, tout ce que toutes ces forces prophétiques liguées ne cessent d'attendre et de chercher, tout cela nous sera très certainement donné. La poésie est vraie, l'enthousiasme est très sage ; la prière a raison ; elle a raison de dire : *que votre règne arrive.* Ce règne arrive, puisqu'on y tend....

« *Les tendances aboutissent !* On tend à Dieu. Il y a Dieu. Et Dieu donne la vie éternelle, la vie totale et rassemblée, pleinement possédée, déployée dans toutes ses énergies unies. » (1)

(1) *Logique, Introduct,* n. VII.

APPENDICE

LA CONNAISSANCE & L'AMOUR DANS L'HOMME-DIEU

Notre étude paraît achevée. Nous avons considéré la tête et le cœur de l'homme sous tous
leurs aspects. Par ses découvertes récentes, la
physiologie a pu nous dévoiler quelques-uns de
ses secrets, et les enseignements qu'elle nous a
fournis, nous ont été d'un précieux secours pour
l'étude psychologique des phénomènes que nous
avions à analyser. En même temps, la philosophie nous a ouvert des horizons plus larges ; elle

nous a permis de pénétrer plus avant dans notre sujet et de découvrir des merveilles qui échappent encore au regard du biologiste. Pour cette partie de notre tâche, nous avons puisé nos inspirations dans cette grande et si chrétienne philosophie du treizième siècle qui sut associer par les liens les plus étroits l'âme et le corps, la raison et les sens, la pensée et la matière, tout en pratiquant le spiritualisme le plus libre et le plus fécond.

Grâce à ces lumières combinées d'une science enrichie par de nombreux progrès et d'une doctrine mieux faite pour réunir les différentes parties du composé humain, il nous a été donné, croyons-nous, de saisir pour les concentrer dans ces pages quelques-uns des rayons longtemps dispersés, et par là même inefficaces, d'une vérité que les âges précédents n'avaient point méconnue, mais que peut-être ils n'avaient pas embrassée dans sa totalité.

Nous avons trouvé l'homme résumé dans sa tête et dans son cœur. Ces deux maîtresses parties nous ont dévoilé jusqu'aux ressorts les plus cachés et les plus puissants de sa vie intellectuelle et morale. Dans ces belles harmonies, dont nous ne nous flattons pas d'avoir exprimé toutes les nuances, tout nous a paru trahir la main de l'artiste souverain et universel ; et il nous a fallu reconnaître aussi l'Etre auquel tendent l'esprit et le cœur par toutes leurs aspirations : Dieu.

II

Mais il manquerait à ce travail un couronnement nécessaire, si nous ne jetions avant de finir un regard sur Celui qui a été le lien de Dieu et de l'homme, de la terre et du ciel, Jésus-Christ, notre Emmanuel, Dieu avec nous, Verbe Incarné, en qui l'Infini a gardé son intégrité et toute son excellence, en même temps que l'humanité montait aux suprêmes hauteurs et s'associait à la divinité par les attaches les plus fortes et les plus intimes. Jésus-Christ, type achevé de l'homme, par qui tous les hommes peuvent ajouter à cette vie de la pensée et de l'amour qui est notre gloire la plus pure, une vie plus noble encore, la vie même de Dieu. Jésus-Christ, en qui nous allons trouver aussi un corps et une âme, une tête et un cœur.—Tertullien a représenté le Créateur penché sur la figure du premier homme, et, tandis qu'il le formait, songeant au Christ, à l'homme futur: *Christus cogitabatur homo futurus* De même, lorsque, avec le scalpel et le microscope ou les ressources plus pénétrantes d'une observation attentive et sagace des phénomènes de la vie, le savant, l'anatomiste, le physiologiste chrétien sont parvenus à sonder quelques-unes des innombrables merveilles de l'organisme, ne peuvent-ils pas, ne doivent-ils pas alors élever leur pensée et se dire à eux-mêmes: L'étude que je poursuis est aussi une étude de l'Homme-Dieu, puisqu'il était à la fois vraiment homme et vraiment Dieu, et qu'en son corps divin, toutes les lois que me découvre la science ont entretenu, développé, manifesté sa vie!

Et le philosophe chrétien qui veut s'expliquer l'origine, la marche, le progrès mystérieux de la connaissance et de l'amour ici-bas, pourrait-il oublier que tout ce qui appartient à l'intégrité de la nature humaine, tout ce qui ne vient pas du péché ou qui ne conduit pas au péché, s'est aussi rencontré en Jésus-Christ?

III

Il nous faut entrer dans quelques détails plus précis encore, si nous voulons concevoir une juste idée de l'âme de Jésus, de sa double connaissance sensible et intellectuelle, de ses passions, de ses sentiments, de sa volonté.

Par là, nous n'entendons pas l'intelligence infinie que le Fils de l'Homme possédait comme Dieu, ni la science *béatifique* par laquelle il jouissait de la claire vue de l'essence divine, ou la science *infuse* qui enrichissait l'âme humaine du Christ, à cause de son union avec la personne du Verbe, science infiniment supérieure à celle

également infuse des esprits angéliques (1). Nous
entendons parler de la science *acquise* ou expérimentale que saint Thomas lui reconnaît expres-
sément. Et, dans le Sauveur comme chez l'homme,
celle-ci était susceptible de progrès, ou, pour
employer la terminologie de l'Ecole, passait de la
puissance à l'acte. Expliquons-nous davantage.

Et d'abord, ne l'oublions pas, Jésus a été enfant,
il a voulu grandir devant Dieu et devant les
hommes ; avec les ans, ses membres se sont dé-
veloppés, les organes des sens, de l'imagination
et de la mémoire ont reçu en lui tous les perfec-
tionnements habituels. Chez l'homme, nous l'a-
vons vu aussi, la raison dépend des sens, elle
doit à l'imagination les espèces sur lesquelles
s'exercera plus tard sa puissance abstractive, les
faits qui servent de point de départ aux principes,
qui les retiennent cachés sous une forme con-
crète, mais déjà en pleine activité.

Quelque chose de semblable s'est trouvé en
Notre-Seigneur. Aussi bien qu'à l'homme, saint
Thomas lui attribue l'*intellect agissant* et l'*intellect
possible*. Et, comme il appartient au premier de
tirer des images matérielles, au moyen de l'abstraction, les espèces intelligibles dont le second s'em-
pare ensuite pour former la véritable connaissance,
la connaissance rationnelle, on peut dire en toute
vérité que ces opérations préparatoires de la

_____

(1) Cf. S Th., 3ª, q. 11.

science humaine, entièrement nécessaires à son acquisition, furent aussi le partage de l'humanité sainte de Notre-Seigneur (1).

L'esprit humain est tourné à la fois vers les choses d'en haut et vers les choses d'en bas. Par suite, il convenait pleinement, selon la remarque de saint Thomas, qu'il y eût conformité entre l'âme de Jésus et la raison de l'homme ainsi envisagée dans sa double tendance. C'est pourquoi le Christ ne devait pas recevoir uniquement sa connaissance de la science infuse, mais aussi de cette science expérimentale et progressive qui s'augmente dans notre nature, grâce aux données des sens et à la contemplation quotidienne des objets inférieurs. Ne fallait-il pas que l'âme de Jésus fût accomplie, et ne devait-elle

(1) « Nihil eorum quæ Deus in nostrâ naturâ plantavit defuit humanæ naturæ, assumptæ a Dei Verbo. Manifestum est autem quòd in humanâ naturâ Deus plantavit non solum intellectum possibilem, sed etiam intellectum agentem. Unde necesse est dicere quod in animâ Christi fuit non solùm intellectus possibilis, sed etiam intellectus agens. Si autem in aliis Deus et natura nihil frustrà faciunt... multò minùs in animâ Christi fuit aliquid frustrà. Frustra autem est quod non habet propriam operationem, cùm omnis res sit propter suam operationem. Propria autem operatio intellectûs agentis est facere species intelligibiles actu, abstrahendo eas a phantasmatibus... Sic igitur necesse est dicere quòd in Christo fuerunt aliquæ species intelligibiles per actionem intellectûs agentis in intellectû possibili ejus receptæ; quod est esse in ipso scientiam *acquisitam*, quam quidam *experimentalem* nominant. Et ideo, quamvis aliter alibi scripserim (*Sent.* III, q, 3, a. 3) dicendum est in Christo fuisse scientiam *acquisitam*, quæ propriè est scientia secundum modum humanum. » (S. Th., 3ª, q,, 9, a. 4, c.)

pas être parfaite de tous les genres de perfection qui lui pouvaient convenir ? (1)

C'est dans cette science expérimentale que nous allons pouvoir trouver le progrès auquel se refusent la science béatifique et la science infuse. En effet, comme, par son côté le moins relevé, l'intelligence (humaine) du Christ dépendait des organes des sens, à mesure que ces derniers, et en particulier l'organe de l'imagination, prenaient leur développement normal, ils devaient recevoir avec plus de perfection les images des choses extérieures et présenter à l'entendement, des matériaux plus abondants et mieux préparés. C'est dans ce sens qu'il faut admettre ces paroles du cardinal de Lugo :

« Régulièrement, le Christ n'eut aucune opération humaine, sans qu'elle dépendît des organes et des dispositions de la nature, ainsi qu'il en est pour les autres hommes. Il ne marchait donc pas avant que ses membres ne se fussent bien assouplis ; il ne parlait pas dans sa première enfance.... Pour le même motif, son ima-

---

(1) « Humana mens duplicem habet respectum : unum quidem ad superiora, et secundum hunc respectum anima Christti fuit plena per scientiam inditam. Alius autem respectus ejus est ad inferiora, id est, ad phantasmata, quæ nata sunt movere mentem humanam, per virtutem intellectûs agentis. Oportuit igitur quod etiam secundum hunc respectum anima Christi scientiâ impleretur ; non quin prima plenitudo sufficeret menti humanæ secundum seipsam, sed oportebat eam perfici etiam secundum comparationem ad phantasmata. » (*Ibid.*, ad 2.)

gination ne s'exerçait pas avant d'avoir un organe suffisamment prêt, et son intelligence humaine, envisagée au point de vue humain, n'opérait pas davantage, car elle dépend autant de l'imagination que l'image dépend des dispositions de l'organe. » (1)

Le Docteur Angélique complète ainsi cette explication du développement de la science expérimentale dans le Verbe fait chair : « On ne saurait convenablement refuser au Christ aucune des opérations naturelles à l'intelligence de l'homme. Et, comme tirer, à l'aide de l'intellect agissant, les espèces intelligibles des espèces fournies par l'imagination, est une opération tout à fait conforme à notre nature, il paraît juste de l'attribuer à Jésus-Christ. Il y avait donc en lui, grâce à cette sorte d'abstraction dont nous venons de parler, une *habitude* de la science, susceptible de progrès, dans ce sens que l'intellect agissant, après avoir fait sortir des images les premières espèces intelligibles, demeurait toujours capable d'en former de nouvelles.... Ainsi la science infuse du Christ et la science béatifique, n'eurent pas à se développer

(1) « Christus non habuit regulariter ullam operationem humanam, nisi dependenter ab organis et a dispositionibus connaturalibus, sicut alii homines ; nec enim ambulabat donec habuit organa bene disposita ; nec loquebatur ab infantiâ,... ergo nec habuit operationem humanæ phantasiæ antè organum benè dispositum, ergo nec operationem humanam intelligendi, quia hæc tam pendet a phantasiâ quàm phantasma ab organo disposito. »(*Disp.* XXI, sect. 1, n. 5, 11.)

en aucune manière; dès le commencement toutes deux étaient parfaites. Mais la science acquise est l'œuvre de l'intellect agissant, et celui-ci n'opère pas d'un seul coup, mais avec lenteur et successivement: aussi, par cette science, Jésus-Christ ne sut-il pas tout dès le principe, mais seulement peu à peu, avec le temps, je veux dire dans un âge parfait. Et c'est ainsi que l'Evangile nous enseigne qu'il grandissait en science et en âge. » (1)

Et n'avons-nous pas lu souvent dans l'Évangile que Notre-Seigneur partait comme nous du spectacle de la nature extérieure pour arriver à des vues plus hautes, plus pures de tout mélange avec les sens, au spectacle immatériel de l'intelligible? — Ainsi, quand ses yeux viennent à

(1) « Inconveniens videtur quòd aliqua naturalis actio intelligibilis Christo deesset; et cùm extrahere species intelligibiles a phantasmatibus sit quædam naturalis actio hominis secundùm intellectum agentem, conveniens videtur hanc etiam actionem in Christo ponere. Et ex hoc sequitur quòd in animâ Christi aliquis *habitus* scientiæ fuerit, qui per hujusmodi abstractionem specierum potuerit *augmentari*; ex hoc scilicet quòd intellectus agens, post primas species intelligibiles, abstractas a phantasmatibus, poterat etiam alias et alias abstrahere.... Tam scientia infusa animæ Christi quàm scientia *beata* fuit effectus agentis infinitæ virtutis, qui potest simul totum operari; et ita in neutrâ scientiâ Christus profecit, sed a principio eam perfectam habuit. Sed scientia *acquisita* causatur ab intellectû agente, qui non simul totum operatur, sed successivè; et ideo secundum hanc scientiam Christus non a principio scivit omnia, sed paulatim et post aliquod tempus, scilicet in perfectâ ætate; quod patet ex hoc quod Evangelista simul dicit eum profecisse scientiâ et ætate. » (3ª, q. 12, a. 2, c. et ad 1.)

s'arrêter sur les plaines jaunissantes de la
Samarie, sa pensée s'élève doucement jusqu'à
cette moisson invisible des âmes qui attend des
travailleurs trop rares ou trop paresseux. A voir
grandir le lis des champs, il se rappelle et ad-
mire la Providence du Père qui est aux Cieux.
Les vignobles du mont Sion lui indiquent, à la
veille de sa mort, qu'il est aussi la vraie vigne
plantée par son Père, et la seule capable de féconder
et de faire fructifier les rameaux qui lui demeurent unis. Et il en est de même de toutes les touchantes paraboles qui servaient à rendre accessibles aux humbles les enseignements les plus
profonds de la divinité. Ne nous montrent-elles
pas véritablement l'exercice plein et entier [de
toutes les puissances de connaître de l'Homme-
Dieu ? Et encore une fois, je parle ici de ses facultés inférieures et sensibles aussi bien que de
sa magnifique intelligence.

Il faut dire la même chose de la volonté
dans Notre-Seigneur.

Avant tout, il en possédait une infinie, apanage de sa nature divine. A celle-ci s'ajoutait
une volonté moins parfaite, plus conforme à la
nature qu'il venait de revêtir, une volonté
humaine avec son objet propre, mais toujours
subordonné à la volonté divine : *quæ placita sunt
ei, facio semper.*

Le Christ n'était point exempt de l'appétit inférieur, que saint Thomas appelle la « *volonté de*

la sensibilité. » (1) — Oui, il a connu les diverses passions qui nous agitent, sans en ressentir comme nous les funestes atteintes ; toute souillure devait rester étrangère à l'Homme-Dieu, et pour ne pas être trop indigne d'une union si intime avec la divinité, il fallait qu'en lui la nature humaine demeurât pure de l'apparence même du péché. — Mais les faiblesses, les infirmités qui atteignent l'âme sans la ternir, Jésus a voulu les éprouver à son tour. Le bien et le mal sensibles ont produit sur le Sauveur leurs effets accoutumés. Il a aimé sa Mère de cette tendresse que la nature met au cœur de chaque enfant. Il s'est incliné avec commisération vers les malheureux et les malades qui attendaient de sa pitié un mot qui console et guérisse. Parfois, enflammé d'une sainte colère, nous l'avons vu maudire les profanateurs de son Temple et pleurer sur Jérusalem, en annonçant la ruine de la ville coupable. Que de fois la joie, la douleur ont envahi et partagé son âme ! Au soir de la nuit des angoisses, son corps sacré a répandu une sueur de sang, ses membres ont frissonné d'effroi devant le calice amer de la souffrance. *Transeat a me calix iste !*

(1) « Filius Dei humanam naturam assumpsit cum omnibus quæ pertinent ad perfectionem ipsius humanæ naturæ. In humanâ autem naturâ includitur etiam natura animalis, sicut in specie includitur genus ; unde oportet quod Filius Dei assumpserit cum humanâ naturâ etiam ea quæ pertinent ad perfectionem naturæ animalis, inter quæ est appetitus sensitivus, qui *sensualitas* dicitur ; et oportet dicere quod in Christo fuit sensualis appetitus, sive sensualitas. » (S. Th. 3ᵃ, q. 18, a. 2, c.)

Mais ces passions elles-mêmes différaient beaucoup des passions vulgaires dont les effets peuvent être nuisibles. Celles-ci portent souvent
l'homme au mal, devancent plus d'une fois le
jugement de la raison, quelquefois même réus-
sissent à l'entraîner comme une esclave; elles
la plongent tour à tour dans l'ivresse du bonheur
et dans l'abattement du désespoir, quand, par
une dernière ironie, elles n'en font pas le jouet
de tous leurs caprices et de tous leurs dérègle-
ments. Est-il besoin de le dire? aucune de ces misè-
res n'est venue amoindrir le caractère sublime de
l'Homme-Dieu. Chez lui, tous les mouvements
passionnels suivaient une direction conforme à
celle de la raison; ils ne dépassaient pas la
partie inférieure de l'âme, l'appétit sensible, et
ne venaient jamais troubler la partie supérieure
en la détournant de ses actes (1). Combien cet
arrangement est admirable et comme il s'harmo-

(1) « Passiones aliter fuerunt in Christo quam in nobis,
quantum ad tria. Primo quidem, quantum ad objectum : quia
in nobis plerùmque hujusmodi passiones feruntur ad illicita,
quod in Christo non fuit; secundo, quantum ad principium;
quia hujusmodi passiones frequenter in nobis præveniunt
judicium rationis; sed in Christo omnes motus appetitus sensitivi oriebantur secundum dispositionem rationis. Unde
Augustinus dicit (*De Civ. Dei*, l. XIV, c. 9) quod hos motus,
certissimæ dispensationis gratia, ità cum voluit, Christus
suscepit animo humano, sicut, cum voluit, factus est homo.
Tertio, quantum ad effectum ; quia in nobis quandoque
hujusmodi motus non sistunt in appetitu sensitivo, sed trahunt
rationem ; quod in Christo non fuit, quia motus naturaliter
humanæ carni convenientes, sic ex ejus dispositione in
appetitu sensitivo manebant, quod ratio, ex his, nullo modo

nise à la fois avec la nature imparfaite de l'homme et avec la souveraine dignité de Dieu ! Au fond, il n'est rien qui puisse nous toucher davantage : c'est par là, en effet, que, sans perdre son caractère divin, Jésus est devenu réellement notre frère : *Debuit per omnia fratribus similari.*

IV

Nous pouvons aller encore plus loin et arriver au *cœur*, principe de ces mouvements, de ces affections et de ces passions.

En un si grand sujet, les docteurs du moyen âge n'ont malheureusement pas songé à former un seul faisceau de tous les rayons de lumière qui ont éclairé le magnifique édifice de leur théologie.

Plus tard seulement, en des jours troublés, pendant que le protestantisme soulève contre l'autorité de l'Eglise l'orgueilleuse raison de l'homme et que le jansénisme met le comble à cette entreprise lamentable en achevant d'endurcir et de dessécher les cœurs, voici que, dans le silence du cloître, Notre-Seigneur Jésus-Christ se révèle à une humble religieuse, lui montre sa poitrine

impediretur facere quæ conveniebant. » (S. Th. 3ª, q. 15, a. 4, c.)

embrasée des flammes de la charité et lui dit :
Voilà ce Cœur qui a tant aimé les hommes.

Alors, commence un mouvement admirable de ferveur ; une dévotion ancienne comme le christianisme renaît soudain à la voix du Sauveur et prend sous l'impulsion divine le développement le plus rapide et le plus complet.

On voulut bientôt établir une fête en l'honneur de ce Cœur Sacré. Il est remarquable qu'à ce moment les premiers théologiens appelés à présenter l'office de cette fête à l'approbation du Saint-Siège se soient principalement appuyés sur le rôle du cœur dans les affections, ce qui imprima aux considérants apportés quelque chose d'un peu systématique.

En même temps, une philosophie inconnue jusqu'alors s'était répandue insensiblement et avait séduit des esprits chrétiens et d'ailleurs animés de bonnes intentions. Avec Descartes, la nouvelle doctrine rompait l'unité du composé humain ; elle concentrait l'âme en un seul point du corps, le cerveau, et faisait de celui-ci l'organe premier, l'organe central, autour duquel se déploie toute l'activité de l'homme. Mais on avait méconnu, oublié le rôle du cœur, jadis énergiquement défendu par saint Thomas et Albert le Grand, et cela, sans nul préjudice pour le cerveau.

Les partisans d'une telle philosophie auraient assurément peu goûté l'office du Sacré-Cœur, s'il eût reposé avant tout sur le rôle psychologique

attribué par l'Ecole à cet organe, rôle si ancien-
nement connu et analysé que les postulateurs le
regardaient comme certain et indéniable. Au
reste, la dévotion au Sacré-Cœur n'était pas nécessairement liée à cette discussion philosophique.
Aussi le savant Cardinal Lambertini (plus tard
Benoît XIV) se basa uniquement sur les divergences doctrinales qui divisaient au sujet du
cœur les anciens et les modernes, et, sans se
prononcer sur la question, il ne conseilla pas
d'approuver la nouvelle fête, de peur que l'Eglise
ne parût se décider pour l'une ou l'autre opinion (1). La Congrégation des Rites se rangea

(1) « Cùm nec judicum *revelationis* ven. Margaritæ
examen, nec ullum miraculum intercessisset quo institutio novi
festi in honorem Cordis Christi commendaretur, credidi exem-
plum institutionis festi Corporis Christi institutioni festi in
honorem Cordis nequaquam suffragari. (Les postulateurs
alléguaient la fête du Saint Sacrement en faveur de l'institution
de la fête du Sacré-Cœur.) Addidi, ore tenus, *statui
tanquàm certum a postulatoribus* cor esse, ut vocant,
comprincipium sensibile omnium virtutum et affectionum
quasique centrum voluptatum et dolorum omnium interiorum ;
sed *id quæstionem philosophicam involvere*, cum recentiores
philosophi amorem, odium, et reliquas animi affectiones
non in corde, tanquam in sede sua, sed in cerebro collocent,
ità ut affectus in animæ et spirituum commotione maxime
positi in cerebro formentur, postea ad cor ipsum per nervos
diffundantur... quamobrem, cum nullum adhuc prodierit
Ecclesiæ judicium de veritate unius aut alterius ex his
opinionibus, prudenterque ab hujusmodi definiendis sententiis
Ecclesia abstinerit atque abstineat, reverenter insinuavi
non esse petitioni annuendum, *inniœæ potissimum antiquo-
rum philosophorum sententiæ, cui recentiores adversantur*.
(*De servorum Dei beatificatione*, lib. IV, pars 2, ch. XXXI,
n. 25.)

à son avis, et la fête ne fut pas autorisée (30 juillet 1729).

Pourtant il devait se passer peu de temps avant qu'elle ne fût définitivement établie (1). En dehors de toute opinion philosophique touchant le rôle du cœur, elle reposait déjà sur les considérations les plus sérieuses et sur les raisons les plus solides. Comme personne ne l'ignore, son double objet est de reconnaître, de célébrer l'amour de Jésus pour les hommes et d'adorer son Sacré-Cœur en tant qu'il fait partie d'une personne divine et qu'il offre au moins le symbole de la tendresse infinie du Christ pour la créature.

Il n'est donc pas essentiel à une dévotion si douce, si aimable, si chère aux âmes, qu'on sache au juste quel est le véritable rôle du cœur ; doit-on dire pour cela qu'une telle connaissance soit indifférente ou même inutile ? Et aujourd'hui surtout, que les plus hauts encouragements ont

(1) Voici les propres termes du décret de la Congrégation des Rites de 1765, approuvé par Clément XIII, le 6 février de la même année : « Congregatio probe noscens cultum Cordis Jesu jàm per omnes ferè catholici orbis partes, foventibus earum episcopis, propagatum, sæpe etiam a sede apostolicâ decoratum millenis indulgentiarum Brevibus datis ad innumeras propemodùm confraternitates, sub titulo Cordis Jesu canonicè erectas, simulque intelligens hujus officii et missæ celebratione non aliud agi quàm ampliari cultum jam institutum, et symbolicè renovari memoriam illius divini amoris quo Unigenitus Dei Filius humanam suscepit naturam... his de causis, refer. Em. D. Card. Salcinensi, annuendum censuit postulationi Episcoporum regni Poloniæ. »

remis en honneur les doctrines de l'Ecole, n'est-il pas opportun de nous expliquer à fond sur un semblable sujet ? La solution de la question pourrait, en effet, éclairer d'un jour tout nouveau les principes de la philosophie traditionnelle, dans ce temps où ils ont été si souvent confirmés et comme affermis par des découvertes scientifiques sagement interprétées.

Après ce que nous avons dit plus haut sur le rôle du cœur, peu de développements suffiront à élucider cette question. Une revue rapide et résumée des différents points de vue sous lesquels nous avons traité précédemment du cœur, nous fera mieux comprendre pour quelles raisons l'Eglise a voulu proposer aux fidèles le Cœur de Jésus, comme l'objet d'un culte spécial.

Et d'abord quelles ont été la place et les fonctions de ce Cœur divin dans le corps de Jésus ?

Avant tout, il fut l'ineffable et vivant calice, hypostatiquement uni à la personne du Verbe, où coulèrent, durant les trente-trois années de la vie mortelle du Sauveur, les flots généreux de ce sang qui devait un jour opérer le salut du monde.

Le Cœur fut aussi le moteur puissant et toujours en action, par qui le sang divin était poussé jusqu'aux éléments les plus infimes du corps, afin de les vivifier, de les nourrir et de rendre possible et réelle l'action de chacun d'eux. Seul parmi les organes (et ceci vaut la peine qu'on le remarque), le cœur étend directement son influence sur chacune des parties, même les plus petites, de l'organisme humain. En effet, toutes sont en rapport avec lui pour en recevoir ce qui est nécessaire à la vie ou pour le lui restituer. En un mot, il est le *pourvoyeur* général. A lui arrivent les aliments minutieusement élaborés par les fonctions digestives, et jusqu'au fluide vivifiant que les poumons puisent dans l'air.

De lui, partent ces canaux admirablement construits et préparés qui vont répartir la sève nourricière jusque dans les plus mystérieuses profondeurs de l'organisme.

Nous avons vu qu'au cerveau se rattachent deux sortes de filets nerveux. Les uns vont se ramifier et s'épanouir dans les organes des sens pour recevoir les impressions de l'extérieur et les rapporter au centre d'où il émanent. Les autres, au contraire, servent de cordons transmetteurs où cheminent rapides les influences motrices qui mettent les muscles en activité. Par une analogie frappante, le cœur possède, lui aussi, ce double attribut d'être à la fois centre récepteur et centre propulseur ou moteur. Il reçoit, en effet, par les veines, comme il envoie par les artères, les éléments constitutifs non pas seulement d'une catégorie d'organes, mais de *tous* les organes, quelle que soit d'ailleurs dans le mécanisme du corps humain la noblesse ou l'importance de leurs fonctions. Disposition admirable, qui fait du cœur, premier moteur du sang, la source fondamentale de tout mouvement dans la vie végétative aussi bien que dans la vie sensible.

Ainsi, dès le premier moment de l'Incarnation, sous l'impulsion de l'amour de Dieu pour les hommes, le Cœur animé de Jésus a commencé à battre, fécondant par son action toute puissance organique nécessaire à la réalisation de la fin que sa sainte âme s'était proposée.

A Nazareth, aux jours de son enfance et de sa jeunesse, sous l'influence de ces battements qui n'ont jamais cessé, son corps a pris son accroissement normal et progressif. Ainsi s'est préparée avec lenteur la divine victime. Puis sonnera l'heure de la vie publique, quand les temps seront venus ; alors, c'est toujours le Cœur qui donnera aux pieds de Jésus la vigueur suffisante pour courir à la recherche de la brebis égarée, à ses mains la force de se lever et de répandre avec abondance les bénédictions et les miracles, à sa voix l'énergie, l'étendue nécessaire pour porter jusqu'aux oreilles des multitudes la doctrine toute céleste que l'univers attentif écoute encore à travers les âges.

Ainsi donc, si vous voulez savoir le principe de la vie mortelle du Sauveur, allez à son Cœur Sacré ! C'est là que l'âme avait établi sa principale demeure, c'est de là qu'elle produisait un flux et un reflux perpétuel au milieu de cet océan d'amour.

A de certaines heures, un trouble, une agitation soudaine éclatait dans la poitrine ardente du Sauveur, un flot de sang pressé jaillissait dans les vaisseaux plus largement ouverts. C'est que les regards de Jésus venaient sans doute de rencontrer une misère plus grande, une infortune plus poignante : la veuve de Naïm derrière le cercueil de son fils unique, Madeleine lui montrant le tombeau de Lazare son ami, ou bien Jérusalem, l'infidèle Jérusalem, assise au pied des collines environnantes. Alors Jésus était profondément, violemment ému : des flots de tendresse et d'amour envahissaient son âme. Lui-même, il voulait être troublé. *Turbavit seipsum.*

En son âme présente au lieu où convergent tous les sens, une lumière avait lui tout à coup, et, dans son Cœur, averti par ces communications merveilleuses que la science moderne a révélées en partie, dans ce Cœur lui aussi animé et plein de vie, l'âme elle-même venait d'éprouver une émotion sublime. Sous l'impulsion plus vive, sous l'action plus rapide du sang, son visage, ses gestes, ses larmes avaient traduit au dehors cette émotion intérieure qu'il se refusait à contenir. Ah ! comme surtout le Sauveur devait être troublé, remué jusqu'au plus profond de son être, dans cette soirée touchante où saint Jean, l'apôtre bien-aimé, la tête penchée sur sa poitrine, put écouter les battements plus forts du Cœur de son maître, agité alors par l'émotion sensible qu'il voulait bien éprouver. Jamais la charité divine n'a dû se manifester avec autant de force qu'à cette heure où l'amour et la tendresse de la sainte âme de Jésus, portés à l'excès, venaient d'instituer le sacrement par excellence et de nous léguer à jamais l'adorable Eucharistie.

A n'en pas douter, cette émotion ineffable était elle-même *connue* au cerveau, mais elle était bien réellement *éprouvée* au cœur. Ainsi, et d'une façon à peu près analogue, notre âme se rend compte au cerveau des nouvelles connaissances recueillies à l'extérieur et amassées par les sens.

Mais l'heure solennelle approche, l'heure de la suprême angoisse et de la parfaite expiation. La nature humaine et sensible du Christ commence à être saisie de crainte, d'accablement, de sombre tristesse. Un poids immense écrase son Cœur dont le mouvement se ralentit. Va-t-elle hésiter, la divine Victime ? Et ce Cœur resserré refusera-t-il de pousser dans les veines le sang qui doit purifier le monde ? Ne le craignons pas. La volonté est là pour dominer les angoisses de la nature : elle s'attache à la volonté même de Dieu et à son ordre. Le Cœur réagit avec une ardeur toute nouvelle, et l'afflux du sang est si pressé dans ces canaux impuissants à contenir le choc de l'amour, qu'il jaillit au dehors, à la manière d'une sueur abondante ; il ruisselle sur les membres divins et inonde la terre où le Sauveur est prosterné.

Quelques heures encore, et les fouets déchire-
ront sa chair adorable, les épines perceront son
chef sacré, les clous seront enfoncés dans ses mains
et dans ses pieds : alors, si le sang coule à flots,
c'est encore, c'est toujours sous l'impulsion du
Cœur, jusqu'à ce qu'enfin, ouvert par la lance
du soldat, le divin calice laisse tomber sur la
terre la dernière goutte du sang qui sauve et de
l'eau qui purifie.

Tel est donc ce Cœur, organe véritable de l'a-
mour sensible que le Verbe fait chair a daigné
porter à et l'homme dont il lui a donné tant de
marques précieuses.

Mais ce n'est pas tout encore : en Notre-Seigneur
plus qu'en nous, le Cœur mérite d'être appelé
l'organe de l'amour et de la charité. Dans
l'homme, en effet, il peut y avoir antagonisme
entre le mouvement sensible de la passion et le
mouvement volontaire ; le sentiment, le cœur en
un mot peut entrer en révolte contre la vertu. Il
n'en fut jamais ainsi pour l'Homme-Dieu : l'amour
sensible demeura toujours en parfaite harmonie
avec l'amour volontaire. S'il s'est troublé un jour,
c'est qu'il s'est troublé lui-même. *Turbavit scip-
sum.* Le cœur matériel devient ainsi le symbole
et pour ainsi dire l'organe de la volonté.

Il résulte de cette connexion étroite ou plutôt
de ce parallélisme peut-être continuel, que le
Cœur est le *substratum* universel de tous les
mouvements qui ont porté Notre-Seigneur vers

les hommes. Il nous a aimés tout entier, Lui Dieu
et homme, dans toute la vérité de sa nature complète.

Faisons un pas de plus. —Nous avons dit que la
volonté est plus centrale que l'intelligence, qu'elle
donne davantage la mesure et la valeur d'un
être, que c'est par elle qu'on use comme il convient de toutes les facultés, qu'on aime et qu'au
besoin l'on se sacrifie. Le cœur représente et
exprime donc mieux que tout autre organe les
dispositions intimes de Jésus, envers lui-même,
envers son Père et envers les hommes.

N'oublions pas d'ailleurs que la volonté suppose
l'intelligence et ne va jamais sans elle, que l'a-
mour comprend l'idée, que le sentiment enferme
la pensée dont il dérive. Les puissances affectives du Dieu fait homme, loin donc qu'elles
fussent aveugles, avaient leur point de départ
dans la raison, une raison sans cesse illuminée
des clartés du Verbe. Uniquement réglées par ces
divines lumières, ces facultés symbolisaient donc
l'intelligence aussi bien que la volonté de
l'Homme-Dieu : et ainsi, toute idée, comme toute
volition, venait aboutir au Cœur, qui, par la diversité infinie de ses battements, la reprodui-
sait et la traduisait aussitôt.

Le Sacré-Cœur exprime donc tout Jésus, qui est
lui-même le résumé du monde, du ciel et de la
terre. A la vérité, l'Eglise ne pouvait pas choisir
un objet sensible plus digne de nos adorations,

au milieu de tout ce qui doit nous embraser
d'amour dans la personne de Notre-Seigneur.

Par là ce Cœur adorable devient la source précieuse où l'Eglise, corps mystique du Sauveur,
doit s'abreuver de la vie divine. Dans l'Eucharistie (1) surtout, où réside ce Cœur glorifié, l'Eglise
pourra trouver ce qu'elle doit offrir à Dieu d'honneur et d'hommages ; elle y rencontrera aussi
tous les trésors de grâce qu'elle veut répandre
avec profusion sur chacun de ses enfants.

Et maintenant que nous avons étudié la tête et
le cœur en nous-mêmes, et que nous avons appris
à aimer et à admirer, en les connaissant davantage, les divines beautés du Sacré-Cœur de Jésus,
nous n'avons plus qu'une chose à demander à
Dieu de toute l'ardeur de nos prières : c'est de
vouloir bien assurer, entre notre esprit et notre
cœur et l'esprit et le Cœur de Jésus, une conformité croissante et toujours plus parfaite.

(1) Saint Bonaventure, après saint Jean Chrysostome et saint
Augustin, fait observer que l'Eglise est née du Cœur de Jésus
ouvert par la lance du soldat. Saint Chrysostome avait dit
en parlant du sang et de l'eau qui en sortirent : « Non casu
et simpliciter hi fontes scaturierunt, sed quoniam ex ambobus
Ecclesia constituta est. » (Homil. 84 in Joannem.) L'eau représente le baptême et le sang la divine Eucharistie, c'est-à-dire
les deux principaux sacrements de l'Eglise. Saint Bonaventure
ajoute : « Porro ut de latere Christi dormientis formaretur Ecclesia, divina est ordinatione indultum, ut unus militum lancea
latus sacrum illud aperiendo perfoderet, quatenus sanguine
cum aqua manante, pretium effunderetur nostræ salutis, *quod
a fonte scilicet cordis* arcano profusum, vim duret sa-
cramentis Ecclesiæ, ad vitam gratiæ conferendam, essetque
jam in Christo viventibus poculum fontis vivi, salientis in
vitam æternam. Surge igitur, anima, amica Christi... ibi os
appone ut haurias aquas de fontibus Salvatoris. » (*Homil. de
lib. de ligno vitæ.*)

TABLE DES MATIÈRES

PREFACE

Intérêt des questions relatives à la tête et au cœur ; l'art, la poésie, et le sens commun ; l'homme ramassé dans la tête et le cœur ; erreurs et opinions ; doctrine de saint Thomas ; physiologie, psychologie et morale ; division de l'ouvrage............................ I

PREMIERE PARTIE

PHYSIOLOGIE DE LA TÊTE ET DU CŒUR

Domaine de la physiologie et de la psychologie dans l'étude des opérations de ces deux organes...... 1

CHAPITRE PREMIER

Physiologie de la tête

Etonnante perfection et complexité de la tête. — Le cerveau, le cervelet, la moelle allongée ; — substance grise et substance blanche ; grand sympathique ; — système cé-

rébro-spinal; — petit sympathique ou nœud vital. — Perfection du cerveau chez l'homme ; — profil ; le cerveau soumis aux lois générales de la matière ; influence du sang sur les fonctions cérébrales ; température élevée du cerveau.. 2

CHAPITRE II

Physiologie du cœur

Office principal du cœur ; — sa forme ; partie supérieure et partie inférieure ; — les quatre cavités ou compartiments ; oreillettes et ventricules ; — leur lien ; — cœur gauche et cœur droit ; veines et artères ; *circulus vital* et renouvellement du sang. — Position centrale et bien protégée du cœur ; son étonnante et continuelle activité ; il préside à la naissance et au développement des autres organes ; *Primum vivens et ultimum moriens* ; élasticité et contractilité ; — rythme de ses battements... 9

DEUXIEME PARTIE

PSYCHOLOGIE DE LA TÊTE ET DU CŒUR

Différentes manifestations de l'activité de l'âme ; vie végétative, sensitive, intellectuelle ou morale..... 15

CHAPITRE PREMIER

Psychologie de la tête

Rôle de la tête dans la triple vie de l'homme.. 18

ARTICLE PREMIER

LA TÊTE ET LA VIE VÉGÉTATIVE

Influence du système nerveux sur les différentes fonctions de la vie végétative ; cette influence est indirecte seulement ; diverses expériences de Cl. Bernard et de Dalton.. 18

ARTICLE II

LA TÊTE ET LA VIE SENSITIVE

Notion et manifestations diverses de la vie sensitive : la sensation, la passion et le mouvement........... 20

§ 1. — *Rôle de la tête dans la sensation.*

Opinion moderne sur la nature de la sensation ; théorie ancienne plus élevée ; sensation et perception. — La sensation, fonction du composé ; richesse de la sensibilité humaine ; sens extérieurs et intérieurs ; le cerveau, organe des uns et des autres ; thèse de saint Thomas ; diverses expériences faites ou rapportées par Cl. Bernard ; où s'accomplit la sensation ; le cerveau est-il l'unique *sensorium* ou seulement le *sensorium commune?* réponse à une objection ; le *sensus communis* source de toute la sensibilité ; attitude droite de la tête ; — paroles de Cicéron et de saint Thomas ; l'homme et la plante................. 20

§ 2. — *Rôle de la tête dans les passions*

La passion naît de la sensation ; analogies et différences entre l'une et l'autre ; la passion phénomène du composé aussi bien que la sensation ; influence du cerveau sur les passions, indirecte seulement, mais considérable ; influence de l'imagination sur les différentes passions..... 30

§ 3. — *Rôle de la tête dans la motricité.*

La faculté motrice attachée au cerveau ; théorie de saint Thomas ; description du système nerveux par le P. Gratry ; la direction de la faculté motrice dépendante du cerveau ; doctrine de saint Thomas, expériences de Cl. Bernard ; supériorité de la tête sur les autres organes ; situation, perfection, puissance ; remarquable analyse de saint Thomas... 34

ARTICLE III

LA TÊTE ET LA VIE INTELLECTUELLE ET MORALE

Supériorité de la vie intellectuelle sur la vie sensible ; intelligence et volonté ; spiritualisme modéré.... 38

§ 1. — *Le cerveau exerce sur la pensée une influence considérable.*

Comment un organe peut influer sur une faculté spirituelle ; la raison humaine, imparfaite et substantiellement unie à un corps, ne pense pas sans le secours de quelque image sensible ; Bossuet et saint Thomas ; harmonie entre la perfection de la sensibilité et celle de l'intelligence ; la sensibilité fournit à la raison ses matériaux ; deux qualités principales d'une bonne sensibilité ; influence du toucher ; travail de la raison sur les données sensibles ; l'enfant, le jeune homme, l'homme fait et le vieillard ; influence du volume et de l'ampleur du cerveau sur la perfection des facultés intellectuelles............ 39

§ 2. — *Le cerveau n'est point l'organe de la pensée.*

Avons-nous fait à la sensibilité une part trop grande ? Erreur funeste de la théorie idéaliste ; erreur de la théorie sensualiste ; texte de Cl. Bernard ; langage incorrect de certains spiritualistes modernes ; caractères des facultés inorganiques ; faits nombreux et constants qui placent l'intelligence parmi les facultés inorganiques ; textes de saint Augustin et de Balmès ; les hommes de mémoire, d'imagination, d'esprit, et les hommes de raison ; réaction et assimilation ; intelligence d'autant plus parfaite qu'elle se dégage davantage des organes et des sens ; doctrine de saint Thomas ; réponse aux objections. — Le cerveau est-il le siège de la pensée ? Y a-t-il une proportion absolue entre le cerveau et la pensée ? La folie ; phénomènes de transfusion du sang ; réponse de Cl. Bernard.　　51

§ 3. — *La tête et la volonté.*

La volonté suit l'intelligence ; le cerveau n'est point l'organe de la volonté ; la volonté faculté inorganique ; mécomptes des phrénologistes ; influence du physique sur le moral ; influence du cerveau sur les passions, indirecte seulement..　69

CHAPITRE II

Psychologie du cœur

Mêmes problèmes que dans la psychologie de la tête.　73

ARTICLE PREMIER

LE CŒUR ET LA VIE VÉGÉTATIVE

La vie vient de l'âme comme de sa source première ; réfutation de l'organicisme ; argument de saint Thomas ; le cœur organe vital par excellence ; la vie coule par lui dans tous les organes ; le sang et la vie ; paroles du P. Gratry ; l'opération végétative substratum de toutes les autres opérations de l'animal ; influence du cœur ; — le cœur, animal séparé, roi de l'organisme humain...　73

ARTICLE II

LE CŒUR ET LA VIE SENSITIVE

§ 1. — *Rôle du cœur dans la connaissance sensible.*

Le cœur n'est point doué de la faculté de connaître ; — son influence, indirecte, mais notable, sur l'état de tous les organes et notamment sur les organes des facultés sensibles ; influence du sang sur l'imagination   81

§ 2. — *Rôle du cœur dans les passions.*

La passion engendrée à la suite de la connaissance sensible ; elle a pour sujet le composé ; — opinions sur le siège de la passion ; opinion qui la place dans le cerveau et qui regarde le cœur comme servant seulement à la manifester ; Cl. Bernard ; opinion qui la met dans le cœur ; — la première moins d'accord avec le sens commun et le sens artistique ; la connaissance condition *sine quâ non,* mais non pas cause efficiente de la passion ; raisons positives en faveur de la seconde opinion ; — raison de.proportion et d'équilibre entre la tête et le cœur ; la passion phénomène psychologique, du domaine de la psychologie plus que de la physiologie ; — la passion s'accomplit dans et par le cœur ; argument de saint Thomas ; paroles du P. Monsabré ; adaptation du cœur au phénomène de la passion ; arguments des adversaires ; réponses...   84

§ 3. — *Rôle du cœur dans la motricité.*

Particularités relatives au mouvement du cœur ; mouvement naturel, spontané, ne dépendant pas nécessairement de la volonté ; dans quelle mesure peut-il être influencé par la volonté ? influence du cœur sur les mouvements ; le mouvement opéré par l'appétit sensible et par conséquent par le cœur, organe des passions ; — raisonnement de saint Thomas ; — objections et réponses ; divers mouvements dans lesquels le cœur n'a pas à intervenir ; nouvelle raison pour que le mouvement du cœur soit naturel et spontané ; — la volonté cause de certains mouvements, par l'intermédiaire de l'appétit sensible.......... 99

ARTICLE III

LE CŒUR ET LA VIE INTELLECTUELLE ET MORALE

§ 1. — *Influence du cœur sur l'intelligence.*

La passion peut-elle influer sur la pensée ? comment ; influence du cœur sur la connaissance des vérités morales ; comment la passion agit sur l'esprit ; — raisonnement de Stuart-Mill ; pourquoi les hommes commettent plus d'erreurs dans l'ordre moral que dans l'ordre spéculatif ; — si la passion peut aider et fertiliser l'intelligence; exemples.............................. .. 112

§ 2. — *Influence du cœur sur la volonté.*

Action du cœur sur la volonté, plus prochaine que sur l'intelligence ; objet propre de la volonté ; le bien convenable ; la convenance dépend du sujet autant que de l'objet ; — comment la passion déteint sur l'un et l'autre; la passion obstacle ou force pour la volonté ; — la volonté maîtresse des passions et d'elle-même ; — supériorité de l'homme sur l'animal ; — le sentiment, phénomène immatériel, n'a besoin d'aucun organe; analogies et différences entre la passion et le sentiment; leur influence mutuelle ; — le cœur symbole du sentiment........ 119

TROISIÈME PARTIE

HARMONIE DE LA TÊTE ET DU CŒUR

Point capital de notre étude ; harmonie physiologique et psychologique de la tête et du cœur, gage de leur har-

monie morale; la philosophie séparée et ses forme
diverses; philosophie de saint Thomas; questions à
résoudre.................................... 129

CHAPITRE PREMIER

Opposition prétendue entre la tête et le cœur

Enumération des différentes antinomies entre la tête et
le cœur; — la diversité n'est pas la contradiction; réponses provisoires................................ 132

ARTICLE PREMIER

VIDEO MELIORA PROBOQUE, DETERIORA SEQUOR

Le cœur devrait suivre la tête; la volonté va-t-elle
réellement contre la raison? conseils et préceptes; — le
meilleur et l'obligatoire; la virginité; — le péché est-il une
simple ignorance? volonté plus mal douée que l'intelligence; la volonté suit le dernier jugement pratique;
contradiction apparente et non réelle; raisonnement de
saint Thomas................................ 134

ARTICLE II

MAUVAISE TÊTE ET BON CŒUR

Le cœur peut-il être meilleur que la tête? — distinctions
nécessaires; différentes significations des mots *mauvaise
tête et bon cœur*; esprits faibles ou peu cultivés, mal
équilibrés, égarés et dévoyés; — différents degrés dans la
bonté du cœur; — deux qualités principales d'un bon
cœur; théorie de Kant; élément effectif supérieur à l'élément affectif; la bonté et la miséricorde en Dieu: solution de l'antinomie.............................. 139

ARTICLE III

SPONTANÉITÉ ET RÉFLEXION

Nouvelle antinomie : la tête est réfléchie et le cœur spontané ; notion exacte de la spontanéité et de la réflexion ; la tête plutôt réfléchie et le cœur plutôt spontané; pourquoi; mot de Montaigne sur l'amitié ; — l'intelligence n'est pas essentiellement et toujours réfléchie ; nécessité d'unir ensemble la spontanéité et la réflexion ; utilité de l'une et de l'autre ; leurs rapports mutuels ; mot de Vauvenargues et de Balmès ; spontanéité apparente.   147

ARTICLE IV

SCIENCE ET FOI

Théorie de Renan ; Dieu rejeté par l'intelligence et supposé par le cœur ; — division de l'humanité en parties simples et parties cultivées ; — le Dieu du savant ; — bonté des âmes simples et croyantes ; — la religion supérieure à la science et non pas contraire; la raison n'est pas toute dans la lumière ; — partie obscure, part importante de la foi dans l'esprit humain et dans les sciences; paroles de Balmès, de Bossuet et de Joubert ; les idées confuses ; — le cœur ne vit pas uniquement de foi ; partie éclairée; l'esprit et le sentiment sont-ils en raison inverse ? grands mystiques ; — cultiver l'âme tout entière ; saint Thomas ; la foi est-elle une affaire de sentiment? foi des simples, raisonnable ; les plus grands génies ont été croyants ; pourquoi certains savants n'ont pas la foi ; — belle réponse de Lacordaire.............................   156

ARTICLE V

LE CŒUR A SES RAISONS QUE LA RAISON NE CONNAIT PAS

Antithèse de Pascal, en quel sens fausse ; sa véritable

18.

signification ; explication de Pascal ; — personnes de sentiment et personns de raisonnement ; procédés divers de la raison et du cœur ; Dieu sensible au cœur et non à la raison ; — appréciation de la théorie ; partie vraie, exagérations ; solution de l'antinomie ; — conclusion générale sur les contradictions de la tête et du cœur   169

CHAPITRE II

Union de la tête et du cœur

La science et la vertu apanage de la partie supérieure de l'âme ; l'intelligence et la volonté se prêtent un mutuel concours..................................... 170

§ 1. — *La science est le fruit propre de la tête ou de la raison.*

Opinions contraires à notre thèse : les cartésiens, les sentimentalistes et les critiques ; — Descartes, Gratry et Renouvier ; — réfutation générale ; — funestes conséquences des trois systèmes précédents ; réfutation spéciale ; le jugement n'est point un acte de la volonté ; — jugements dans lesquels la volonté n'intervient pas ; la connaissance des premiers principes et de Dieu ne repose pas sur le sentiment ou sur la foi même naturelle ; — la passion n'intervient pas dans tous nos jugements........ 177

§ 2. — *La volonté a dans nos jugements une part très grande*

La volonté vient en aide à l'esprit ; vérités soustraites à l'influence de la volonté ; rôle de la volonté dans le choix des études, l'attention, l'application, l'effort, la persévérance ; mot de Pascal et de Biran ; influence des dispositions du cœur sur les vérités morales ; mot de Bossuet ; affinité nécessaire entre l'objet connu et le sujet connaissant ; raisonnement de Pascal confirmé par l'histoire des âmes ; rôle considérable de la volonté dans les opinions et dans la foi ; — l'orateur ; — les passions et les penchants ; — l'art de persuader...................... 188

§ 3. — *La vertu appartient en propre à la volonté.*

Raison d'équilibre entre la tête et le cœur ; opinion qui place la vertu dans la science ; — Platon et Descartes ; — autorités contraires ; — belle théorie d'Aristote ; Sénèque et Montaigne ; réfutation du système platonicien ; la science toute seule donne-t-elle à l'âme plus d'élévation, de vraie grandeur et de force ? science et conscience ; instruction et morale ; d'où viendra le salut ; — paroles remarquables de Cousin, de J. Simon, de la Harpe et de Laprade................................... 199

§ 4. — *La volonté est bonne dans la mesure où elle s'inspire de la droite raison*

Avons-nous fait trop peu de place à la science ; doctrine de saint Thomas sur les vertus intellectuelles ; l'intelligence rendue actuellement bonne par la volonté ; — la volonté comme l'amour suppose la raison et dépend d'elle ; volonté déraisonnable et arbitraire ; — élévation, fermeté et constance de la volonté ; — mobilité du sentiment non dirigé par la raison ; belle page de Balmès........ 207

CHAPITRE III
Place et situation respective de la tête et du cœur

§ 1. — *Excellence absolue et relative de la tête et du cœur.*

Supériorité absolue de la tête au point de vue de la noblesse ; universalité de l'objet ; — mode d'action ; — priorité logique ; — influence ; raisonnement de saint Thomas et du

cardinal de Bérulle ; — point de vue esthétique ; — supériorité relative de la tête ou du cœur suivant les cas ; saint
Thomas et Bérulle ; — ici-bas et au ciel ; — l'intelligence
plus claire et la volonté plus profonde ; replis et profondeur du cœur ; — belles paroles de Lacordaire ..   216

§ 2. — *Valeur comparative de la tête et du cœur.*

Différence entre l'excellence et la valeur ; l'homme vaut
plus par le cœur que par la tête ; le génie plus brillant, le
cœur plus populaire ; la bonté vient du cœur ; paroles de
saint Thomas, de Montaigne, de Lacordaire, de Kant ;
le bon usage des facultés vient de la volonté ; — elle a le
gouvernement de tout l'être humain ; — saint François
de Sales ; les hommes d'action ; principe de toutes nos
actions dans l'amour ; — force de l'amour ; remarques
consolantes ; la bonne volonté dépend de nous ; travailler,
veiller et prier   223

§ 3. — *Bonheur comparatif que procurent à l'homme les
joies de l'esprit et celles du cœur.*

Amour inné du bonheur ; absolument parlant, le bonheur
vient principalement de l'intelligence ; épanouissement de
la faculté dominante ; théorie d'Aristote et de saint Thomas ; la sagessse ; ici-bas l'homme moins heureux par la
tête que par le cœur ; joies du cœur plus accessibles ;
l'amitié ; — bonheur du ciel, principalement attaché à
l'intelligence ; — dès ici-bas poursuivre les joies de l'esprit ;
réfutation d'une erreur moderne   233

§ 4. — *L'esprit dirige le cœur, le cœur échauffe l'esprit.*

Circumincession des personnes divines, et de l'esprit et
du cœur ; la tête voit et éclaire ; nécessité pour le cœur
de suivre la raison ; perfection d'une pendule ; pilote et
gouvernail ; hommes de caractère ; insuffisance de la

connaissance ; la force ; grandes pensées ; chaleur et clarté ; idée et sentiment ; belle page de Balmès.   238

§ 5. — *Qualités de l'esprit.*

Qualités d'un esprit supérieur : universalité, étendue, élévation, profondeur, unité ; — dispositions nécessaires pour une bonne culture de l'esprit : amour ardent de la vérité ; humilité, suites fâcheuses de l'orgueil et de la présomption ; mot de saint Augustin et du P. Gratry ; attention : sa nature et sa force ; paroles de Bossuet ; réflexion : sa nature et sa nécessité ; persévérance ; méthode : bonne méthode ; méthodes exclusives ; avis du P. Gratry ; changement de culture et science comparée ; différentes sortes de certitudes... 243

§ 6. — *Qualités du cœur.*

Pureté du cœur : sa notion, et son influence ; ce qui la corrompt et ce qui l'augmente ; remarquable doctrine de saint Thomas ; la *bonté* : sa notion philosophique et ses effets ; écoulement de la perfection ; expansion des êtres ; la bonté bienfaisante, bienveillante, sympathique ; elle vient du cœur et de l'amour ; belles paroles de Bossuet ; *grandeur* et *magnanimité* : sa notion, son objet et sa source ; paroles de saint Augustin et de saint Thomas ; la *délicatesse* ; sa notion, son excellence, sa source et ses effets ; finesse et délicatesse ; — la *force* : son caractère, ses attributs, sa nécessité et sa source ; doctrine de saint Thomas ; *pati et facere fortia* ; lequel plus difficile : l'égoïsme ; sortir de soi ; encore l'amour......... 257

§ 7. — *Dieu objet suprême de l'esprit et du cœur.*

L'homme est un être qui a faim et qui aspire ; la raison soupire après Dieu ; elle cherche un point d'appui, la cause dernière, l'unité primitive et vraie, la perfection suprême ; de ceux qui ne croient pas à Dieu et comment ils prouvent Dieu ; belles paroles de Lacordaire ; notre désir de Dieu sera satisfait ; doctrine de saint Thomas ; — besoins et aspirations du cœur ; le cœur a besoin de Dieu ; il aspire au bien suprême et au bonheur parfait ; les biens présents, ombre des biens véritables ; vers de Lucrèce, de Juvénal et d'Alfred de Musset ; sans Dieu le cœur se sent plongé dans le vide ; magnifiques paroles de Lacordaire ; l'union à Dieu dans la religion catholique ; — aspirations du cœur à la possession permanente de Dieu ; doctrine élevée du P. Gratry ; les tendances aboutissent ; la prière et la poésie ont raison......................   **272**

APPENDICE

LA CONNAISSANCE ET L'AMOUR DANS L'HOMME-DIEU

L'Homme-Dieu ; l'esprit et le Cœur en Notre-Seigneur connaissance et amour du Verbe fait chair ; fête du Sacré-Cœur ; objet et raison de cette fête : le Cœur de Jésus expression et abrégé du Verbe incarné.........   **285**

FIN DE LA TABLE

Paris-Auteuil. — Imprimerie des Apprentis-Orphelins. — ROUSSEL, 40, rue La Fontaine.

AOUT 1888
Extraits du Catalogue de A. ROGER et F. CHERNOVIZ, éditeurs
7, rue des Grands-Augustins, 7, PARIS

OUVRAGES NOUVEAUX

DU DIVIN SACRIFICE

ET

DU PRÊTRE QUI LE CÉLÈBRE

Par M. BACUEZ

Prêtre, Directeur au Séminaire de Saint-Sulpice
Auteur du *Manuel biblique*

Un vol. in-16, 461-XIV pages. Prix. . . . . 3 fr. 50

TOME TROISIÈME

LES LIVRES SAINTS

ET LA CRITIQUE RATIONALISTE

Histoire et réfutation des Objections des Incrédules contre la Bible

PAR M. L'ABBÉ F. VIGOUROUX

Prêtre de Saint-Sulpice, auteur du *Manuel biblique*

AVEC DES ILLUSTRATIONS D'APRÈS LES MONUMENTS

Par M. l'abbé L. DOUILLARD

Architecte, membre du jury de l'École des Beaux-Arts

L'ouvrage formera 4 forts vol. in-8°, papier teinté. — Prix du vol. . . . 7 fr.
Il a été tiré 50 exemplaires sur Hollande, 15 fr.; — 10 sur Japon . . . 25 fr.
Le même ouvrage, édition in-12, le volume. . . . . 4 fr.

LE KANTISME ET LE POSITIVISME

ÉTUDE SUR LES FONDEMENTS DE LA CONNAISSANCE HUMAINE

Par M. l'abbé VALLET

PROFESSEUR DE PHILOSOPHIE AU SÉMINAIRE SAINT-SULPICE
Auteur des *Prælectiones philosophicæ*

SOMMAIRE. — I. Certitude aux yeux du genre humain. — II. Le moi. — III. Le monde extérieur. — IV. L'absolu. — V. La substance. — VI. Les causes. — VII. La fin. Causes finales. — VIII. Le bien. — IX. Dieu principe du bien. — X. Le progrès. — XI. Le surnaturel.

Un vol. in-12. — Prix. . . . . 2 fr. 50

PARS TERTIA. **CASUS CONSCIENTIÆ** his præsertim temporibus accomodati, propositi ac resoluti. Cura et studio P. V. Pastoralis. 1 vol. in-8° . . . . 5 fr.

ABELLY (Ludovici). Episcopalis sollicitudinis Enchiridion.
1 beau vol. in-4º. . . . . 12 fr.
ACTA PII PAPÆ IX Et Concilii Vaticani. 1 vol. in-32 dia-
mant . . . . » 60
— Id. cum actis Leonis Papæ XIII . . . . 2 fr.
ALAGONA. Summæ sancti Thomæ compendium. In-32. Tor. 2 fr. 50
L'ABBÉ ALLEGRE. Impedimentorum matrimonii Synopsis. 1 vol.
in-8º. . . . . 1 fr. 50
ALLEZ. Dictionnaire des conciles, suivi d'une collection des
canons les plus remarquables. 1 fort vol. in-8º. . . . . . 4 fr.
SAINT ANSELME ET SAINT BERNARD. Méditations, traduites en
français. 1 in-12 . . . . 1 fr. 25
ARVISENET. Memoriale vitæ sacerdotalis. In-32. 1 fr. 10
S. AUGUSTINI. Confessionum libri tredecim. 1 in-32. . . 1 fr.
— Meditationes, soliloquia et manuale. 1 in-32. . . 1 fr.
— Confessions traduites en français par Dubois. 2 vol. in-12. 2 fr. 50
P. AVANZINI. Acta Sanctæ Sedis (Romæ). 18 vol. in-8º ont paru.
Chaque volume net. . . . . 12 fr.
L'ABBÉ BACUEZ. Manuel du Séminariste en vacances. 1 vol.
in-32, 8º édit. 1 fr. 60
— Questions sur l'Ecriture sainte. 2 vol. in-8º. . . 8 fr.
— S. François de Sales, Modèle et guide du prêtre. 1 in-12. 2 fr. 50
— Instructions et méditations. à l'usage des ordinands.
    I. Tonsure. 1 vol. in-32. Prix . . . . 1 fr. 50
    II. Ordres mineurs. 1 in-32. . . . . 1 fr. 50
BACUEZ et VIGOUROUX. Manuel biblique, ou nouveau cours
d'Ecriture sainte. 4 fort vol. in-12 avec grav., 4º éd. . . . 14 fr.
BARILLOT. Entretiens ecclésiastiques sur la piété nécessaire
au prêtre. 1 in-12. . . . . 2 fr. 25
BELLENGER Francisci. Liber Psalmorum, Vulgatæ editionis,
cum notis in quibus explicantur titulus et argumentum cujusque
psalmi. 1 fort. vol. in-12. . . . . 3 fr.
BENSA. Philosophiæ speculativæ summarium. 2 in-8º. 8 fr.
— Manuel de logique pour le baccalauréat. 1 vol. in-12. 3 fr.
— Juris naturalis universa summa, ad errores hodiernos re-
vincendos accommodata. 2 vol. in-8º. . . . . 12 fr.
L'ABBÉ BERGIER. Certitude des preuves du Christianisme.
1 vol. in-8º. . . . . 2 fr. 25
— Déisme réfuté. 1 vol. in-8º. . . . . 2 fr. 25
— Traité de la Religion. 8 vol. in-8º . . . . 25 fr. »
— Dictionnaire de Théologie. Nouvelle édition en préparation.
6 vol. in-8º. . . . . 18 fr.
S. BERNARDI De Consideratione. 1 vol. in-32. . . . . 1 fr.
BEUVELET. Méditations sur les vérités de la vie ecclé-
siastique, sur les évangiles du dimanche et sur les principales
fêtes de l'année. 2 vol. in-8º . . . . 8 fr.
BIBLES. Biblia sacra avec imprimatur. Parisiis 1 vol. in-8º, 6 fr.
— Biblia sacra, Curante Vercellone. Rome. 1 in-4º, not. 14 fr.
— Biblia hebraica (voyez Rosenmuller).
BODIN. Livres prophétiques de la Bible (les), traduit sur le
texte hébreu avec des notes. 2 beaux vol. in-8º. . . . . 12 fr.

BONA. De Sacrificio Missæ. Grand in-24 . . . . » » 80
CAROLI BORROMÆI (S.). Opuscula selecta circa disciplinam.
  2 vol. in-18 . . . . 2 fr.
S. CHARLES BORROMÉE. Instruction aux Confesseurs. Nou-
  velle édition. 1 vol. in-18. . . . . 1 fr. 10
BOURDALOUE Œuvres complètes. Nouv. éd., 6 forts in-8°. 18 fr.
J.-B. BOUVIER. Theologia Cenomanensis, ad usum seminario-
  rum. 15° editio, promovente et approbante Ill. ac Rev. DD. C. FILION.
  apud seminarium Cenomanense revisa et emendata, et Concilio
  Vaticano adaptata. 6 forts vol. in-12. . . . . 16 fr.
— Dissertatio in sextum decalogi præceptum. In-12. 1 fr. 50
— Institutiones philosophiæ, logicæ, metaphysicæ et
  moralis. 1 fort vol. in-12. . . . . 4 fr.
— Histoire abrégée de la philosophie. 1841. 2 vol. in-8°. 12 fr.
BRUGÈRE. De Ecclesia Christi. 1 vol. in-12, 2° édit.. . 2 fr. 50
— De Vera religione. 1 vol. in-12, 2° édit. . . . . 2 fr. 50
— Tableau de l'histoire et de la littérature de l'Eglise.
  4 cahiers, in-4°. Net. . . . . 15 fr.
CÆREMONIALE Episcoporum. 1 vol. in-4°, avec toutes les gra-
  vures dans le texte. Prix : 12 fr. Net. . . . . 4 fr.
M. CARON. Cérémonies de la Messe basse, nouv. éd. mise en
  rapport avec les décrets de la sacrée Cong. des rites. 1884. 1 fr. 50
CARPO. Kalendarium perpetuum. 3° éd. 1 in-12 fort. Net. 5 fr.
R. P. CARRIÈRES et MENOCHIUS. Bible (Sainte), contenant texte
  latin avec une traduction française en forme de paraphrase, par le
  R. P. DE CARRIÈRES, et les Commentaires de MENOCHIUS. 8 forts vol.
  in-8°. Prix. . . . . 24 fr.
J. CARRIÈRE. Prælectiones theologicæ majores, in seminario
  Sancti Sulpitii habito :
— De justitia et jure. Parisiis. 3 vol. in-8°. . . . . 15 fr.
— De contractibus. 3 vol. in-8°. . . . . 17 fr.
— Compendium ad usum theologiæ alumnorum :
— De Matrimonio. Editio 8ª accurate emendata. 1 vol. in-12. 2 fr. 50
— De justitia et jure. Editio 6ª, accurate emend. 1 in-12. 2 fr. 50
— De contractibus. Editio 4ª accurate emendata. 1 vol. in-2. 2 fr. 50
— Dissertation sur la réhabilitation des mariages nuls.
  In-8°. . . . . 1 fr. 50
CASUS CONSCIENTIÆ. His præsertim temporibus accommodate pro-
  positi ac resoluti. Cura et studio P. V. Soc. Jesu.
    Pars prima : De liberalismo. 1 vol. in-8°. . . . . 6 fr.
    Pars altera : De consectariis liberalismi. 1 vol. in-8°. . 6 fr.
CATALANI. Pontificale romanum. Prolegomenis et commentariis
  illustratum. 3 in-4° à 2 colonnes. . . . . 100 fr.
— Cæremoniale episcoporum, 2 in-4°, avec gravures. . 60 fr.
S. JEAN-CHRYSOSTOME. Œuvres traduites en français. 11 vol.
  grand in-8° à 2 colonnes. Net . . . . 40 fr.
CHRYSOSTOMI (S. JOAN.) De Sacerdotio libri sex, juxta editio-
  nem Congregationis sancti Benedicti. In-32. . . . . » 60
COLLET PETRUS. Theologicæ institutiones, quas ad usum semi-
  nariorum contraxit. Gandæ. 7 forts vol. in-8°. . . . 10 fr.
— Traité des saints Mystères. 12° éd., revue par MM. les di-
  recteurs de Saint-Sulpice. 1 vol. in-8°. . . . . . . 2 fr.

— Traité de l'office divin. In-12 . . . . 2 fr. 50
— Traité des dispenses et de plusieurs autres objets de théologie et de droit canon. 2 vol. in-8° . . . . 10 fr.
L'ABBÉ COULIN. **Méditations d'un prêtre** (les). 1 vol. in-12   3 fr.
COMPENDIUM RUBRICARUM Breviarii et Missalis Romani, par un directeur de séminaire. 1 vol. in-12. . . . . . » 80
CONCILII TRIDENTINI Catechismus. Paris. 1 vol. in-32   1 fr. 60
— Canones et decreta. 1 vol. in-32. . . . . 1 fr. 50
Mgr DE CONNY. **Cérémonial romain,** rédigé d'après les sources authentiques. 1 vol. in-8° . . . . 6 fr.
CRAISSON. **Elementa juris canonici.** 2 vol. in-12, 5e édition.   5 50
— Manuale totius juris canonici. 4 in-12. 6e édition.   18 fr.
L'ABBÉ DASSANCE. **Catéchisme du Concile de Trente.** Traduction nouvelle avec des notes, suivie d'un abrégé du catéchisme par demandes et par réponses, du catéchisme distribué selon tous les dimanches de l'année, et d'une table analytique. 2 vol. in-8°, avec approbation. . . . . 8 fr.
J. DEVOTI. **Institutiones canonicæ.** 2 vol. in-8° . . . 12 fr.
DUCLOT. **Explication historique,** dogmatique et morale, de la doctrine chrétienne et catholique. 4 vol. in-8°. . . . . 14 fr.
EXPOSITIO LITTERALIS TOTIUS MISSÆ. 1 vol. in-32. . . 1 fr.
L'ABBÉ FALISE. **Cérémonial romain,** ou cours abrégé de liturgie pratique 6e édition, augmentée de deux appendices et mise en rapport avec les nouveaux décrets de la S. Congrégation des Rites. Ouvrage revêtu de huit approbations épiscopales et approuvé par la S. Congrégation des Rites. Un très fort volume in-8°. Prix. . 5 fr.
— Manuel du diacre, du sous-diacre et du maître des cérémonies. In-12. . . . . » 80
— Manuel du sacristain et du clerc-chantre. 1 vol. in-12 . . . . 1 fr.
— Decreta authentica sacræ Rituum Congregat. 1 in-8°.   4 fr. 50
      Supplément jusqu'à 1885 (sous presse).
— Revue théologique. 8 vol. in-8°. Net. . . . . . 32 fr.
F.-X. FELLER. **Biographie universelle,** ou Dictionnaire historique des hommes illustres. 9 vol. grand in-8°. . . . 40 fr.
FÉNELON. **Œuvres,** augmentées de l'Histoire de Fénelon, par le cardinal DE BAUSSET. 10 vol. grand in-8° . . . . . . 90 fr.
JEAN FORNICI. **Institutions liturgiques** à l'usage du clergé et des séminaires, traduites par M. BOISSONNET. 1 vol. in-12 . . . 2 fr.
J.-B. FRANZELIN (S. J.). **Tractatus theologici.** 7 in-8°.   56 fr.
GADUEL, vicaire général d'Orléans. **Le Livre du séminariste,** offert aux élèves du sanctuaire. 1 vol. in-32. . . . . . . 1 fr.
GARDELLINI. **Decreta authentica Congregationis Sacræ Rituum.** Cum appendice ab anno 1856 ad 1877 incl. In-4°.   64 fr.
L'ABBÉ GLAIRE. **La sainte Bible,** traduction nouvelle avec notes, approuvée par la commission d'examen nommée par le Souverain Pontife. 4 vol. in-18, brochés. . . . . 10 fr.
— Le Nouveau Testament (séparément). 1 vol. in-18. . 2 fr.
— Abrégé d'introduction à l'Écriture sainte. Quatrième édition, augmentée d'un appendice contenant les notions d'archéologie sacrée les plus propres à faciliter l'intelligence de la Bible. 1 vol. in-8° . . . . 5 fr. 50

— **Lexicon manuale**, hebraicum et chaldaicum. 1 fort in-8° 6 fr.
— **Manuel de l'hébraïsant**, contenant : 1° Éléments de grammaire; 2° Chrestomathie hébraïque; 3° Dictionnaire hébreu-français; 4° Des paradigmes, des verbes et du nom. Nouvelle édition revue par M. l'abbé Vigouroux. . . . . 3 fr. 75

Mgr **GONZALEZ** (Zeferino). **Philosophia elementaria**. 4e édition, Madrid. 3 vol. in-8°. Net . . . . 20 fr.

L'abbé **GOSSELIN**. **Vie de M. Emery**, neuvième supérieur de Saint-Sulpice. 2 vol. in-8°, avec portrait. . . . . 10 fr.

GREGORII (S.) **MAGNI PAPÆ**. **De Cura pastorali**. In-32. » 90

P. D. **GURY** (S. J.). **Theologia moralis**, accurante Dumas. Lyon. 2 vol. in-8° . . . . 12 fr.
— **Theologia cum notis Ballerini**. 2 vol. in-8°. Romæ, net 20 fr.
— **Casus conscientiæ**, accurante Dumas, Lyon. 2 vol. in-8° 10 fr.

HENRION. **Histoire générale de l'Église**. 13 vol. in-8° 48 fr.

De **HERDT**. **Sac. praxis liturgiæ**. 3 vol. in-8° . . . . 11 fr.
— **Praxis pontificalis**. 3 vol. in-8°. . . . . 15 fr.
— **Praxis capitularis**. 1 vol. in-8°. Net . . . . 5 fr.

LE VICOMTE DE LA HOUSSAYE (L'abbé). **Concordance des épîtres de S. Paul**. 1 vol. in-12. . . . . 3 fr.

H. **HURTHER** (S. J.). **Theologiæ dogmaticæ compendium**. 3 vol. grand in-8°. Net. . . . . 20 fr.

INDEX LIBRORUM PROHIBITORUM. 1 vol. in-12. . . . . 3 fr.

IMITATIONE CHRISTI (De). **Libri quatuor**. In-32 diamant, *texte avec encadrement rouge* . . . . 1 fr.

J. H. **JANSSENS**. **Hermeneutica sacra**, seu Introductio in omnes ac singulos libros veteris et novi Fœderis. In-8° 4 fr.

L.-A. **JOLY** de CHOIN. **Instructions sur le rituel**. Édition mise en concordance avec le droit civil actuel. 6 vol. in-8° . . . 17 fr.

R. P. **JUDDE** (S. J.). Retraite pour les religieuses. — Traités spirituels. — Exhortations sur divers sujets de piété. 3 forts vol. in-18. 4 fr.

KNOLL A BULSANO. **Institutiones theologiæ dogmaticæ**. 7 vol. grand in-8°. . . . . 40 fr.
— **Compendium**. 2 vol. in-8° . . . . 10 fr.

KROUST. **Meditationes de præcipuis fidei mysteriis**, ad usum clericorum. 5 vol in-12 . . . . 8 fr.

LAMBERT. **Instructions courtes et familières sur le Symbole**. 3 forts vol. in-12. . . . . 6 fr.
— **Instructions courtes et familières sur les Commandements de Dieu et de l'Église**. 2 vol. in-12. . . . . 3 fr.

LEHIR (L'abbé). **Études bibliques. Job, cantique de Débora**, introduction par M. l'abbé Grandvaux. 1 beau vol. in-8° . . 6 fr.

J.-F.-M. **LEQUEUX**. **Histoire du droit canon**. 1 vol. in-12 3 fr.
— **Institutiones philosophicæ**. 4 petits vol. in-12 . . . 6 fr.
— **Selectæ quæstiones juris canonici**. 1 vol. in-12 . . . 3 fr.

LEOPOLD. **Lexicon Græco-latinum**. 1 in-12. . . . . . 4 fr.
— **Lexicon hebraicum et chaldaicum**. 1 in-12 . . . . 2 25

LIBERATORE (S. J.). **Institutiones philosophicæ**. Nova editio 3 vol. in 8°. Prati. Net. . . . . 13 fr.
— **Compendium logicæ et metaphysicæ**. 1 vol. in-8°. Net . . . . 5 fr.

LIEBERMANN. **Theologia dogmatica.** 2 vol. grand in-8º.   16 fr.
R. P. DE LIGNY **Histoire des Actes des Apôtres.** In-8º.   3 fr.
S. ALPH. DE LIGUORIO. **Theologia moralis.** Omnium accuratior.
  2 vol. in-8º. Turin . . . .   12 fr.
— **Homo apostolicus.** In-8º . . . .   5 fr.
LEONIS PAPÆ XIII Acta, ad annum usque 1886. 1 in-32. .   1 40
LUCIDI (ANGELUS). **De Visitatione SS. AA. LL.** 3 vol. in-8º.
  Net . . . .   20 fr.
CARDINAL DE LA LUZERNE. **Œuvres.** 15 vol. in-12 . . . .   30 fr.
— **Explication des Évangiles.** 2 vol. in-12. Séparément.   5 fr.
MALDONATI (JOAN.). **Commentarii in quatuor Evangelistas.**
  2 forts vol. in-8º . . . .   27 fr.
MANUALE CHRISTIANORUM. Contenant : *Liber Psalmorum. Novum*
  Testamentum, Imitatio Jesu Christi, Messes, Vêpres et Complies en
  latin. 1 vol. in-32 . . . .   4 fr.
MANUALE ORDINANDORUM. Opusculum non ordinandis solum, sed
  et ordinatis præsertim sacerdotibus, utilissimum. 1 vol. petit
  in-12 . . . .   1 fr. 80
MANUEL DE L'OFFICE DIVIN et de la **Messe basse,** contenant
  les Rubriques et les Rites du Bréviaire et du Missel romain, exposés
  et expliqués d'une manière simple et pratique. 1 vol. in-12. .   3 fr.
MANUEL DE PIÉTÉ à l'usage des **séminaires.** 17º édition. Texte
  elzévir. 1 vol. in-32 . . . .   1 fr.
  Le même ouvrage, avec l'Office de la Vierge . . . . . .   1 fr. 30
Mgr MARET. **Philosophie et religion.** Dignité de la raison hu-
  maine et nécessité de la révélation divine. 1 vol. in-8º . . .   7 fr.
— **Essai sur le panthéisme.** 1 vol. in-8º . . . . . .   6 fr.
L'ABBÉ MARTINET. **Œuvres complètes françaises.** Édition uni-
  forme avec table analytique. 10 beaux vol. in-8º . . . .   60 fr.
MARTINUCCI. **Manuale sacr. cæremoniarum.** 6 vol. in-8º.
  Rome, 1881. Net . . . .   35 fr.
MASSILLON. **Œuvres complètes.** 3 forts vol. in-8º. . . .   13 fr.
L'ABBÉ L.-M. MAUPIED. **Dieu, l'Homme et le Monde,** connus
  par les trois premiers chapitres de la Genèse. 3 vol. in-8º. .   18 fr.
MULBAUER ET GARDELLINI. **Decreta authentica.** 4 très forts
  vol. in-8º . . . .   60 fr.
  Les suppléments se paient séparément.
— **Thesaurus resolutionum** (en cours de publication).
NOGET-LACOUDRE. **Institutiones philosophicæ.** 3 in-12   7 fr.
NOVUM JESU CHRISTI TESTAMENTUM. Cui adjungitur libellus *de Imi-*
  tatione Christi et *Officium parvum.* Editio nova et sola cum *indicibus*
  locupletissimis et *concordantiis.* 1 vol. in-32, encadrem. rouge.   3 fr.
  Remises importantes pour demandes en nombre.
— **Novum Testamentum,** seul . . . .   2 fr.
— **Novum Testamentum** Græce et latine. 1 vol. in-16.   3 75
— **Novum testamentum** Græce. recensuit **Tischendorf.**
  1 in-8º. 3 40
— Id. Theili ed. recognovit et locupletavit O de Gebardt.
  1 in-16. . . . .   2 fr. 80
OFFICIUM PARVUM. **Beatæ Mariæ Virginis.** in-32. . .   » 30
  Le même, avec *Officium defunctorum.* . . . .   » 40

OLLIER. **Traité des saints ordres.** Grand in-32 . . . 1 fr. 50
 Cette édition a été revue par Messieurs de Saint-Sulpice.
PALMIERI (S. J.) **Philosophia.** 3 vol. in-8°, net . . . . 20 fr.
D. J. PEROCHEAU, VICARIUS APOSTOLICUS. **Theologia dogmatica moralis,** ad usum Missionum. 2 vol. in-8°. . . . . 10 fr.
PERRONE (S. J.). **Prælectiones theologicæ,** quas in Collegio Romano S. J. habebat. Nouv. éd., 1885. 4 in-8°, avec index rerum. 20 fr.
— **Compendium ejusdem operis.** 2 vol. in-8°. . . . 8 fr.
— **De Matrimonio christiano.** 3 vol. in-8° . . . . 15 fr.
CARDINAL PITRA. **Spicilegium Solesmense.** 4 vol. in-4°. 60 fr.
— **Analecta novissima.** Tomus I, de epistolis a registris RR. Patrum. 1 in-4° . . . . 15 fr.
— **Analecta sacra** spicilegio Solesmensi parata. Tomos I, II, III, IV, VIII. Chaque tome . . . . 15 fr.
R. P. PICONIO. **Epistolarum B. Pauli apostoli triplex expositio.** 3 vol. in-8° . . . . 10 fr.
PII PAPÆ IX et Concilii Vaticani Acta. 1 in-32 . . . . . » 60
PINAMONTI. **Directeur dans les voies du salut** (le), selon les principes de saint Charles Borromée. 1 vol. in-18. . . 1 fr. 50
PONTIFICALE ROMANUM. Clementis VIII ac Urbani VIII jussu editum. 1 vol. in-12. beau papier. . . . . 3 fr.
PRIÈRES ET CÉRÉMONIES **Des Ordinations** traduites du Pontifical romain, à l'usage des ordinands et des fidèles. In-12 . . » 80
L'ABBÉ RECEVEUR. **Histoire de l'Eglise,** depuis son établissement jusqu'au pontificat de Pie IX. 10 vol. in-12. . . . 40 fr.
— **Essai sur la nature de l'âme,** sur l'origine des idées et le fondement de la certitude. Paris, in-8° . . . . . 3 fr.
RITUALE ROMANUM Pauli V, Pontificis Max., jussu edit. 1 in-8°. 3 fr.
LE PETIT RITUEL ROMAIN. 1 vol. gr. in-32 . . . . . » 75
C. ROSENMULLER. **Biblia Hebraica** ad optimas editiones expressa. Lipsiæ. In-12. . . . . 9 fr.
L'ABBÉ DE SAINT-EXUPERY. **Observations sur la fulmination des dispenses de mariages.** In-8° de 128 pag. . . . 2 fr.
SAN-SEVERINO. **Philosophia christiana** cum antiqua comparata. *Dynamilogia.* 3 vol. — *Logica.* 4 vol., soit 7 in-8°, net.. . 28 fr.
— **Compendium philosophiæ** (édit. classique). 2 vol. in-12. 6° édition, net. . . . . 6 fr.
— **Philosophia moralis.** 2 vol. in-12, net. . . . . 5 fr. 50
— **Elementa philosophiæ.** 4 vol. in-8°, quorum in primo extat *epitome hist. philos.*, 1885, net. . . . . . . 16 fr.
SCAVINI. **Theologia moralis,** avec les dernières notes de l'auteur. 4 vol. in-8°. 13° édit., Milan, 1882. . . . . . 30 fr.
— **Compendium.** 2 vol. in-8°. Nouvelle édition. . . . 15 fr.
SCHMITT (DOM). Méthode pratique de chant Grégorien. 1 in-8°. 3 fr.
P. Jos. SCHNEIDER (S. J.). **Manuale clericorum.** 1 vol. in-18. 6 fr.
— **Manuale sacerdotum.** 1 vol. in-18 . . . . . 7 fr.
— **Lectiones quotidianæ.** 1 in-12. . . . . . . 6 fr.
SERIES ORDINATIONUM. Excerpta pontificali romano. Nova editio cum cantu. 1 vol. in-32. . . . . » 60
SIGNORIELLO. **Lexicon peripateticum** philosophico-theologicum. Nap. 1 vol. in-12, net . . . . 4 fr. 50

SURIUS. **Historia seu vitæ sanotorum.** 13 vol. gr. in-8°. 130 fr.

TARQUINI. **Jus ecclesiasticum.** 1 grand in-8°. Net. . .   3 fr.

L'ABBÉ TERASSON. **Recueil d'indulgences plénières,** d'une pratique facile. 1 vol. in-18 . . . .   » 80

THEOLOGIA ad mentem S. Thomæ et S. A. de Liguori. 4° éd. (Voyez Vincent).

THESAURUS SACERDOTUM ET CLERICORUM. 1 vol. in-18. .   1 fr.

THOMÆ (S.) AQUINATIS. **Summa theologica**, diligenter emendata NICOLAO, SYLVIO, BILLUART et C.-J. DRIOUX. 8 vol. in-8°. Net. 20 fr.

THONELIER. **Preces e sacris scripturis excerp.** 1 in-18.   2 fr. 50

TOTUM (BREVIARUM). Editio Turin — avec leçons mobiles. 1 in-32 chagrin. Net. . . . .   13 fr. 50

L'ABBÉ TRONSON. **Examens particuliers** sur divers sujets propres aux ecclésiastiques. 1 vol. in-12 . . . . . .   2 fr. 75
     Seule édition complète.

L'ABBÉ VALLET. **Prælectiones philosophicæ** ad mentem sancti Thomæ, in Sancti Sulpitii seminario habitæ. 2 in-12, 4° éd.   7 fr.
     Ouvrage spécialement recommandé par Sa Sainteté Léon XIII.

— **Histoire de la philosophie.** 1 très fort vol. in-12, 3° éd. 4 fr.

— **L'idée du beau dans la philosophie de saint Thomas.** 1 in-12 . . . .   2 fr. 50

— **La tête et le cœur,** étude physiologique, psychologique et morale. 1 vol. in-12. . . . .   2 fr. 50

DE VARCENO. **Compendium** theologiæ moralis ex opere morali SOAVINI, GURY et CHARME concinnatum. 2 vol. in-8°. Turin. .   13 fr.

VECCHIOTTI. **Prælectiones juris canonici,** ex operibus Card. Soglia excerptæ. 3 vol. in-8°, 1883 . . . .   10 fr.

J.-B.-T. VERNIER. **Theologia pratica,** sub titulis sacramentorum. 2 vol. in-8°. . . . .   10 fr.

L'ABBÉ VIGOUROUX. **Carte de la Palestine.** 1 feuille. 0m32 sur 0m45 . . . .   1 fr.
     Achetée avec le Manuel biblique, *net* . . . . . .   » 50

— **Les livres saints** et la critique rationaliste. 4 vol. in-8°. 28 fr.
     Le même, édition économique. 4 in-12. . . . . . .   16 fr.

L'ABBÉ VINCENT. **Theologia dogmatica et moralis** in compendium, redacta ad mentem S. Thomæ Aquinatis et S. Alphonsi de Ligorio, curantibus professoribus theologiæ seminarii Claromontensis. 4° éd. 6 vol. in-12 de plus de 700 pages chacun, caractères neufs, beau papier glacé. . . . .   18 fr.

— **Supplementum de luxuria.** 1 in-12, 3° éd. . . . .   1 fr. 50

— **Pieux séminariste** (le). 1 vol. in-12. . . . . . .   2 fr. 50

R. P. JOSEPHO VOGLER. **Juris cultor theologus,** circa obligationes Restitutionis in genere, theorico-practice instructus, editio locupletata a J. CARRIÈRE. In-12. . . . .   1 fr. 50

R. P. WARNET. **Trésor des prédicateurs** et de tous les fidèles. 3 vol. grand in-8°, contenant la matière de 10 vol. . . .   18 fr.

WOUTERS. **Historiæ ecclesiasticæ** compendium. Louvain. 3 vol. in-8° . . . .   15 fr.

ZIGLIARA (TH. M.). **Summa philosophica.** 3 vol. in-12.   12 fr.

IMP. PARIS L. — A. ROGER Y F. CHERNOVIZ.

POUR PARAITRE PROCHAINEMENT
LE TOME PREMIER DE

LES LIVRES SAINTS

ET LA CRITIQUE RATIONALISTE

Histoire et réfutation des objections des incrédules contre la Bible

Par F. VIGOUROUX

Prêtre de Saint-Sulpice, auteur du *Manuel Biblique*

AVEC DES ILLUSTRATIONS D'APRÈS LES MONUMENTS

Par M. l'Abbé L. DOUILLARD

ARCHITECTE, MEMBRE DU JURY DE L'ÉCOLE DES BEAUX-ARTS

L'ouvrage formera 3 ou 4 volumes in-8°

Les objections contre nos saintes Écritures sont de nos jours plus répandues et plus nombreuses que jamais. Beaucoup de chrétiens et d'âmes droites désirent savoir en quoi elles consistent et surtout quelle réponse on peut leur faire. *Les Livres saints et la critique rationaliste* ont pour but de répondre à leur désir. Dans une première partie, ils exposent l'histoire des attaques contre la Bible, en suivant pas à pas les objections soulevées par les ennemis de la révélation, depuis les commencements du christianisme jusqu'à l'époque actuelle.

Une seconde partie sera consacrée à examiner en détail toutes les difficultés qu'on fait aujourd'hui contre les Écritures. On s'efforcera de ne laisser aucune objection sans réponse, et d'établir que ni les sciences naturelles, ni l'archéologie, ni l'histoire, n'ébranlent l'origine divine de nos Livres saints. Comme les découvertes archéologiques accomplies à notre époque confirment merveilleusement la véracité et l'exactitude de la Bible, et que souvent une inscription, une peinture en disent plus que de longues discussions en faveur de tel ou tel passage des livres sacrés, l'illustration éclaircira et complétera partout le texte. C'est ainsi que, dans le premier volume la fresque de Pompéi représentant le jugement de Salomon, le *graffhitto* du palais des Césars à Rome, etc., mettent sous les yeux du lecteur la manière dont les païens dénaturaient l'histoire et les dogmes sacrés, tandis que la reproduction de divers monuments antiques lui fera voir le respect et l'amour des premiers chrétiens pour la parole de Dieu.

On souscrit dès maintenant.

Le prix pour les souscripteurs est fixé à 5 francs le volume net et franco, quel que soit le prix ultérieur.

1918. — Auteuil. — Imprimerie des Apprentis-Orphelins.

www.ingramcontent.com/pod-product-compliance
Lightning Source LLC
Chambersburg PA
CBHW050453270326
41927CB00009B/1724